Claude Roeltgen

SMART BOOKS

Eine Million oder ein Jahr

SMART BOOKS

Eine Million oder ein Jahr

Bibliografische Information der Deutschen Bibliothek
Die Deutsche Bibliothek verzeichnet diese Publikation in der Deutschen Nationalbibliografie; detaillierte bibliografische Daten sind im Internet über http://dnb.ddb.de abrufbar.

ISBN: 978-3-908497-88-2
2. Auflage 2008

Lektorat:	Horst-Dieter Radke, Lauda
Korrektorat:	Dr. Anja Stiller, Salzburg
Layout:	Peter Murr, Unterhaching
Umschlaggestaltung:	Harald Müller, Würzburg
Umschlagfoto:	© kutay tanir
Illustrationen:	© Andrew Dernie
Druck und Bindung:	Himmer AG, Augsburg

Trotz sorgfältigem Lektorat schleichen sich manchmal Fehler ein. Autoren und Verlag sind Ihnen dankbar für Anregungen und Hinweise!

Smart Books Publishing AG	Blegistrasse 7 CH-6340 Baar,				
http://www.smartbooks.ch	E-Mail: info@smartbooks.ch				
Aus der Schweiz:	Tel.	041 766 68 80,	Fax	041 766 68 70	
Aus Deutschland und Österreich:	Tel.	0041 41 766 68 80,	Fax	0041 41 766 68 70	

Umwelthinweis:
Dieses Buch wurde auf chlorfrei gebleichtem Papier gedruckt. Die Einschrumpffolie – zum Schutz vor Verschmutzung – ist aus umweltverträglichem und recyclingfähigem PE-Material.

Übersicht

Inhaltsverzeichnis

Vorwort zur zweiten Auflage

Vorwort zur zweiten Auflage: Was unterscheidet die zweite von der ersten Auflage?

»*Das Buch füllt eine wichtige Lücke in der Kommunikation zwischen Anwendern und Providern im professionellen IT-Umfeld*«, schrieb ein Leser der ersten Auflage in einer Rezension bei *amazon.* Oder: »*Dieses Buch sollte bei jedem neuen Arbeitsplatz-PC zusammen mit der Support-Hotline überreicht werden.*« So beurteilte das Managementportal *ephorie* das Buch. Ein Berufskollege bescheinigte eine »*...ganz ausgezeichnete Darstellung der tatsächlichen Herausforderungen an die IT*«. Rückmeldungen dieser Art gab es reichlich, und das Buch schaffte es sogar bis zur Vorstellung in einer Talkshow bei RTL. Bei aller Freude über den Erfolg möchte ich jedoch nicht verschweigen, dass es daneben auch Kritik gab. So zum Beispiel für Ausflüge in Bereiche, die mit dem eigentlichen Thema des Buches nicht unbedingt etwas zu tun hatten oder aber wegen des zu großen Stellenwertes der Anekdoten. Diese Kritik habe ich ernst genommen und eine zweite, überarbeitete Auflage in Angriff genommen. Die Umarbeitung liegt nun vor - zwar nicht in der Struktur, so doch im Inhalt. Die maßgeblichen Kapitel wurden erweitert, sie sind präziser geworden, und neue Entwicklungen wurden eingearbeitet. Die unwesentlicheren Teile sind nun entweder komplett entfernt oder sehr stark gekürzt. In der Summe ist der überarbeitete Text kürzer, enthält dafür aber mehr Informationen über das eigentliche Thema des Buches, nämlich: »*Alles, was Sie schon immer über IT hätten wissen sollen*«. Damit wir uns nicht missverstehen: Es ist kein Ratgeber, wie man einen Computer bedient – sondern es ist eine Bestandsaufnahme der IT, aufbereitet für ein Nicht-Experten-Publikum. Und es ist bis heute das einzige Buch mit einem solchen Ansatz.

Vorwort zur ersten Auflage

Stecker rein, Schalter an und dann hat es zu funktionieren! Die E-Mail kommt an, die Webseite baut sich auf und der Drucker druckt. Ich sehe mich nicht als besonders anspruchsvollen Computerbenutzer. Aber es ist nicht auszuschließen, dass gerade solche für IT-Experten der reinste Albtraum sind. Ich gebe zu: Persönlich fühle ich mich immer noch wohler, wenn das Schreiben vom Kratzen der Feder begleitet wird und nicht vom Geklapper der Tastatur. Als Premierminister genießt man auch einige Privilegien. So ist man doch genügend umsorgt, um nicht selbst auf eine freie Leitung beim »Helpdesk« warten zu müssen. Und trotzdem gibt es kein Entkommen. Sei es als Verwaltungschef oder Wirtschaftspolitiker, ob es um Steuerreformen oder die Ansiedlung neuer Unternehmen geht, spätestens nach 30 Minuten (und oft früher) erreicht jede Diskussion das anscheinend unvermeidbare Thema der Informationstechnologien. Und wenn man die juristischen Einwände gegen eine geplante Reform noch mit einem »dann ändern wir eben das Gesetz« überwunden bekommt, fühlt man sich den Informatikern oft hilflos ausgeliefert. Dass sie im Übrigen eine allem Anschein nach fremde Sprache sprechen, ist auch keine Hilfe.

So gibt es kein Entrinnen: Interface, Public Key Infrastructure, Data Warehouse, Konvergenz, Updates und Migrationen, IP-Telefone sowie Internet-Backbones sind nur einige der neuen Begriffe, denen man auch als Premierminister nicht entkommt. Dies umso mehr, als es der Luxemburger Regierung um mehr geht, als den Eintritt in die Wissensgesellschaft zu erleiden oder nur zu begleiten. Wir sind fest entschlossen, getreu den langjährigen Erfahrungen des Landes im Rundfunk- und Satellitengeschäft, die Einführung neuer Technologien, neuer Dienstleistungen und neuer Geschäftsmodelle zu erleichtern, zu beschleunigen und gezielt zu fördern. Wie es die 40-jährige Erfolgsstory des Finanzplatzes zeigt, ist Luxemburg dank seiner zentralen Lage in Europa, seiner wirtschaftlichen Offenheit und seiner sprachlichen sowie kulturellen Vielfalt von einem stabilen, seriösen und wettbewerbsfähigen gesetzlichen Umfeld begleitet, ein idealer Standort um den europäischen Markt anzugehen. Für wohl keinen anderen Bereich ist ein solches Portal für Europa attraktiver als für den elektronischen Handel und die elektronischen Dienstleistungen.

Die Regierung ist fest entschlossen, Luxemburg zu einer der besten Adressen der Informations- und Kommunikationstechnologien in Europa und in der Welt zu machen. Einige große Namen des eCommerce haben ihren Weg nach Luxemburg schon gefunden und sich mit beiden Beinen, was die Finanzen sowie das operative Geschäft angeht, im Großherzogtum verankert. Andere haben sogar hier ihren Ursprung. Dafür werden wir auch weiterhin in Infrastrukturen investieren, seien sie aus Stahl oder Glasfaser. Dafür werden wir auch weiterhin auf einen modernen und angepassten legalen Rahmen achten. Und dafür werden wir auch weiterhin schnell und flexibel auf neue Gegebenheiten reagieren. Luxemburg wird somit wohl auch mehr und mehr IT-Spezialisten anziehen. Ihre Sprache wird vielen wohl trotzdem fremd bleiben und auch das Problem des »es dauert ein Jahr« oder »es kostet eine Million« wird weiter für Frustrationen sorgen.

Claude Roeltgen ist es mit seinem Buch gelungen, die Welt der IT und der Menschen, für die diese Welt ihr tägliches Brot ist, auch für Nichtfachleute in verständlichen Worten darzustellen. Er hat somit die wohl intelligenteste Form des um Verständnis Werbens gewählt: dazu beitragen, dass auch Laien besser verstehen. Da er dies zusätzlich in amüsanter Weise fertig bringt, ist sein Buch weit mehr als nur eine Pflichtlektüre für Betroffene.

Jean-Claude Juncker,

Premierminister von Luxemburg

1 Alles, was Sie schon immer über IT hätten wissen sollen

Alles, was Sie schon immer über IT hätten wissen sollen

Steigen wir ein in die Materie

Schon wieder ist das Programm abgestürzt, schon wieder ist der Computer wie eingefroren - nicht mal mehr die Maus gibt ein Lebenszeichen von sich. »Was habe ich denn nun schon wieder falsch gemacht?«, fragt sich der genervte und frustrierte Mensch. Die richtige Antwort würde lauten: »Nichts«, nur es ist niemand da, der antwortet. Im Grunde wäre es schon notwendig, ständig einen Experten in seiner Nähe zu haben. Die Computerwelt ist tückisch und wird von vielen Menschen auch so empfunden. Alles ist so kompliziert, undurchschaubar und für manche gar bedrohlich. Da der Computer so massiv in unser tägliches Leben eingedrungen ist, dass ein Verzicht weder möglich noch wünschenswert ist, lohnt sich ein kritischer Blick hinter die Kulissen und es lohnt sich zu verstehen, warum diese Welt so massiv unperfekt ist.

Die Informationstechnologie (IT) ist ein für den Laien undurchdringlicher und stetig wachsender Dschungel. Die in den Betrieben eingesetzten Systeme haben mehr von einem fragilen Ökosystem als von einer ausgereiften Technik. Wenn ein Informatiker einem Fremd erzählt, dass er mit Computern arbeitet, dann paart sich im Blick des Zuhörers eine ganz spezielle Mischung aus Respekt und Mitleid.

Es klafft ein riesengroßes Loch zwischen den Erwartungen der Computerbenutzer und dem, was eine IT-Abteilung in einem Betrieb leisten kann. Anwendern in einer Firma fehlt es an Basiswissen über die Eigenheiten der IT-Welt. Die Reaktionen auf die erste Auflage dieses Buches haben ja bestätigt, dass das Thema, die speziellen Eigenheiten der IT-Welt öffentlich zu machen, zur richtigen Zeit kommt. Elektronik umgibt uns heute überall, aber von einem hohen Reifegrad der Industrie kann nicht die Rede sein. Später im Buch werde ich die Situation als »Sturm-und-Drang«-Zeit bezeichnen. Ein renommierter Berufskollege geht sogar noch weiter und spricht von einem »frühkindlichen Stadium«.

Mir ist es ein Anliegen, die wichtige Lücke zwischen dem Verständnis zwischen Informatikern und Benutzern zu schließen. IT-Experten müssen ihre eigene Welt beherrschen, und darüber hinaus wird von ihnen (sehr zu Recht) verlangt, das Business zu kennen. Aber umgekehrt hört man nie die Forderung, dass Anwender die Eigenheiten der IT kennen sollten, was wohl die Hauptursache für die Verständigungsprobleme zwischen beiden Welten ist. Viel zu oft hört man von Anwendern aus den Geschäftsbereichen, dass man mit einem *Knopfdruck* eine Aufgabe dem Computer übertragen könnte. Viele Missverständnisse zwischen den IT-Experten und den Anwendern beruhen auf dieser Fehleinschätzung. IT-Experten sind tendenziell von einer eher ruhigen Natur und erzählen nicht viel von ihrer Welt – sie betreiben zu wenig (oder besser gesagt überhaupt kein) Marketing in eigener Sache. Es ist an der Zeit, das zu ändern.

Dies ist kein kompliziertes Fachbuch. Sie benötigen keine weitergehenden Computerkenntnisse, um es zu lesen, es reicht aus, wenn Sie gelegentlich einen PC benutzen. Das Buch wird eine Tür zu einer verschlossenen Welt öffnen und ohne technischen Schnickschnack erklären, warum die Dinge so sind, wie sie sind. Es ist absichtlich in unterhaltsamer Form geschrieben, um leicht lesbar zu sein: Komplizierte Fachbücher gibt es bereits unendlich viele.

Die einzelnen Kapitel werden immer wieder mit Beispielen illustriert. Namen und Handlungsorte sind gelegentlich verfälscht, um die betreffenden Personen zu schützen. Die beschriebenen Vorgänge selbst haben sich jedoch so zugetragen. Sofern Sie selbst Informatiker sind, haben Sie sicher schon das eine oder andere Mal erklären müssen, was Sie den ganzen Tag lang so treiben. Umgekehrt dürfte sich mancher Leser die Frage gestellt haben, womit sich seine Kollegen in der IT-Abteilung so beschäftigen. Dieses Buch gibt nun Antworten auf diese Fragen.

IT bleibt auch im Jahre 2008 ein organisierter Dschungel. Wenn Sie in einer Firma arbeiten, haben Sie sicherlich schon oft erleben müssen, dass Projekte scheiterten, viel zu lange dauerten oder finanziell aus dem Ruder liefen. Hierfür gibt es sehr gute Gründe, die in diesem Buch einen wichtigen Platz einnehmen. Systeme fallen aus, und leider wird die Technik durch immer schnellere Innovationen jedes Jahr schwieriger zu kontrollieren. Jemand, den ich sehr schätze, sagt immer: »That's IT«, wenn mal wieder ein Projekt nicht so verläuft wie geplant. Und dies trifft den Punkt: IT ist Überraschung – jeden Tag.

Aber wieso ist das alles so kompliziert, Computer sind doch das Logischste der Welt? Denn Information ist nichts weiter als eine Ansammlung von Einsen und Nullen (Ja/Nein). Eine dermaßen überschaubare Problematik sollte doch ein Kinderspiel sein. Sie ist es aber nicht. IT ist komplex, das ist gar keine Frage. Wenn ich mit Leuten, die nicht aus dem IT-Bereich stammen und lediglich zu Hause oder in ihrem Betrieb einen Computer benutzen, über IT rede, so fällt in der Diskussion systematisch das Wort »kompliziert«. (IT-Experten leiten IT von Komplex*IT*ät ab.) Jemand, der nicht in einer Bank arbeitet, könnte ebenso gut vermuten, dass die Logik von Soll und Haben sehr gut mit der Logik der Einsen und Nullen zusammenpasst. Neue und sehr junge Mitarbeiter wundern sich dann nach sehr kurzer Zeit über die Komplexität des Bankwesens, welche weit über Haben und Soll hinausgeht. In etwa so verhält es sich auch mit der IT.

Sie werden erfahren, dass IT auch Leidenschaft ist, das Wissen, jeden Tag etwas Neues erleben zu dürfen und nicht zu wissen, wie der Arbeitstag verlaufen wird und ob Sie eine Nachtschicht einplanen müssen. Auch nach 20 Jahren ist das immer noch so. Es ist das Gefühl, eine besondere Aufgabe zu haben, einen besonders spannenden Beruf auszuüben und im Zentrum des Geschehens zu stehen. In keinem Betrieb passiert etwas von Belang, bei dem nicht die IT eine tragende Rolle spielt. Es ist in der Tat ein Traumjob, trotz Stress, Pannen, der sich stets wiederholenden Wochenend- und Nachtarbeit und trotz des täglichen Kampfes mit Benutzern, die keine Kenntnisse über die Probleme und Eigenheiten der IT-Welt haben, und trotz der Lieferanten, die schon wieder verspätet schlechte Qualität geliefert haben. Es ist möglicherweise der spannendste und abwechslungsreichste Bürojob, den es gibt – Langeweile gibt es nie.

Dieses Buch wird Ihnen auch über Eigenheiten der IT-Welt berichten, die Sie so nicht kennen können. Zum Beispiel sind die Sicherheitsanforderungen in einem Betrieb ganz andere als bei Ihrem privaten PC. Dies ist in der Öffentlichkeit kaum bekannt, ist aber ebenfalls ausgesprochen spannend.

Weitere interessante Themen sind: Notfallplanungen und deren Eigenheiten, Kontrolle der IT durch Revisoren, Vorstellungsgespräche sowie die Probleme, die durch Software entstehen, die Anwender in Selbsthilfe entwickeln.

Pflichtlektüre?

Ein Buch, welches das Magazin CIO so bewertet: »*Warum ist bei uns alles so kompliziert? Es geht doch alles viel einfacher. Mit diesen Anrufen aus dem Chefbüro ist nach der Lektüre von „Eine Million oder ein Jahr« wohl nicht mehr zu rechnen.*« Demnach eine Pflichtlektüre gar, wie von Premierminister Luxemburgs, Jean-Claude Juncker, in seinem Vorwort geschrieben? Ich denke ja, denn es wird auf jeden Fall das gegenseitige Verständnis erhöhen und so etwas ist immer gut und richtig.

Wenn Sie sich das ganze Buch nicht antun wollen, so lesen Sie als Minimum die Kapitel 3, 5 und 7. Weiter ausgeführt werden die dort angesprochenen Themen in den Kapitel 9, 11, 13 und 14. Die restlichen Kapitel sind nicht etwa außerhalb des Themas, sie haben aber sicherlich nicht die gleiche Gewichtung, wenn man als Kriterium »Pflichtlektüre« anlegt oder wenn Sie ein gestresster Mensch mit wenig Zeit sind. Wie auch immer, ich empfehle die Kapitel in der im Buch angelegten Reihenfolge zu lesen.

Noch ein kleiner Hinweis, bevor es losgeht: Der Einfachheit halber benutze ich immer die Bezeichnung IT, auch wenn der Text sich auf eine Zeit bezieht, in der diese Bezeichnung noch nicht bekannt war und man EDV sagte. Ebenso spreche ich vom CEO (Chief Executive Officer = Geschäftsleiter) und vom CIO (Chief Information Officer = Leiter der EDV-Abteilung).

2 Das erste Geschäftsessen

Das erste Geschäftsessen

Eine Aufgabe, die es in der IT schon immer gab und die niemals enden wird, besteht darin, sich neue Systeme anzusehen und zu bewerten, um entweder Bestehendes zu ersetzen oder etwas Neues einzuführen. Die Auswahl einer Software bedeutet eine sehr langfristige Entscheidung. Vergleichen Sie es mit einer Eheschließung (aus der man zwar wieder herauskommen kann, aber den notwendigen Aufwand muss ich ja hier nicht schildern). Die Entscheidung für ein System sollte sehr wohl überlegt sein. Bei wirklich großen und wichtigen Systemen ist eine spätere Entscheidung, das System wieder zu wechseln, sogar eher noch mit einer Herztransplantation als mit einer Scheidung zu vergleichen. Für die Entscheidungsfindung sollte man sich also sehr viel Zeit lassen.

Der Prozess der Auswahl eines Softwaresystems hat sich im Laufe der Jahre grundlegend gewandelt. In den 80er-Jahren hatte IBM weltweit in den großen Betrieben eine derartig erdrückende Monopolstellung im Bereich Hard- und Software, dass es im Grunde gar keine Alternativen am Markt gab; man kaufte bei IBM oder man kaufte gar nichts. Selbst Microsoft kann heute von einer gleichen Dominanz wie damals IBM nur träumen. Anfang der 90er-Jahren wurden dann die PCs in die IT-Landschaften der Betriebe integriert und die Auswahl an Software wurde größer – die Dominanz von IBM zerfiel, und heute spielt IBM zwar immer noch eine Rolle, aber keine annähernd so große mehr wie damals. Die Firma ist fast ganz aus dem öffentlichen Bewusstsein verschwunden. Vor zwanzig Jahren war es schwierig, eine neutrale und objektive Übersicht zu bekommen, und erst mit dem Erfolg des Internets wurde es wieder einfacher zu überblicken, welche Produkte am Markt angeboten werden. Heute kann man sich bequem vom Bürosessel aus einen Überblick über das komplette Angebot verschaffen; noch vor zehn Jahren hätte man eigentlich zu jeder Fachmesse gehen müssen.

In Zeiten also, in denen Laptops und Notebooks noch eine Seltenheit waren (die Jüngeren unter uns können sich das gar nicht mehr vorstellen) und in denen der spontane Aufbau einer Telekommunikations-Verbindung unmöglich war, war es unumgänglich, sich für die Vorstellung eines neuen Produktes höchstpersönlich zum Anbieter zu begeben. Heute kommen die Vertreter eines Produktes in die Firma, klappen ihr Laptop auf, machen eine Powerpoint-Präsentation, und wenn man es wünscht, kann das Programm auch direkt auf dem Laptop demonstriert werden. Wenn einem das Produkt nicht gefällt, hat man heute die Chance, die Präsentation mit taktischer Argumentation zu beenden (»Der Chef braucht mich dringend« und ähnlichen unfairen Mitteln) und gewinnt so Zeit. Früher war man dem Anbieter auf Gedeih und Verderb ausgeliefert; man befand sich auf seinem Terrain und Flucht war keine Option. Der Siegszug von Powerpoint hatte noch nicht begonnen, dafür hatte man dann im Vorfeld eine mehr oder weniger aussagefähige Hochglanzbroschüre erhalten und man stieg sofort mit einer konkreten Vorführung in das Programm ein. In dieser Zeit prägte sich der heute kaum noch benutzte Ausdruck *Turcware* (in Anlehnung an Hard- und Software), da man gelegentlich den Eindruck nicht loswurde, dass sich hinter der schönen Fassade des vorgestellten Systems nicht die wirkliche Software verbarg, sondern eine speziell für die Präsentation angepasste, also »getürkte«, Version. Es gibt auch heute noch Fälle von *Turcware*, wenn auch die Vorgehensweise viel raffinierter geworden ist. Ich kenne einen konkreten Fall, bei dem sich ein durchaus renommiertes Geldinstitut für ein Produkt entschied, welches bereits Mitte der 70er-Jahre entwickelt wurde und irgendwie den technologischen Anschluss verpasst hat. Um das Produkt dennoch verkaufen zu können, wurde eine sogenannte grafische Oberfläche übergestülpt, die so aussieht wie ein normales PC-Programm. Das Ziel ist, das ganze historische Elend im Hintergrund zu kaschieren. In etwa so, als wenn man Hütten in einem Elendsviertel mit einer Art-deco-Fassade versieht. Nun, die Direktion war beeindruckt und kaufte das Produkt für alle Stützpunkte des Konzerns für viele Millionen Euro. Mittlerweile reden die beiden Firmen nur noch über Anwälte miteinander. Hätte man den internen Experten vertraut, wäre die *Turcware* ohne Frage aufgeflogen.

Eine Produktvorstellung konnte früher durchaus einen ganzen Tag dauern, und um die Atmosphäre angenehmer zu gestalten und vielleicht auch, um die Entscheidungsfindung ein ganz klein wenig zu erleichtern, war es üblich, dass man in ein sehr gutes Restaurant ausgeführt wurde.

Es ist bereits mehr als zwei Jahrzehnte her, als ich mir mit einem Kollegen aus der Buchhaltung ein bestimmtes Softwaresystem anschauen sollte, um der Direktion eine Entscheidungsvorlage zu erstellen. Obwohl wir selbst nicht endgültig darüber befinden würden, waren wir für die beiden Vertreter der Firma entscheidende Personen. Um uns beiden Jungspunden zu imponieren, luden uns die beiden Herren, die etwa um die fünfzig waren, in eines der besten Restaurants der Stadt ein.

»Ihr esst doch Hummer?«, fragte einer der beiden nach dem Studieren der Speisekarte.

Mit einer leichten Panik im Blick schauten mein Kollege und ich uns an. Wir hatten wohl beide noch nie Hummer gegessen. Um uns keine Blöße zu geben, taten wir so, als ob dies nichts Ungewohntes wäre und stimmten zu.

Als die Tiere etwas später auf unseren Tellern lagen, versuchten wir das Problem mit Improvisation zu lösen. Wir waren recht schnell mit unserem Latein am Ende. Unser Herumhantieren mit dem Spezialbesteck muss Mitleid erregend ausgesehen haben.

»Ah! Vous les Jeunes, ihr habt doch keine Ahnung von Esskultur«, kam es spöttisch von der anderen Seite. »Wir werden Euch mal zeigen, wie man so etwas macht.« Mein Gegenüber forderte mich auf, ihm meinen Teller zu reichen.

»So. Und jetzt genau aufgepasst.« Er brach eine Hummerschere ab und klemmte sie in das Spezialbesteck. Durch einen herzhaften Druck flog die Hummerschere mehrere Meter weit und landete genau in der Mitte eines Tisches, an dem ein älteres Ehepaar speiste.

An unserem Tisch lachten nur drei Personen sowie alle anderen Gäste im Restaurant, die die Szene beobachtet hatten.

Der ältere Herr am Nachbartisch nahm die Hummerschere nonchalant zwischen Daumen und Zeigefinger, stand auf, brachte sie an unseren Tisch und sagte trocken: »Ich glaube, die gehört Ihnen.«

Daran, ob wir das System am Ende gekauft haben, kann ich mich nicht mehr erinnern.

3 Eine Million oder ein Jahr

Computer sind phantastisch: In wenigen Minuten können sie einen so großen Fehler produzieren, wie Menschen ihn nur in vielen Monaten machen könnten.

(Merle Meacham)

Warum IT-Projekte so lange dauern, so kompliziert und so teuer sind

Nach einer Studie des *Economist Intelligence Unit Report: Managing IT Business Risks 2006* scheitert die Hälfte aller IT-Projekte und Initiativen. Laut *Standish Group* sind gar nur 29 Prozent aller Projekte weltweit erfolgreich und 18 Prozent verfehlen ihre Ziele komplett. Natürlich muss man darauf achten, welche Kriterien angelegt werden, um ein Projekt als gescheitert zu klassifizieren. Dennoch scheint generell richtig zu sein, dass die Mehrzahl aller IT-Projekte nicht erfolgreich ist. Diese Studien zeigen, dass mit zunehmender Größe einer Firma, des Projektteams oder des Projektzieles auch die Wahrscheinlichkeit des Scheiterns steigt. Diese Zahlen sind eigentlich nicht zu fassen, da man ja davon ausgehen kann, dass Computer und Software auf Logik basieren, bei der es keine Überraschungen geben sollte. Wenn man die Ergebnisse der Studien als Basis nimmt, könnte man Erfolg bereits dann feststellen, wenn man mehr als die Hälfte seiner Projekte und Initiativen durchbringt. Wo aber die Fallstricke liegen, werden wir in diesem Kapitel sehen.

Selbst wenn ein Projekt Erfolg hat, bleibt es in den meisten Fällen ein teures und langwieriges Unterfangen.

Ein oft gebrauchter *Running Gag* lautet: Wenn du die IT um die Änderung eines Programms oder um die Installation eines neuen Systems bittest, so erhältst du entweder die Antwort »es kostet eine Million« oder »es dauert ein Jahr«. Manchmal, wenn nicht sogar meistens, bekommt man auch beide Antworten gleichzeitig.

Nun will ja niemand den Mitarbeitern in der IT fehlenden Willen unterstellen und man kann sicher davon ausgehen, dass sie nach besten Kräften und Wissen arbeiten und Erfolg haben wollen. Dennoch sind diese Antworten meistens korrekt.

Für die Antwort »es dauert ein Jahr« könnte die einleuchtende Erklärung aufgeführt werden, dass zu viele Projekte und Aktivitäten gleichzeitig betreut werden: Es ist schlicht keine Zeit vorhanden. Aber das wäre zu kurz gegriffen.

Bis zum Ende der 80er-Jahre war IT aus technischer Sicht noch recht überschaubar. Eine große Maschine, die alles konnte und wusste, kein mit den heutigen Möglichkeiten vergleichbares Netzwerk, keine PCs (diese wurden erst Anfang der 90er-Jahre in den Betrieben flächendeckend in das Netzwerk integriert) und um Hacker machte man sich noch nicht wirklich Sorgen. In den 90ern wurde es dann unübersichtlich und kompliziert und der Begriff IT-Landschaften wurde geprägt, um die Ansammlung von vielen unterschiedlichen Bausteinen zu bezeichnen. Das Wort Landschaft hat etwas Beruhigendes, es erinnert an grüne Wiesen, prachtvolle Bäume, grasende Kühe und zwitschernde Vögel. Jeder mag es, jeder findet es gut. Aber es ist nicht richtig, von Landschaften zu sprechen. IT entspricht eher einem Ökosystem, einem Biotop. Es ist fragil und kompliziert, es gibt unbekannte Zusammenhänge und vor allem: Keiner vermag auf Anhieb zu sagen, was passiert, wenn man eine Änderung darin vornimmt. Ich ziehe es daher vor, von IT-Biotopen zu reden anstatt von IT-Landschaften.

Wir beschäftigen uns in diesem Kapitel sowohl mit den Risiken als auch den Aufgaben, die sich bei einem Projekt wie der Anschaffung eines neuen Computersystems oder der Installation von neuer Software ergeben.

Die Risiken kann man in etwa mit dem vergleichen, was passiert, wenn man in einem Biotop eine neue Tier- oder Pflanzenart aussetzt. Sie sind nicht so ohne weiteres einzuschätzen, und keiner weiß, ob es funktionieren wird, ob dadurch ein Mehrwert geschaffen oder ob es das Gleichgewicht zerstört wird. Daher ziehe ich im Verlaufe des Buches öfters Vergleiche mit der Automobilindustrie, die durch Standardisierung und Industrialisierung einen hohen Reifegrad erreicht hat und extrem stabile Produkte abliefert. Die Computerindustrie ist davon Lichtjahre entfernt.

Die Aufgaben, die bei der Einführung neuer Software zu erledigen sind, kann man recht gut mit dem Bau eines Hauses vergleichen. Obwohl sich der Vorgang immer wiederholt, so muss doch jedes Mal jede Aktivität neu geplant werden und wirft seine eigenen Schwierigkeiten auf. So müssen die Statik berechnet, Genehmigungen erteilt, Planungen erstellt, die Zufuhr von Strom, Wasser, Telefon usw. beachtet, sich der Thematik der Einbruchssicherung angenommen werden und vieles mehr. Bei einem Softwareprojekt wiederholen sich die einzelnen Aufgaben auch jedes Mal und werfen ihre eigenen Schwierigkeiten auf. Manche IT-Experten unter den Lesern werden mir antworten, dass eine neue Methode, SOA (*Service Oriented Architecture*), dieses Problem in den Griff bekommen soll. Warum ich davon nicht soviel halte, wird an anderer Stelle noch erklärt. Auf unabsehbare Zeit bleibt es bei der Tatsache, dass die Mehrheit der IT-Projekte scheitert.

Auswahl eines Softwaresystems

Fangen wir mit unseren Überlegungen bei der Auswahl eines Softwaresystems an. Man sollte sich hierfür sehr viel Zeit lassen.

Ein Berufskollege erzählte mir einmal, dass er eine Diskussion mit seinem CEO hatte, der nicht verstand, wieso alles im Betrieb, sobald es mit IT zu tun hatte, so kompliziert sei. Zu Hause würde sein Sohn die im Supermarkt gekaufte Software innerhalb von Minuten problemlos auf seinem PC installieren, wogegen in der Firma das Einführen von neuer Software immer ein Drama sei. Glatteisgefahr! Mein Kollege antwortete seinem Chef, dass man den Vergleich auch anders herum machen könne. Der Sohn sei ohne weiteres in der Lage, sein Taschengeld selbst zu verwalten, warum müsste also in der Firma eine ganze Abteilung mit der Buchhaltung beschäftigt sein? Ob die Antwort gut für seine Karriere war, ist nicht gesichert in Erfahrung zu bringen.

Ich hege die Hoffnung, dass nach der Lektüre speziell dieses Kapitels allen – auch denen, die Entscheidungen für die IT treffen - klar sein wird, warum alles in der IT so lange dauert, so teuer ist und in der Hälfte der Fälle überhaupt nicht gelingt.

Das Verfahren

Die Zeiten der 80er und teilweise bis weit in die 90er-Jahre hinein, als die IT-Abteilungen vielfach allein über Projekte entschieden, sind definitiv vorbei. Projekte werden heute von den Geschäftsbereichen entschieden und IT-Abteilungen begreifen sich als Dienstleister, die die Ziele des Business umsetzen. Zumindest sollte daran, dass dies die richtige Vorgehensweise ist, nicht mehr gezweifelt werden.

Die Auswahl eines Systems ist daher heute keine alleinige Aufgabe der IT mehr, so wie es lange Zeit war. Es ist auch keine alleinige Aufgabe eines Fachbereiches, sondern idealerweise eine gemeinsame Entscheidung aller Beteiligten. Um Alleingänge eines Fachbereiches zu verhindern, ist ein permanenter Austausch zwischen beiden von außerordentlicher Wichtigkeit. Allerdings funktioniert dies in vielen Betrieben nicht, und schon hat man einen ersten Grund für das Scheitern eines Projektes. Die Fachbereiche tun sich sehr schwer bei diesem Vorgang, da sie dies nur sehr selten tun müssen – die Entscheidung für ein System ist in der Regel etwas sehr Langfristiges. Probleme bereitet auch die Erwartungshaltung, die mit einem Autokauf vergleichbar ist, bei dem anhand von wenigen Kriterien bestimmt wird, was man will. Die Denkweise ist in etwa folgende: »Mein Budget beträgt x, ich will einen 2-Liter-Motor, grau metallic, Navigationssystem und Ledersitze«. Mit ähnlich detaillierten Spezifikationen (»Die Software soll nicht teuer sein, alle Buchungen durchführen können und state-of-the-art

Kundenbestätigungen drucken können«) ist es dann oft getan. Verlangt wird natürlich mehr: Erst einmal muss der Projektauftrag klar definiert werden: Eine Aufgabe, die einen Fachbereich überfordern kann und bei der man natürlich Hilfestellung leisten sollte. Basierend auf dem Projektauftrag wird eine Analyse gemacht, die dann in eine genaue Spezifikation (oder *Lastenheft* oder *Pflichtenheft*) dessen mündet, was benötigt wird. Und hier entstehen bereits die ersten Missverständnisse, die später ein Projekt zum Scheitern bringen können. IT und Fachbereiche sprechen ganz und gar nicht die gleiche Sprache: Genauso wie IT sein eigenes Fachchinesisch hat, haben es die Fachbereiche ebenfalls. Natürlich ist es für IT-Experten Pflicht, die Sprache des Business zu verstehen – was oft genug schwierig ist. Andersherum allerdings wird nie gefordert, dass das Business die Sprache der IT verstehen muss. Ich denke, viele Missverständnisse wären aus der Welt, wenn für ein *IT-Awareness* gesorgt würde; letztendlich ist dieses Buch der Versuch, hierzu einen ersten Beitrag zu leisten. Zusätzlich hat die Komplexität in den Fachbereichen ebenfalls über die Jahre hinweg immer nur zugenommen. Um dieses Problem in den Griff zu bekommen, macht man die erwähnte detaillierte Anforderungsanalyse. Hierbei handelt es sich um den Versuch, genau zu verstehen, wie die Zielsetzung eines Projektes erreicht werden kann – dies ist in erster Linie eine Aufgabe von Business- und IT-Analysten. Größere Betriebe haben eigene Leute, die dies tun können, kleinere greifen hier gerne auf externe Berater zurück. Und schon haben wir die erste Projektverzögerung und die ersten finanziellen Ausgaben.

Es ist also nichts mit dem Katalog, bei dem der Endanwender ankreuzen kann, was er haben will: Er muss es selbst artikulieren.

Wenn dann eine Spezifikation oder ein Lastenheft erstellt wurde, kann man detaillierte Diskussionen mit den Anbietern führen. Sofern es nicht bereits eine Liste der bevorzugten Anbieter gibt, mit denen bereits Rahmenverträge bestehen und mit denen man regelmäßig Projekte durchführt, wird sehr oft eine Aufstellung der in Frage kommenden Anbieter gemacht (»long list«) und diese werden gebeten, anhand des Lastenheftes ein Angebot zu unterbreiten (Request for proposal, RFP). Nach Erhalt der Angebote wird dann eine erste Auslese vorgenommen und aus der »long list« wird eine »short list« mit vielleicht 2 oder 3 möglichen Kandidaten. Als nächsten Schritt werden dann jede Menge Workshops, Diskussionsrunden und Referenzbesuche bei bestehenden Kunden der möglichen Anbieter durchgeführt. Im Gegensatz zu Software für den Massenmarkt gibt es bei Fachsoftware bedauerlicherweise nur in den seltensten Fällen Internet-Foren in denen man nachlesen kann, wie zufrieden die Anwender sind oder welche speziellen Probleme besondere Achtung erfordern würden. Bis zur definitiven Auswahl werden Planungsbesprechungen, Budgetvorbereitungen, Lenkungsausschusssitzungen und Ähnliches notwendig. Bis dann alle überzeugt sind, dass man den richtigen Anbieter ausgewählt hat, ist sehr viel Zeit ins Land gegangen. Interessanterweise gibt es bei diesem Verfahren von Land zu Land wichtige kulturelle Unterschiede. Die Amerikaner neigen dazu, das Auswahlverfahren eher rasant abzuwickeln – die Europäer geben sich hierbei tendenziell mehr Zeit.

Sind die Bedürfnisse alle abgedeckt?

Die nächste Schwierigkeit: Passt das ausgesuchte System überhaupt zu unseren Bedürfnissen, das heißt, erfüllt das System die spezifizierten Anforderungen des Betriebes? Oder ist man vielleicht der Cleverness des Verkäufers aufgesessen und hat zu sehr den Hochglanzbroschüren vertraut? Oder hat man nicht vollends verstanden, was vom System geleistet wird, resp. hat der Verkäufer nicht vollends verstanden, was wir wollten?

Um beim Biotop zu bleiben: Wollte der Geschäftsbereich etwas Schilf an den Teich? Oder war es in Wirklichkeit eine Seerose, die gewünscht wurde? Mitunter stellt sich dies erst im Laufe eines Projektes heraus, wenn bereits große Summen ausgegeben wurden. Aufgrund der hohen Komplexität von Systemen kann es enorm schwer für die Geschäftsbereiche sein, präzise zu entscheiden, ob ein einzuführendes System den Anforderungen entspricht. Selbst das Feststellen von leichten Abweichungen oder von fehlenden Funktionen ist nicht leicht. Wie gesagt, Fachbereiche haben nicht zwangsläufig die notwendige Erfahrung in dieser Übung. IT-Abteilungen aber müssen sich auf die Entscheidung des betroffenen Geschäftsbereichs verlassen, denn da sitzen die Experten. Letztendlich werden ja auch alle Kosten vom Geschäft getragen. Präsentationen der Provider sind immer perfekt, Feedback von befreundeten Firmen – sofern dies möglich ist – ist mit Vorsicht zu genießen, da deren Aussage nur deren Biotop betrifft (»Es funktioniert doch bei denen, dann werdet ihr das wohl doch auch hinbekommen!«). Und haben wir bei den Referenzbesuchen auch die richtigen Fragen gestellt und vor allem: Haben wir korrekte und ehrliche Antworten erhalten? Die Provider erleichtern die Aufgabe auch nicht, wenn sie behaupten, dass das Schilf in 10 Minuten eingepflanzt werden kann. Wir werden in diesem Kapitel sehen, dass die Implementierung (Installation) sehr kompliziert und keine 10-Minuten Aufgabe ist.

Impaktanalyse

Bevor es zur endgültigen Entscheidung der Anschaffung eines Systems kommt, wird in der Regel (je nach Komplexität des Systems), ein Unterprojekt »Impaktanalyse« durchgeführt. Es beginnt mit einer Trockenanalyse, wie sich das System im Biotop integrieren lässt. Es kann notwendig sein, Anpassungen an anderen Systemen durchzuführen oder aber das einzuführende System muss angepasst werden. Möglicherweise verträgt es sich aufgrund der eingesetzten Technologie überhaupt nicht mit anderen Systemen oder Komponenten.

Wie wird es seine Nahrung bekommen, sprich, wie wird es mit anderen Systemen kommunizieren? Es ist nicht schwer, sich vorzustellen, dass dies sehr aufwendig und ausgesprochen teuer ist und dass es keine Garantien für das Ergebnis der Analyse gibt.

Nun könnte man ja auf die Idee kommen, den Produzenten (Provider) eines Systems oder einer Software zu bitten, eine Verträglichkeitsgarantie abzugeben. Der wird sich jedoch weigern, dies zu tun, und zwar aus sehr gutem Grund: Es gibt nämlich keine zwei identischen IT-Biotope auf der Welt! Man hat sogar sehr gute Chancen, dass es ein Zusammenspiel einzelner eingesetzter Komponenten in dieser Form kein zweites Mal gibt.

Jedes IT-Biotop besteht aus diversen Hardwarekomponenten von verschiedenen Providern, die wiederum eigene Kommunikationskomponenten und verschiedene Steuerungssoftware haben. Allein dieser Teil füllt bereits Bibliotheken an Fachliteratur. Dann gibt es Hunderte, in größeren Betrieben Tausende von Einzelsoftwarekomponenten. Die Technik ist ein Dschungel, die IT-Landschaft ein Biotop. Für jede einzelne Komponente gibt es verschiedene Versionen, die entweder von der IT-Abteilung auf den letzten Stand gebracht worden sind oder noch hinterher hinken (Windows XP, Windows 2000, Windows Vista ...). Damit das alles miteinander kommunizieren kann, gibt es Brücken zwischen den einzelnen Komponenten, sogenannte Interfaces. Es ist genauso unwahrscheinlich, zwei Menschen mit den gleichen Genen anzutreffen wie zwei IT-Biotope mit absolut identischen Komponenten. Vor diesem Hintergrund soll ein Provider eine Verträglichkeitsgarantie abgeben? Das wäre geschäftlicher Selbstmord.

Ich möchte die Probleme, die bei technischen Aspekten der Integration auftreten und ein Projekt in ernsthafte Schwierigkeiten bringen können, mit einem kleinen Beispiel veranschaulichen. Bei uns in Europa werden Zahlen bei jeder Tausender-Einheit mit Punkten getrennt (z.B.: 1.000.000) und die Dezimalstellen werden mit einem Komma getrennt (z.B.: 1.200,50). In den USA ist es genau anders herum. Da viele Amerikaner nicht zu wissen scheinen, dass außerhalb der USA auch schon Computer im Einsatz sind und dass es zu allem Überfluss auch noch andere Gepflogenheiten gibt, hat man es immer mal wieder mit Unverträglichkeiten dieser Art zu tun. Diese Art der Verwaltung der Kommata und Dezimalpunkte (und noch viele andere Einstellungen) werden in einem IT-Biotop an zentraler Stelle definiert, und alle Programme sind freundlichst gebeten, sich an diese Regeln zu halten. Man nennt diese Einstellungen *Regional Settings.* Wenn man nun eine Software gekauft hat, die diese Werte nicht ausliest und sich nicht entsprechend verhält, dann wird aus einem gelieferten Wert von 1.000 plötzlich der Wert 1,0 und nichts funktioniert mehr. Hat man es mit einem professionellen Provider zu tun, dann wird er seinen Fehler einsehen und entsprechende Änderungen vornehmen. Allerdings wartet man dann möglicherweise Wochen oder Monate, bis es im Projekt weiter vorangeht. Wenn der Provider sich weigert, dann ist das Projekt bereits an dieser Stelle gescheitert. Dieses Beispiel zeigt nur eine von vielen möglichen Fallgruben und noch eine einfache dazu.

Proof-of-concept

Wenn man ein Softwareprodukt kauft und es mit anderen Systemen integrieren möchte, dann hat man sich das natürlich während der Impaktanalyse angeschaut. Im Grunde kauft man aber nur ein Versprechen, dass das, was in den schönen Hochglanzbroschüren und in den Handbüchern beschrieben ist, auch tatsächlich so funktioniert. In der Realität gibt es manchmal ganz entscheidende kleine Unterschiede zwischen dem, was dokumentiert ist, und dem, wie es funktioniert. »Laut Handbuch müsste das gehen und ich verstehe nicht, wieso das Programm es nicht macht«, das hört man andauernd. Um dieses Problem zu lösen, macht man einen POC (*Proof-of-concept*), bei dem in einem Testumfeld ein Modell der späteren Lösung installiert wird. Die Aufgabe besteht darin, zu sehen, ob diese wunderbaren Dinge auch wirklich alle so ineinander greifen, wie man das möchte. Um es an der Automobilindustrie anzulehnen, wäre das so, wie wenn ein Kunde erst einmal kein Vertrauen darin hat, dass die Michelin-Reifen auch wirklich auf seinen BMW passen und dies in einem Test überprüfen lässt, obwohl es im Handbuch des Wagens so geschrieben steht.

Nehmen wir ein Beispiel: Eine Bank möchte in der Tschechischen Republik eine Filiale eröffnen und die bereits in Betrieb befindlichen Systeme dafür benutzen. Recht schnell findet man heraus, dass es in diesem Land Spezialbuchstaben (wie zum Beispiel ã) gibt, vergleichbar den französischen Accents. Es ist klar, dass in allen Prozessen und in allen Systemen diese Spezialbuchstaben durchgängig korrekt verarbeitet werden müssen, denn tschechische Kunden würden einen Kontoauszug ohne diese nicht akzeptieren. Es bestehen der Glaube und die Aussage der Provider, dass die Systeme dies können müssten. Im POC wird nun herausgefunden, welche Systeme mit dieser Anforderung Probleme haben, und es wird niemanden im Projekt überraschen, dass es an einigen Stellen eben nicht klappt wie versprochen. Wenn man Pech hat, gibt es an einer Stelle eine Situation, die nicht lösbar ist, und das Projekt kann scheitern, zumindest aber stark verzögert werden. Die POC-Hürde wird sehr oft nicht erfolgreich genommen oder generiert weiteren Anpassungsbedarf in der Software. Für wie viel Prozent der scheiternden Projekte die POCs verantwortlich sind, kann man nicht mit Gewissheit sagen – es dürften jedoch sehr viele sein.

Implementierung

Abhängig von der Größe eines Systems muss der Zeitrahmen für eine Implementierung mit Wochen oder Monaten angesetzt werden. Bei diesem Vorgang wird das System in ein Testbiotop geworfen, um die während der Impaktanalyse definierten Aktionen durchzuführen. Dabei kann es vorkommen, dass sich herausstellt, dass das Ergebnis der Trockenanalyse falsch ist.

Implementierungen gehen massiv ins Geld, da hierfür hoch bezahlte Spezialisten eingesetzt werden. Tagessätze von 1.000 – 1.500 Euro sind noch nicht einmal übertrieben. Generell tauchen die meisten Schwierigkeiten in dieser Phase auf und verschlingen dann Wahnsinnssummen an Geld. Ein Beispiel: Ein System zur Verwaltung von Kundennamen soll mit einem Archivierungssystem verbunden werden, in dem eingescannte Kontoeröffnungsunterlagen gespeichert sind. Im Grunde kein Problem, da der Provider Ähnliches bereits bei einem anderen Kunden durchgeführt hat. Aber der Teufel steckt im Detail: Die Systematik, mit der Dokumente wieder gefunden werden können, ist in beiden Systemen unterschiedlich (einmal auf Basis der Kundennummer, ein anderes Mal auf Basis des Kundennamens). Kann man alles anpassen, aber dafür wird Zeit, also Geld benötigt. Man kann hier leicht von einer Verlegenheit in die nächste fallen.

Sicherheitskonzept

Sinnvollerweise muss gleich zu Beginn eines Projektes ein Sicherheitskonzept erstellt werden. Die Fragen, die dazu beantwortet werden müssen, sind jene, die im Kapitel *IT-Sicherheit* beschrieben werden. Bei der Erstellung eines derartigen Konzeptes tauchen naturgemäß Schwachstellen auf, da ein einzuführendes System kaum alle internen Sicherheitsregeln eines Betriebes respektiert. Beispielsweise kann es sein, dass die Sicherheitsanforderungen eine Verschlüsselung der Daten erfordern, dies aber im System nicht vorgesehen ist. Oder die Möglichkeiten der Verwaltung der Zugriffsrechte entsprechen nicht dem geforderten Standard. Daraus können erhebliche Projektverzögerungen und auch Kosten entstehen, da eventuell in der Software Anpassungen durchgeführt werden müssen. In letzter Konsequenz kann der Sicherheitsbeauftragte das Projekt komplett stoppen, wenn die Sicherheitsstandards nicht erfüllt werden. Wie gesagt, idealerweise sollte man diese Fragen zu Beginn des Projektes und vor der definitiven Entscheidung für ein System analysieren. Das wird aber manchmal nicht gemacht.

Installationsparameter

Ein wichtiger Punkt, der während der Implementierung enorm viel Zeit in Anspruch nehmen kann, ist die Definition der Installationsparameter. Jede Software, selbst das einfachste Produkt, hat welche. Mit ihnen wird festgelegt, wie die Software benutzt werden soll und wie sie an die individuellen Bedürfnisse der Firma oder des Benutzers angepasst wird. Ungewünschte oder nicht benötigte Funktionen können dadurch abgeschaltet werden. Bei Produkten für die breite Masse sind die Parameter der Software fast immer bereits vorgegeben und niemand muss sich darüber speziell Gedanken machen. Schauen Sie mal bei Word unter *Optionen* nach und Sie werden feststellen, dass es recht viele sind. Bei Fachsoftware, wie Buchungsprogrammen, sind diese Parameter in aller Regel undefiniert und es gibt Hunderte davon, die allesamt noch definiert werden müssen. Dabei muss der Sinn eines jeden einzelnen zuerst verstanden sein. Dann muss geprüft werden, welchen Einfluss er auf die Abläufe in der Organisation der Firma hat. Dabei kann man sehr leicht schwerwiegende Fehler begehen, die erst im Produktionsbetrieb auffallen und nur sehr schwer zu korrigieren sind. Besonders aufpassen muss man auch darauf, dass nur sehr genau definierte Personen Änderungsrechte an diesen Parametern erhalten. In letzter Zeit sieht man Fachsoftware, die dieses Thema noch einmal verkomplexiert. Wenn ein Parameter ein Wert ist, den man nur erfassen muss, ist es wie eben beschrieben. Nun gibt es aber neuerdings Software, die verlangt, dass dieser Parameter per Programm dynamisch in seinem jeweiligen Zusammenhang generiert werden muss. Obwohl dies extreme Flexibilität bietet, multipliziert sie den Aufwand der Implementierung und der späteren Pflege und lässt die Kosten und den benötigten Zeitrahmen explodieren.

Abhängigkeiten zu anderen Projekten

Um die Sache nicht zu einfach zu machen, ändert sich oft während der Impaktanalyse oder interessanter noch, während der Implementierung selbst ein entscheidender Baustein. Es kann sich zum Beispiel herausstellen, dass ein anderes Projekt eine Umstellung auf die nächste Windows-Version plant und hierdurch irgendeine kleine Unterkomponente des uns interessierenden Projektes inkompatibel zum Rest wird. Der Provider stellt dann vielleicht eine Lösung für »in 6 Monaten« in Aussicht. Bei diesem Thema kann man wunderbar monatelang Karussell fahren, ohne jemals wirklich voranzukommen.

Richtig schön kompliziert wird es, wenn in einem System gleichzeitig mehrere Projekte durchgeführt werden, die sich gegenseitig beeinflussen, aber von der Thematik eigentlich unabhängig sind. Zum Beispiel muss das Buchungsprogramm wegen der EU-Zinsbesteuerung umgeschrieben werden. Da man schon ein kritisches Programm abändert, möchte der Geschäftsbereich auch gleichzeitig das Gebührenmodell ändern. Aus reiner IT-Sicht wäre es ratsam, zuerst die EU-Zinsbesteuerung abzuschließen und dann das Gebührenmodell anzugehen. Aus geschäftlichen Gründen (»*Top-Priorität*«) mag dies anders aussehen, und deshalb wird entschieden, beides gleichzeitig durchzuführen. Beide Projekte müssen zwingend gleichzeitig abgeschlossen werden, da man das Buchungsprogramm nicht für die EU-Zinsbesteuerung in Produktion nehmen kann, wenn die Tests für das Gebührenmodell noch nicht erfolgreich abgeschlossen wurden. Da IT-Projekte zeitlich nie so verlaufen, wie man das plant, ist solch eine Situation ein sehr großes Risiko und sie ist der Auslöser für so manche Krisensitzung.

Änderung der Prioritäten

Der Appetit kommt bekanntlich beim Essen. So ist es die Regel, dass die Geschäftsbereiche im laufenden Projekt die Prioritäten ändern (lauthals: »Wenn wir das auch noch hineinpacken, dann können wir unseren Profit um x steigern. Time ist schließlich Money«) und zusätzliche Bedürfnisse (kleinlaut: »Wir haben da noch etwas vergessen«) formulieren. Die beste Planung wird dann zur Makulatur. Der Druck auf den Provider, die zusätzlich benötigte Funktionalität in sehr kurzer Zeit zu entwickeln, wird extrem hoch und die Qualität wird dadurch automatisch reduziert. Zusätzlich kann es natürlich auch sein, dass völlig andere, neue Projekte eine höhere Priorität bekommen und das aktuelle Projekt auf Halten gesetzt werden muss.

Mit den von der Geschäftsseite definierten Prioritäten ist das auch so eine Sache. Jeder Bereich sieht nur seine eigenen Wünsche und bei der IT laufen diese alle auf. Jeder Bereich im Betrieb definiert seine Anforderungen als Top-Priorität. Es ist klar, dass nicht alles und jedes sofort gemacht werden kann. Aus diesem Grund werden Entscheidungsgremien installiert, die die Aufgabe haben, die globalen Prioritäten festzulegen. Kleinere Anfragen, die nicht als Projekt klassifiziert werden, sind selbstverständlich vom Anfragenden auch als Priorität 1 deklariert worden. Jeder Geschäftsbereich weiß, dass es nicht sonnvoll ist, Anforderungen als Priorität 2 zu deklarieren, da dann klar ist, dass in den nächsten zehn Jahren bei diesem Thema nichts passieren wird. Wenn aber alles als Priorität 1 deklariert wird, dann verliert das Ganze seinen Sinn. Also geht die IT hin und klassifiziert klammheimlich intern die kleineren Anforderungen um in Priorität 1a, 1b, 1c und so weiter – aber zugeben wird das niemand.

Sehr unbeliebt sind auch plötzliche Änderungen beim Setzen der Prioritäten, die durch legale und regulatorische Anforderungen entstehen. Dieser Aspekt der Arbeit hat in den letzten Jahren stark zugenommen und wird weiter an Bedeutung gewinnen und damit die Realisierung von Projekten weiter erschweren (siehe Kapitel *Worst Case*).

Abläufe (Prozesse)

Die Einführung einer neuen Lösung bedeutet auch immer die Notwendigkeit des Designs von neuen internen Prozessen sowie eine Anpassung der bestehenden. Es ist zwar nicht mehr ganz so schlimm wie in der Vergangenheit, als es in den meisten Fällen so war, dass die Software die Prozesse vorgab. Aber moderne Software, die sich an das Umfeld im Betrieb anpasst, ist immer noch die Ausnahme. Wenn man die Prozesse mehr oder weniger frei designen kann, dann muss man sich auch mehr Gedanken darüber machen, wie man die Dinge haben will. Für diese Aufgabe gibt es ebenfalls Experten, und sofern man dieses Know-how extern am Markt einkauft, muss man viel Geduld und Geld mitbringen. Externe Berater neigen aus Eigennutz dazu, möglichst perfekte Abläufe konzipieren zu wollen. Dabei fährt man mit der 80/20-Regel oft am besten (das Ziel gilt als erreicht, wenn man 80 Prozent seiner wichtigsten Anforderungen abgedeckt hat, die fehlenden 20 Prozent können gegebenenfalls später realisiert werden). Schlecht abgestimmte Prozesse oder ein schlichtes Vergessen von wichtigen Teilen in der Prozessplanung sind neben den bereits erwähnten Faktoren ein weiterer eminent wichtiger Stolperstein auf dem Weg zum Gelingen eines Projektes.

Die Provider

Es ist gar nicht so einfach, wie man glaubt, einem Provider die Zielsetzung eines Projektes klar zu machen. Der Auftraggeber benutzt seine eigene Terminologie und ist möglicherweise schon mehrere Wochen intern mit dem Thema beschäftigt, bevor er versucht, einen Provider für sein Projekt zu finden. Manche Projekte sind so groß, dass mehrere Provider ausgesucht werden. Man kann sehr oft beobachten, dass der gewählte Provider am Ende nicht genau weiß, was alles in dem Projekt steckt, welche Wichtigkeit es hat und vor allem, welche Teile des Projektes für ihn unsichtbar sind, weil dafür ein anderer Provider ausgewählt wurde.

Jeder Provider will seinen Auftrag unbedingt bekommen und verspricht oft das Blaue vom Himmel herunter. Später kommt er dann in zeitliche Bedrängnis und vielleicht reicht das Budget nicht aus.

Selbst wenn alles soweit gut gelaufen ist, bleibt eine weitere Gefahr: Ihr Provider ändert seine Strategie (oder geht in Konkurs) und Sie haben Ihre IT-Strategie auf der des Providers aufgebaut. Klar, Verträge sichern dies ab. Aber es passiert nun mal, dass Lieferanten trotz gültiger Verträge entscheidende Dinge ändern und plötzlich steht man im Regen. Es hilft wenig, wenn Schadensersatz geleistet wird, wenn Sie danach während einer nicht absehbaren Zeit keine Lösung für die Anforderungen aus dem Geschäftsbereich haben. In meiner Berufskarriere ist mir eine fundamentale Strategieänderung des Providers gleich zweimal passiert mit äußerst unangenehmen Konsequenzen für die betroffenen Geschäftsbereiche. Es kann aber auch schon ausreichen, dass Projekte in Schwierigkeiten geraten, wenn bei den beteiligten externen Firmen Schlüsselpersonen kündigen. Glauben Sie mir, das passiert sehr oft. Oder die externe Firma setzt ihre besten Leute auf ein noch größeres Projekt bei einem noch wichtigeren Kunden. Oder die externe Firma hat ihr Produkt dermaßen oft verkauft, dass sie ein Opfer ihres eigenen Erfolges wird. Auch dies ist sehr häufig.

Projektleitung

Projekte können noch durch weitere Gründe scheitern oder verzögert werden. In der Regel werden Projektleiter eingesetzt, jeweils einer im eigenen Betrieb und einer beim Provider. Bei der Projektleitung laufen alle Fäden zusammen. Es ist an dieser Stelle, an der die Risiken eines Projektes bewertet werden und Gegenmaßnahmen eingeleitet werden müssen. Um auf einen Blick feststellen zu können, wie es um ein Projekt bestellt ist, benutzt man sehr oft die »Ampel«, das heißt rot für »das Projekt ist im höchsten Maße gefährdet«, gelb für »besonderes Augenmerk muss auf das Projekt gerichtet werden, damit es nicht aus dem Ruder läuft« und grün für »alles bestens«. Gefährlich hierbei ist nur, dass generell der Projektleiter entscheidet, welche Farbe er einem Projekt zuordnet. Kompliziert wird es, wenn ein Projekt mehrere Unterprojekte enthält (was eigentlich immer der Fall ist) und jedes Unterprojekt wieder seine eigene Ampelfarbe hat. Man beobachtet in den letzten Jahren verstärkt einen Trend dahin, sehr junge Projektleiter mit nur wenig Erfahrung einzusetzen. Diese haben zwar in der Regel eine gute Ausbildung, besitzen aber keine ausreichende Erfahrung. So ist es unglaublich schwer, diesen jungen Leuten zu vermitteln, dass es durchaus in Ordnung sein kann, wenn ein Projektpunkt nicht rechtzeitig erledigt worden ist. Projektpläne haben wichtige und unwichtige Punkte; bei den unwichtigen Punkten dienen die vereinbarten Termine lediglich als Richtlinie. Ein Projektplan ist eine Annäherung an die Realität; er ist keine Bibel. Die Unterscheidung zwischen wichtig und unwichtig haben viele dieser Jungspunde noch nicht gelernt und wollen sie auch nicht gerne begreifen. Projektpläne haben einzelne Projektpunkte, bei denen jeweils festgehalten wird, wie viel (in Prozentzahlen ausgedruckt) davon schon erledigt ist. Man kann erleben, dass Unerfahrene die Prozentpunkte des Erledigungsgrades jedes einzelnen Schrittes zusammenrechnen und dann auf das vorgesehene Projektende hochrechnen. Wenn dann von einer Woche zur nächsten die Zahl beispielsweise von 68 auf 72,5 Prozent hochgeschnellt ist, dann ist alles in Ordnung. Kein Scherz. Ich wäre sehr dafür, generell nur erfahrenen Mitarbeitern die Leitung eines Projektes zu übertragen, doch junge Mitarbeiter kosten den Betrieb weniger Gehalt, dafür fehlt ihnen dann die notwendige Erfahrung. Ein teurer Irrweg. Neben schlechter Software ist unzureichendes Projektmanagement ein weiterer sehr wesentlicher Grund dafür, warum Projekte scheitern, und dies ist dann ein klares Führungsproblem.

Softwarequalität

Die Provider befinden sich in einem extrem konkurrierenden Markt und die neuen Produkte müssen so schnell wie möglich ausgeliefert werden. Dass dies der Qualität nicht gerade förderlich ist, liegt auf der Hand. (Das Thema »mangelhafte Softwarequalität« taucht in diesem Buch wiederholt auf und deshalb ist dieser Problematik das Kapitel *Unbekannter Fehler aufgetreten* gewidmet.) Um sich gegen das Problem der mangelhaften Softwarequalität abzusichern, verpflichtet sich der Käufer in einem betrieblichen Umfeld dazu, per Wartungsvertrag jedes Jahr 20 Prozent des Kaufpreises an den Provider zu zahlen, damit dieser die Fehler verbessert, die er selbst erschaffen hat. In seltenen Fällen können es weniger als 20 Prozent sein, tendenziell geht der Satz aber schon über diesen Wert hinaus. Ohne Frage ein sensationelles Geschäftsmodell. Zugegeben, ein kleiner Teil dieses Geldes wird benutzt, um die Software laufend an neue externe Gegebenheiten, wie zum Beispiel eine neue Windows-Version, anzupassen. Der Löwenanteil jedoch wird für das Verbessern der Fehler aufgewendet. Manche Softwareprovider gehen hin und erhöhen den zu zahlenden Betrag jedes Jahr um einige Prozent, um einen vermeintlichen Inflationsverlust auszugleichen. Nach nur fünf Jahren haben sich die 20 Prozent bereits auf 25 erhöht. Es gibt auch Beispiele, bei denen ein Provider die Nutzung der ursprünglichen Lizenz zeitlich begrenzt. Nach Ablauf der Frist (zum Beispiel 10 Jahren) wird der volle ursprüngliche Kaufbetrag erneut fällig. Sehr beliebt sind auch Knebelverträge, bei denen sich der Kunde verpflichten muss, einen bestimmten (aber nicht geringen) Betrag immer dann zu zahlen, wenn der Provider eine neue Version seines Produktes freigibt. Eine neue Version ist oft nur ein neues Etikett für das genau Gleiche, denn der Kunde hat keinerlei neue Funktionalität erhalten. Wäre es eine Option, die neue Version nicht zu ordern? Nein, denn erstens läuft für jede Version irgendwann die Wartung aus; den Zeitpunkt bestimmt natürlich der Provider. Zweitens werden neue Funktionalität und Kompatibilität mit neuer Technik (z.B. Windows Vista) nur in der aktuellsten Version realisiert und man hat dann keine Wahl. Und drittens, wenn man die aktuell letzte Version dann doch irgendwann bestellt, muss man alle vorher übersprungenen Versionen dennoch bezahlen.

Die Wartungsgebühren lagen in den 80er-Jahren bei 10 Prozent und haben sich mittlerweile verdoppelt - sicherlich auch ein Hinweis darauf, dass Software zwar mehr kann als früher, aber auch störanfälliger geworden ist. Je mehr Fehler drin sind, umso mehr Wartungsgebühren werden verlangt. (Allerdings sollten die Provider hier nicht übertreiben, da sich sonst das Produkt gar nicht mehr verkauft.) Und jede neue Version eines Programms bringt neue Fehler.

Interfaces (Schnittstellen)

Eine sehr große Problematik besteht in der Realisierung von sogenannten Interfaces. Das sind Brücken zwischen Systemen, die in den meisten Fällen von der IT, zumindest aber im direkten Auftrag der IT realisiert werden. Bildlich gesprochen besteht die Aufgabe darin, einen Text von Russisch auf Chinesisch zu übersetzen, wobei man weder die eine noch die andere Sprache beherrscht. Da es wie schon gesagt keine zwei identischen IT-Biotope gibt, ist die Chance gering, ein derartiges Interface schlüsselfertig einzukaufen. Es muss in den meisten Fällen speziell programmiert werden, wodurch ein zusätzliches Risiko für das Projekt entsteht. Das Schreiben von Interfaces ist in den IT-Abteilungen außerordentlich unbeliebt, da es eine der aufwendigsten und riskantesten Aufgaben ist, der eine IT sich stellen muss. Seit jeher herrscht bei diesem Thema ein eklatantes Missverständnis zwischen den Geschäftsbereichen und der IT. Lapidare Aussagen wie: »dann schreibt unsere IT ein Interface« hört man auch heute noch regelmäßig. Jedes Mal, wenn ich dies höre, kommen wieder ein paar graue Haare dazu.

Interfaces schreiben ist im Grunde ein völliger Irrweg. Systeme sollten in der Lage sein, ohne großes Aufhebens miteinander zu kommunizieren, selbst dann, wenn sie sich nicht kennen. Damit dieses möglich wäre, müssten Standards bestehen, wie Software entwickelt wird und wie sie zu kommunizieren hat. Davon ist die Branche aber soweit entfernt wie die Erde vom nächsten Sonnensystem. Der *physische* Datentransport ist heute kein Problem mehr und mit einer Autobahn vergleichbar (über Internet oder Standleitung), aber der *logische* Transport, nämlich, die Definition dessen, was auf der Autobahn fahren soll, ist fast gänzlich undefiniert. Jeder Anbieter von Software dokumentiert mehr oder weniger präzise, wie Daten über Schnittstellen in sein System kommen können.

So genannte *APIs* zum automatischen Einspielen sind durchaus ein großer Fortschritt gegenüber der Situation von vor zehn Jahren, aber es ist nur ein Trippelschritt in die richtige Richtung. Andere Branchen sind da viel weiter: So setzt man im Bankgewerbe beispielsweise *Swift* ein – ein veröffentlichter Standard, an den man sich sehr leicht halten kann. Wenn eine Bank eine Überweisung auf ein Konto einer anderen Bank ausführt, dann spielt es keine Rolle, welches System die andere Bank einsetzt. Es genügt, eine *Swift*-Meldung über eine von allen genutzte Infrastruktur zu schicken. Wenn man aber Informationen innerhalb von internen Systemen hin- und herschicken will, dann erfindet man jedes Mal das Rad neu. Es gibt noch den Service-Oriented-Architecture-Ansatz (SOA), um diese Problematik in den Griff zu bekommen; an anderer Stelle werde ich darüber schreiben. Von den Fachbereichen wird unterstellt, dass das Schreiben eines Interfaces eine einfache und risikolose Aufgabe ist.

Die IT-Experten haben es bis heute nicht verstanden zu vermitteln, dass Interfaces kompliziert sind und einen lebenslangen Aufwand bedeuten - sie sind ein Irrweg. Möglicherweise herrscht hierbei der Hintergedanke vor, sich unentbehrlich zu machen – was besonders für externe Softwarefirmen gelten dürfte. Interfaces sind einer der Hauptgründe, warum die Anzahl der Mitarbeiter in den IT-Abteilungen so enorm gewachsen ist.

Ein kleines Beispiel zur Veranschaulichung: Softwaresysteme speichern ihre Daten in Datenbanken. Zumeist sind diese Datenbanken für die IT bei einer Neuanschaffung *Black-Boxes*, und die Bedeutung einzelner Datenelemente ist auch nur unzureichend dokumentiert. Der Provider ist aus Gründen des Geschäftsgeheimnisses nicht geneigt, dies zu ändern. Ein Interface hat die Aufgabe, Daten von einer *Black-Box* zur nächsten zu liefern. System A (zum Beispiel Auftragsverwaltung) hat eine Kundennummer, die 10 Stellen lang ist. Diese Information muss in das System B (zum Beispiel Rechnungserstellung) transferiert werden, in dem die Kundennummer nur 8 Stellen hat. Das kann nicht gehen. Dieses Beispiel ist extrem einfach, verdeutlicht aber bereits die Schwierigkeiten, die bei Interfaces zu meistern sind. Wenn Sie ein Interface schreiben müssen, bei dem ein hochkomplexes, strukturiertes Finanzprodukt, das in einem spezialisierten Handelssystem erfasst wurde, in ein älteres Buchungssystem übermittelt werden muss, dann kann man schon mal an seine Grenzen stoßen.

Dann kann sich bei diesem Thema die Komplexität nochmals signifikant erhöhen, nämlich dann, wenn ein Interface zu einem System geschrieben werden muss, welches nicht unter eigener Regie verwaltet wird, beispielsweise ein System bei einem Kunden, einem Outsourcer oder einer anderen Einheit im gleichen Konzern. Neben den rein rechtlichen Aspekten wie Haftungsansprüchen, Messung der Verfügbarkeit, Verbindung in eine andere Zeitzone usw. muss dann erst ein sicherer technischer Weg ausgearbeitet werden, der über sämtliche Sicherheitsbarrieren (wie *Firewalls*) hinweg Daten austauschen kann. Themen wie »was muss passieren, wenn die Gegenseite nicht oder falsch reagiert?« werden dann aktuell. Solange alles intern ist, kann man sich immer mehr oder weniger schnell einen vollen Überblick verschaffen; wenn zusätzlich externe Partner mit im Spiel sind, hat man immer mit einer Unbekannten zu rechnen.

Vielleicht haben Sie den seit Jahren schwebenden Streit zwischen der EU und Microsoft verfolgt? Es geht hierbei um das Problem, dass Microsoft sich nur sehr langsam und unter Zwang in die Richtung bewegt, die Beschreibung seiner Schnittstellen offen zu legen. »Na und?« könnte man fragen. Die Frage ist aber von großer Wichtigkeit, da andere Softwareentwickler und Konkurrenten deswegen keine neuen und innovativen Lösungen entwickeln und anbieten können. Das ist überaus ärgerlich und erschwert (wenn nicht sogar verhindert) die Realisierung von manchen IT-Projekten. Einer meiner Kollegen, IT-Manager bei einer Direktbank, einer Bank also, die ausschließlich mit ihren Kunden via Internet und E-Mail verkehrt, möchte ein System entwickeln, welches es erlaubt, einkommende E-Mails (mehrere tausend pro Tag) der Kunden nach einem hochkomplexen Modell automatisch zu analysieren und auf professionelle Art und Weise direkt von der Software beantworten zu lassen. Dieses Projekt ist zu sehr spezifisch, als dass sich dafür Standardsoftware einsetzen ließe. Eine enge Verzahnung mit Microsofts Exchange wäre dafür zwingend notwendig. Jedoch durch die konsequente Weigerung, die Schnittstellen offen zu legen, kann ein solches Projekt nicht so effizient realisiert werden, wie es sinnvoll wäre.

Als Kunde sollte man wissen, dass Reklamationen und Anfragen von Informationen per E-Mail und Internet in den meisten Fällen nicht von einem Menschen, sondern von einem Programm beantwortet werden. Der Antwort merkt man dies auch meistens an.

Reconciliation (Abstimmung)

Ein in Betrieb befindliches Interface hat spezielle Anforderungen an seine Überwachung. Eine sogenannte *Reconciliation* (Abstimmung) muss implementiert werden. Deren Aufgabe ist es, sicherzustellen, dass System A und System B auf dem gleichen Informationsstand sind. Fällt das Interface einmal aus oder arbeitet es inkorrekt, dann muss die Reconciliation Alarm schlagen. Die Entwicklung einer solchen Funktion ist fast genauso komplex wie das Interface selbst.

Tests

Wenn die IT dann irgendwann mit ihrer Arbeit fertig ist, fangen die Tests in den Fachbereichen an. Dies ist ebenfalls eine sehr komplexe Thematik: Die Biotope sind so groß, dass von einem Anwender nicht erwartet werden kann, dass er alle Zusammenhänge kennt. Zugleich wird auch in den Fachbereichen die Spezialisierung auf einzelne, punktuelle Themen immer stärker. Dies passt nicht zusammen. Die Testergebnisse sind dann per natura nur bedingt aussagekräftig. Hier braucht es Leute mit übergreifendem IT-Wissen und Fachwissen aus dem Geschäftsbereich. Solche Kräfte zu finden, ist außerordentlich schwierig. Zur Unterstützung kann man spezialisierte Software anschaffen, die es erlaubt, alle möglichen Zusammenhänge zu dokumentieren. Eigentlich eine sehr sinnvolle Sache, die aber leider aus Zeit- und Kostengründen nur selten gemacht wird. Es wird hierbei möglich, alle denkbaren Testfälle zu dokumentieren, um sie bei späteren Versionsänderungen nachzuspielen. Manche Systeme gehen so weit, ein automatisches »Replay« der Testfälle durchzuführen und die Ergebnisse automatisch zu kontrollieren. Aber die Installation einer solchen Lösung ist auch wieder ein Projekt für sich.

Testkonzept

Um fachliche Tests korrekt durchführen zu können, muss vorab ein Testkonzept erstellt werden. Das heißt, es wird festgelegt, welche Geschäftsvorfälle abgedeckt werden müssen. Entsprechende Testfälle werden dann eingegeben und man misst das erzielte gegen das erwartete Ergebnis. Diese Vorfälle müssen dokumentiert werden; hierfür gibt es spezielle Software, wie oben beschrieben. Eine immer wieder diskutierte Frage ist, ob die Mitarbeiter, die für das Testen zuständig sind, in der IT sein sollten oder in den Fachbereichen. Es gibt Argumente für beide Varianten, da wird jede Firma sich wohl so entscheiden, wie sie es für sinnvoll hält. Man kommt aber so oder so nicht um das Testen herum. Auf jeden Fall sind Testaktivitäten meistens sehr unbeliebt, da sie so lange wiederholt werden müssen, bis es klappt, und deshalb erhebliches Frustpotential besitzen.

Regressionstests

Unendlich viel Frust bringt auch die Tatsache mit sich, dass neue Versionen eines bestehenden Systems viel öfter, als man es glauben möchte, die alten, bereits korrigierten Fehler wieder neu mitbringen. Wenn man dann in Betracht zieht, dass man für eine neue Version auch noch neues Geld bezahlt hat (siehe oben), dann könnte man schon vor Wut platzen. Noch schlimmer ist es, wenn in der neuen Version Funktionen, die früher bestanden haben, jetzt einfach verschwunden sind. Man hält es nicht für möglich, aber dies ist dermaßen oft der Fall, dass ein IT-Experte es sich nach einiger Zeit abgewöhnt, sich hierüber noch aufzuregen. Um diese Klippe zu umschiffen, müssen sogenannte Regressionstests durchgeführt werden. Dabei werden alle bereits bestehenden und funktionierenden Aktivitäten im System noch einmal mit der neuen Version getestet. Es ist immer wieder schwer, einer Fachabteilung erklären zu müssen, dass man das Risiko nicht eingehen kann, unbesehen zu glauben, dass das Alte weiterhin genauso funktioniert. Bei sehr großen Systemen kann man sich leicht ausmalen, wie viel Aufwand erforderlich ist, um diese Frage abzudecken. Wird eine fehlende oder fehlerhafte bestehende Funktion festgestellt, so wird es dem Provider gemeldet und man wartet dann auf die Verbesserung. Sobald sie da ist, beginnt das Spiel von neuem. Dieser Punkt ist der eigentliche Beweis für die generelle Unreife der Softwareindustrie.

End-to-end

Wir sind immer noch nicht am Ende! Als weitere Maßnahme führt man dann *End-to-end* Tests durch. Bei diesen wird die ganze Verarbeitungskette durchlaufen und zwar so, wie es nachher im Livebetrieb sein soll. Komponenten, die vorher individuell einwandfrei funktioniert haben, müssen dies im Zusammenspiel noch lange nicht tun. So kann beispielsweise ein Programm auf eine Anfrage mit »ja« oder »nein« antworten. Dies ist für einen Menschen verständlich. wenn aber ein anderes Programm die gleiche Frage stellt und eine Antwort in Form von »yes« oder »no« erwartet – zwei Werte, die das antwortende Programm ja nicht übermittelt -, dann haben wir ein Problem, das erst beim *End-to-end* Test auffällt.

Das Testen von Programmänderungen und Programmneuentwicklungen gewinnt von Jahr zu Jahr an Bedeutung und stellt in sehr vielen Fällen die wichtigste Aufgabe bezüglich Zusammenarbeit mit der IT in einem Fachbereich dar. Es ist ein Element, das jeder Fachbereich in einem Betrieb bei seiner Ressourcenplanung berücksichtigen muss. Erschwerend kommt bei den durchzuführenden Tests hinzu, dass jede Software Fehler hat und deshalb eine präzise Projektplanung zu einem Ding der Unmöglichkeit werden kann. Diese Unplanbarkeit führt regelmäßig zu großer Frustration bei allen Projektbeteiligten und ist ein entscheidender Grund dafür, warum sich IT-Projekte verzögern.

Stresstests

Als weiterer (allerdings optionaler) Schritt bei der Einführung eines Systems kann dann von der IT noch ein sogenannter Stresstest durchgeführt werden. Hierbei geht es darum, durch Simulation sicherzustellen, dass das System große Datenmengen in dem vorgegebenen Zeitrahmen verarbeiten kann. Wer hat nicht schon in den Medien gehört, dass die Systeme zu langsam oder zu instabil wurden, wenn alle Anwender das System zu nutzen begannen (Software für Hartz 4, LKW-Maut …)? Da in diesen Tests die Wirklichkeit (die man ja noch nicht kennt) simuliert werden muss, sind solche Tests ausgesprochen schwierig zu organisieren und eben oft nicht erfolgreich, so wie zum Beispiel im Fall des Softwaredebakels *LUSD* für Hessens Schulen.

Aus der Zeitschrift Computerwoche 38/2007: »Eine mit Kosten von 20 Millionen Euro entwickelte Verwaltungssoftware verärgert die Anwender. Bereits seit dem vergangenen Schuljahr versuchen rund 2000 hessische Schulen mit der neuen, unausgereiften Schulverwaltungssoftware *LUSD* (Lehrer- und Schülerdatenbank) zu arbeiten. Entwickelt wurde die Schulsoftware von CSC. Start der Konzeption und der Entwicklung war der 1. Juni 2006. Mit der Implementierung in den Schulen hatte CSC im Oktober 2006 begonnen. Seitdem häufen sich die Klagen der Anwender. Leidtragende der fehlerhaften Lösung sind vor allem die Sekretariate. Bislang erreichten mehr als 300 Beschwerden das Kultusministerium. 'So viel Kaffee, wie man während der unendlichen Wartezeiten bei der *LUSD*-Bearbeitung trinken kann, verträgt kein Mensch', heißt es beispielsweise in einer der Protest-Mails, von denen einige auch bei der Landtagsfraktion der Grünen eingingen. *LUSD* ist eine zentrale Anwendung, in der sämtliche Daten über Schüler, Lehrer, Stundenpläne und Kurse hinterlegt werden. Die Situation eskalierte zu Schuljahresbeginn, weil zu diesem Zeitpunkt besonders viele Datenbankzugriffe erfolgten.« Die Server waren nicht in der Lage eine große Anzahl an Dateneingaben zu bewältigen.

Schulung

An dieser Stelle gehe ich nicht tiefer auf das Thema Schulung ein, da dieses Thema in einem späteren Kapitel ausführlicher behandelt wird. Nur so viel an dieser Stelle: Schulungsmaßnahmen, sowohl für IT-ler als auch für die Anwender müssen bei der Projektplanung vorgesehen werden. Die Notwendigkeit, die sich hier ergibt, ist die, diese Schulung so zeitnah wie möglich am Start des Livebetriebs zu planen. Wenn der Tag X immer wieder hinausgeschoben werden muss, dann kann es passieren, dass die Anwender längst alles wieder vergessen haben, bevor sie ihr neues Wissen einsetzen können.

Gegenseitige Beeinflussungen

Alle bisher aufgeführten Aufgaben laufen keineswegs zwingend in der hier beschriebenen Reihenfolge ab, sondern beeinflussen sich gegenseitig. Zum Beispiel kann eine Schwierigkeit bei der Definition eines Installationsparameters zur Folge haben, dass das Interface umgeschrieben werden muss. Oder umgekehrt: Eine Problematik beim Interface kann dazu führen, dass die Installationsparameter neu angepasst werden müssen. Es gilt diese Situationen permanent zu überwachen. Wenn es schlimm kommt, muss eventuell der End-to-End-Test wiederholt werden. Regelmäßige Projektsitzungen, bei denen jeder Teilnehmer über seinen Fortschritt in seiner Arbeit und über die bei ihm aufgetretenen Schwierigkeiten berichtet, sind von außerordentlich großer Wichtigkeit. Der Projektleiter muss unbedingt diese Situationen dokumentieren und dafür sorgen, dass die notwendigen Entscheidungen herbeigeführt werden. Ohne dies kann kein Projekt zu einem erfolgreichen Ende kommen. In jedem Fall sind sie jedoch ein Grund für Verzögerungen.

Migration

Das bis hierher Gesagte gilt für die Einführung von völlig neuen Lösungen. Es gibt aber noch eine andere Kategorie von Projekten, die bei den Projektteilnehmern weniger beliebt ist und die eine eigene Problematik besitzt: Die Umstellung (Migration) einer bestehenden Lösung auf eine neue. Hierbei kann man zwischen technischer und fachlicher Umstellung unterscheiden. Bei technischen Migrationen (zum Beispiel der Umstellung von Windows XP auf Windows Vista oder dem Wechsel des E-Mail-Systems) gibt es keinen erkennbaren zusätzlichen Nutzen für die Benutzer, dafür aber unübersehbare Unannehmlichkeiten: Neues Erlernen der Software mit voraussehbaren Fehlbedienungen zu Beginn sowie Testen aller mit diesem System kommunizierenden Komponenten (bei Windows XP wären das im Grunde alle benutzten Programme).

Für die IT sind derartige Projekte oft eine technische Notwendigkeit, verbunden mit der Schwierigkeit, die Budgets hierfür genehmigt zu bekommen, da der Nutzen für den Betrieb nicht erkennbar ist, sowie ein erheblicher personeller und zeitlicher Aufwand. Bei diesen rein technischen Projekten stößt eine IT-Abteilung leicht an die Grenzen des Kooperationswillens mit den Fachbereichen. Letztere sehen nur sehr widerwillig ein, dass eine Migration auf, sagen wir mal Windows XP oder Vista gemacht werden muss und dass dadurch wertvolle Ressourcen in den Fachbereichen bereit gestellt werden müssen. Mit einer widerwilligen Grundeinstellung werden dann die Tests durchgeführt, was zu dem erwarteten mäßigen Ergebnis führen kann. Sobald das neue Windows dann seinen Betrieb aufnimmt, wird das eine oder andere nicht korrekt funktionieren. Wenn man Pech hat, eskaliert so etwas sehr gerne bis zur Geschäftsleitung, die dann schon mal ein »wieder so ein typisches und unnützes IT-Ding, bei dem die Fachbereiche nicht korrekt eingebunden wurden« äußert.

Dann gibt es die fachlichen Migrationen, bei denen zum Beispiel ein Buchungssystem abgelöst und durch ein neues ersetzt wird. Manchmal wird man gegen seinen Willen gezwungen, eine durchaus funktionierende Software gegen eine andere einzutauschen. Wenn beispielsweise der Provider die Wartung für das Produkt einstellt, er in Konkurs geht oder eine neue, übergreifende Konzernstrategie entschieden hat, alles Bestehende über Bord zu werfen, dann hat man keine Wahl. Speziell bei Banken können solche Projekte je nach Komplexität des Biotops viele Monate, manchmal sogar Jahre in Anspruch nehmen und viele Probleme erzeugen:

- Die Daten des alten Systems müssen in das neue transferiert werden. Große Systeme haben Tausende von Dateien, wobei die Bedeutung mancher Datei nicht unbedingt klar ist (schon gar nicht bei dem neuen System). Es müssen spezielle Programme eigens für solche Datenmigrationen geschrieben werden, da man auf dem Markt nur ganz selten Software hierfür findet. Es gibt quasi eine Garantie dafür, bei dieser Aufgabe entscheidende Fehler zu begehen.

- Die Akzeptanz bei den Benutzern kann sehr variabel sein, da nicht für jeden mit der Umstellung auf ein neues System ein Vorteil verbunden ist. Ältere Mitarbeiter können hier sehr renitent sein.

- Der Testaufwand in den Fachbereichen kann alle Grenzen sprengen (Tausende von Manntagen sind keine Seltenheit), und durch die lange Projektphase geht irgendwann die Lust, das *Momentum*, verloren. Urlaubssperren gegen Ende eines Projektes und regelmäßige Wochenendarbeiten belasten zusätzlich. Wenn dann das neue System auch noch verhältnismäßig viele Fehler aufweist (jede Software hat Fehler), dann wird es kritisch für das gesamte Projekt.

- Während der Umstellungsphase wird selbstverständlich im alten System nichts mehr geändert. Dies bedeutet dann eine Periode des Stillstands für den Betrieb, was in Zeiten der Notwendigkeit zu schnellen Reaktionen am Markt schlimme Folgen haben kann.

- Das alte Know-how wird vernichtet und man startet mit einem System, das weder von der IT noch von den Benutzern ausreichend beherrscht wird. Man ist gut beraten, Personal einzustellen, das dieses Know-how mitbringt, sofern es das in ausreichender Zahl überhaupt gibt. Bei erfolgreichen Systemen ist das ein sehr ernstes Problem. Das wirkliche Beherrschen eines großen Systems, wie einer Bankenbuchungssoftware, kann Jahre dauern. Es ist vergleichbar mit dem Erlernen einer neuen Sprache: Auch beim besten Willen und mit der besten Schulung wird man erst die notwendige Gebrauchssicherheit erlangen, wenn man über einen längeren Zeitraum praktisch damit gearbeitet hat. Mich erstaunt gelegentlich, mit welcher Leichtfertigkeit manche Firmen entscheiden, ihre Hauptsysteme auszutauschen und sich nachher naiv wundern, dass sie Probleme über Probleme haben. In vielen Fällen hat man dann die Pest durch die Cholera ersetzt.

- Ein großes Risiko bei Migrationen besteht darin, dass man nie zu hundert Prozent wissen kann, was alles mit dem alten System angestellt wurde. Es muss unbedingt sichergestellt sein, dass nichts vergessen wurde, ansonsten sind massive Probleme beim Produktionsbeginn garantiert. Allerdings ist es außerordentlich schwer, wenn nicht unmöglich, das komplette Bild zu kennen: Bei Systemen, die sehr lange im Einsatz waren und die komplex und kritisch sind, ist es kaum möglich, alles zu kennen. Selbst die Anwender können dies nicht immer zuverlässig dokumentieren. Migrationsprojekte sind aus diesem Grund nicht besonders beliebt: Sie bergen viel Sprengstoff, sobald der Livebetrieb aufgenommen wird.

Workarounds

Kein System ist perfekt und deckt alle Anforderungen ab. Im Laufe des Projektes stellt man dann fest, dass es Lücken gibt, die zu füllen sind. Dies nennt man *Workarounds* und man geht folgendermaßen vor:

- Anfrage beim Provider, eine temporäre Lösung (man nennt das dann *quick and dirty*) zu entwickeln, um das Problem bis zur endgültigen Realisierung zu umschiffen.
- Oder die IT-Abteilung wird beauftragt, dieses *quick and dirty* zu entwickeln. Das kann dann durchaus heißen, dass ein Programm geschrieben wird, bei dem es Befehle gibt wie *Falls Kunde=Müller, dann berechne 10% weniger als bei anderen Kunden.* Solche *quick and dirty* sind regelrecht verhasst, denn wie wir alle wissen, hält nichts länger als das Provisorische, und Revisoren mögen so etwas schon gar nicht.
- Es wird eine manuelle Lösung entschieden, bei der jemand im Fachbereich dafür sorgt, dass eine entsprechende Aktion manuell durchgeführt wird. Aber das schlägt direkt auf die Ressourcenplanung der Abteilung durch und ist ebenso wenig beliebt und birgt Risiken.
- Es kann auch festgelegt werden, mit der fehlenden Funktion zu leben und zu warten, bis eine andere Lösung entschieden wird.

- Im besonders schlimmen Fall kann sogar entschieden werden, das Projekt auf Halten zu setzen oder komplett abzubrechen.

Bei einem *Workaround* wird aus einem *STP* (Straigth-Throug-Processing: Elektronische Automatisierung eines Prozesses) ganz leicht ein *Straight-Through-Printer* oder ein *Straight-Through-Papierkorb...*

Livebetrieb: endlich!

Wenn dann irgendwann, nach langer Zeit und vielen Problemen, die Implementierung abgeschlossen ist, wird entschieden, den Livebetrieb aufzunehmen.

Sign-off (Abnahme)

Bei dieser Entscheidung fällt den Geschäftsbereichen eine entscheidende Rolle zu: Sie müssen einverstanden sein, wann es soweit ist. Sie sind auch aufgefordert, das Projekt abzunehmen (*sign-off* geben); dies ist oftmals schwierig, da dieser Vorgang etwas Offizielles an sich hat und leicht als Argument für eine spätere Schuldzuweisung missbraucht werden könnte: »Ihr habt ja unterschrieben, also könnt Ihr jetzt nicht mit neuen Forderungen kommen«, das hört man öfters.

Ausfallszenarien

Bevor der Tag X dann da ist, muss sich noch über Ausfallszenarien unterhalten werden. Die Fragen, die es zu beantworten gilt, lauten: »Was tun wir, wenn das System sich nicht so benimmt wie geplant?« Oder: »Was tun wir, wenn wir den Livebetrieb in letzter Minute verschieben müssen?« Die Antworten auf diese Fragen hängen ganz wesentlich davon ab, welche Optionen es gibt:

- Wenn es möglich ist, eine zeitlang parallel mit dem alten und dem neuen System zu fahren, dann kann entsprechend entschieden werden. Das bedeutet dann, dass die Fachabteilungen und die IT doppelte Arbeit verrichten müssen, wobei sofort klar wird, dass dies schwierig zu organisieren ist. Des Weiteren muss ein Mechanismus geschaffen werden, der es erlaubt zu überprüfen, ob beide Systeme korrekt arbeiten; die IT wird dann wohl ein Abgleichungsprogramm schreiben müssen. Ein paralleler Betrieb sollte nur für eine sehr kurze Zeit (maximal ein paar Tage) durchgeführt werden. Nach Ablauf dieser Zeit wird entschieden, ob das alte System abgeschaltet wird oder nicht.

- Manchmal ist es nicht möglich, parallel zu fahren, das ist zum Beispiel der Fall bei der Einführung von regulatorischen Änderungen, die ab einem bestimmten Stichtag greifen. So hätte man bei der Einführung des Euro nicht gleichzeitig das alte System ohne Euro und das neue mit Euro fahren können. Hier gibt es keine Chance: Der Tag X bedeutet *Big Bang*, und ein Ausfallszenario kann nur manuell und äußerst holprig aussehen.

- Manchmal kann bei Problemen im Livebetrieb entschieden werden, das System einfach abzuschalten, um zuerst die Probleme zu beheben. Allerdings sollte dies die letzte Möglichkeit darstellen, denn es dokumentiert die Niederlage in einer für alle sichtbaren Form.

- Generell ist es nicht verkehrt, beim Start eines neuen Systems aus Sicherheitsgründen dafür zu sorgen, dass zusätzliche personelle Ressourcen zur Verfügung stehen; konkret bedeutet dies, dass man eine Urlaubssperre verhängt oder die Mitarbeiter bittet, abends länger zu bleiben und sich das Wochenende frei zu halten.

Pilot

Um das Risiko am Tag X zu minimieren, kann auch entschieden werden, einen sogenannten *Pilot* zu fahren. Dies heißt, dass man mit reduziertem Volumen und Funktionalität den Betrieb aufnimmt und falls keine Probleme auftreten, nach und nach das Volumen steigert und weitere Funktionen freischaltet. So könnte man als Beispiel nehmen, dass nicht alle Filialen gleichzeitig auf eine neue Technik umgeschaltet werden, sondern man erst mit einer sehr kleinen anfängt, um dann nach und nach auch die anderen umzuschalten.

Post go-live

Wenn ein Projekt zeitkritisch ist, dann entfernt man in ihm alle Teile, die man auch noch nach dem Start des Livebetriebs machen kann. Darunter fällt sehr oft die Erstellung der Dokumentation (sollte eigentlich nicht so sein!), die Inbetriebnahme von weniger wichtigen Funktionen (so manche Kontrollliste fällt darunter), das Automatisieren von Teilen, die problemlos noch manuell weiter geführt werden können, oder Dinge, die lediglich den Komfort des Benutzers erhöhen (nur eine Bildschirmmaske zur Eingabe anstatt zwei verschiedene …). Man muss schon gut darauf achten, dass diese Dinge nach erfolgreichem Startbetrieb nicht unter den Tisch fallen. Nach dem Start ist nämlich meistens die Luft raus und es bedarf schon einer gewissen Anstrengung, um zu verhindern, dass sich die Projektbeteiligten etwas Neuem zuwenden.

Probleme im Livebetrieb

Bei aller getroffenen Sorgfalt bleibt es doch eine Konstante, dass bei der Aufnahme des Livebetriebs neue Probleme auftauchen. Das System benimmt sich nicht so, wie das in den Tests der Fall war. Die ersten Tage und Wochen mit einem neuen System sind meistens ein Albtraum mit vielen Nachtschichten, verlängerter Urlaubssperre und rebellierenden Anwendern. Wie ist das möglich?

Nun, die Tests wurden in einer Testumgebung durchgeführt und diese ist lediglich ein kopiertes Biotop. Die Produktionsumgebung ist in vielen Punkten total anders. Es sind mehr Fische im Teich, es gibt ein Kommen und Gehen an der Futterstelle (entspricht externen Anbindungen von Kunden und Lieferanten) und überhaupt ist das Hauptbiotop viel größer.

Psychologie

Und dann gibt es noch das psychologische Element, das zum Scheitern von IT-Projekten führen kann. Die Fachzeitschriften sind voll mit Beispielen. Wenn Schlüsselpersonen nicht von der Einführung eines Systems überzeugt sind (»Das Alte funktioniert doch noch«, »Ich habe das immer so gemacht, warum sollte ich das jetzt nach so vielen Jahren plötzlich ändern?«, »Das ist wieder so ein IT-Ding, das braucht doch kein Mensch«, …), dann wird das Projekt mit absoluter Sicherheit scheitern, und zwar spätestens dann, wenn der Produktionsbetrieb beginnt. Die Einbindung aller Beteiligten ist von allergrößter Wichtigkeit. Aber es wird in viel zu vielen Fällen einfach nicht gemacht oder ist nicht möglich. Das beste System der Welt wird es dann nicht schaffen, sich durchzusetzen. Manchmal versuchen auch Beteiligte, am Anfang des Projektes eine andere Lösung zu bekommen als die, die dann letztendlich entschieden wird. Nachdem sie den Kampf verloren haben, verstecken sie ihre Ablehnung, um dann beim Produktionsbetrieb bei der ersten Schwierigkeit die gewählte Lösung zu boykottieren (»Seht Ihr! Ich habe es von Anfang an gesagt!«). Dagegen ist man zunächst einmal machtlos.

Lessons-learned

Nachdem dann doch irgendwann das System in Betrieb ist, wird vor dem definitiven Abschluss des Projektes noch eine *Lessons Learned*-Übung gemacht. Man lernt ja bekanntlich nie aus, und es ist wichtig, dass alle Projektbeteiligten kommunizieren, welche Schwierigkeiten sie hatten und wie man diese beim nächsten Mal vermeiden kann. Man sollte auch hinterfragen, welche Rolle die externen Partner gespielt haben, ob man ihnen nicht zuviel zugemutet hat und ob man noch einmal mit ihnen zusammen arbeiten möchte. Wenn man diese Aufgabe konsequent durchführt, dann wird jeder zum Ende seiner Laufbahn ziemlich perfekt sein …

Success Story!

Sofern das Projekt es hergibt und sehr bald nach dem Start des Livebetriebs (wenn nicht gar am gleichen Tag), wird man vom externen Provider auf die freundlichste Art und Weise gefragt, ob man in die Referenzliste aufgenommen werden darf und ob man mit einem kleinen Flyer mit einer »Success Story« über das Projekt an den Markt gehen darf, bitte, bitte? Man darf dann in einem solchen Flyer selbst sehr gerne zu Wort kommen, sofern man die Firma ausschließlich lobt. Der Inhalt eines solchen Flyers ist mehr oder weniger immer der gleiche und beinhaltet Sätze wie: »Mit dieser Software haben wir unsere Effizienz um x Prozent gesteigert«, »Wir waren überrascht, wie schnell y unsere Anforderungen in eine stabile Lösung umsetzen konnte« oder »Mit der Software z haben wir einen Quantensprung durchgeführt«. Da der Leser eines solchen Flyers nicht wissen kann, wie die Effizienz des Kunden vorher ausgesehen hat, was dieser unter »schnell« versteht und wie marode der Kunde vorher war, sind solche Flyers ohne größeren Wert. Am besten macht man sich selbst auf den Weg und spricht bestehende Kunden direkt an, um ein ungeschöntes Feedback zu bekommen.

Nach einiger Zeit …

Nach einiger Zeit im Livebetrieb werden Dinge wichtig, die vorher nur eine untergeordnete Rolle spielten, nämlich: Wie einfach oder kompliziert ist die tägliche Benutzung eines Systems (Benutzerfreundlichkeit) und wie einfach lässt es sich an veränderte Begebenheiten anpassen? Wenn die Antworten auf diese Fragen negativ ausfallen, dann kann es durchaus zu einer zeitverzögerten Ablehnung des Systems kommen. Es ist eigentlich immer so: Diese beiden Elemente spielen keine entscheidende Rolle bei einer Systemauswahl und dies ist ein Fehler.

Fusionen

Regelrecht verhasst in der IT sind Fusionen zwischen zwei Firmen.

Neben den bekannten generellen Problemen einer Fusion (wenig Motivation bei den Mitarbeitern, Angst vor dem Arbeitsplatzverlust, kulturelle Differenzen, ...) gibt es noch zusätzliche rein IT-bezogene Schwierigkeiten. In einer derartigen Situation müssen sich zwei existierende IT-Biotope an ihrem jeweiligen Konkurrenten messen lassen. Dabei wird ein IT-Zielbiotop bestimmt. Es kann sein, dass ein Biotop komplett aufgegeben wird oder dass ein neues Biotop als Mischung aus Teilen der beiden existierenden Biotope angelegt wird. Die Schwierigkeiten, ein neues und funktionierendes IT-Biotop anzulegen, sind monströs und gehen an die Substanz und an die Belastbarkeitsgrenze aller IT-Mitarbeiter und der Projektbeteiligten. Bei diesem Vorgang wird eine ganze Reihe von Systemen umgestellt oder aufgegeben und die Datenbestände werden in neue Systeme migriert. Einige Systeme werden gar ganz stillgelegt. Das Mitarbeiten in einem derartigen Projekt ist ein extremes und intensives Erlebnis, das man so schnell nicht vergisst, und jeder IT-Mitarbeiter sollte einmal in seiner Karriere eine solche Situation mitgemacht haben. Einmal reicht dann aber auch wirklich für das ganze Leben.

Million

Und warum kostet es eine Million – oder noch mehr? Die einzelnen Projektschritte werden von Mitarbeitern mit unterschiedlichsten Fähigkeiten durchgeführt und diese bekommen natürlich alle ihr Gehalt. Mehrere hundert solcher *Manntage* sind schnell erreicht, und bei einer Vollkostenrechnung ist die Million schnell voll. Nicht zu vergessen die externen Mitarbeiter bei den Providern, die gerne hohe Tagessätze verrechnen, und die meist sehr teuren Schulungsmaßnahmen.

Es gibt aber noch weitere Kosten: Software und Hardwaresysteme sind bereits sehr teuer in der Anschaffung. Dass jedes Jahr für Software bis zu 20 Prozent des Anschaffungswertes an Wartung aufgebracht werden müssen, haben wir bereits gesehen. Darüber hinaus müssen sich Mitarbeiter um die Systeme kümmern. Es ist nicht wie bei einem Auto, das einmal im Jahr in die Werkstatt muss. Nein, jedes System braucht tägliche Pflege und Überwachung durch eine entsprechend ausgebildete Mannschaft. Da Mitarbeiter auch in Urlaub gehen, müssen immer mindestens zwei Mitarbeiter geschult werden und als Administratoren die Verantwortung übernehmen. Dass IT-Mitarbeiter nicht die billigsten Mitarbeiter in einem Betrieb sind, ist bekannt.

Weniger bekannt ist die Tatsache, dass bei der Anschaffung einer Softwarelösung mehr als nur eine Maschine angeschafft werden muss. Jeder Privatmann hat normalerweise einen PC und das war's. Nicht so im Betrieb: Benötigt wird eine Produktionsmaschine, eine Notfallmaschine (siehe Kapitel *Nach ersten Schätzungen geht der Schaden in die Millionen*), eine Testmaschine und vielleicht auch noch eine Entwicklungsmaschine (um Software zu entwickeln). Im Finanzsektor gibt es in etwa ein Verhältnis von 3:1 zwischen der Anzahl Mitarbeiter und der Anzahl der Server der Bank; in anderen Wirtschaftssektoren mag die Zahl abweichen. Jedoch ist festzuhalten, dass ein gewaltiger und damit teurer Maschinenpark notwendig ist. In dieser Zahl sind die PCs noch nicht mit eingerechnet – ein Verhältnis von 1,5:1 dürfte der Realität hier nahe kommen. Bei jeder Neuanschaffung eines Computers im Rechenzentrum erhöht sich außerdem der Bedarf an Kapazität der Klimaanlage und an das Notstromaggregat.

Bei der Anschaffung eines Systems sollte man sich vor Augen führen, dass die realen Kosten eines Systems nicht am Anschaffungswert gemessen werden können, sondern dass diese mit 2,5 oder vielleicht sogar mit 10 multipliziert werden müssen. Nur, wer tut das schon?

Die Implementierung der Sicherheitsmechanismen geht selbstverständlich auch gut ins Geld.

Die Thematik der Abhängigkeiten zwischen den einzelnen Komponenten wurde oben kurz beschrieben. Um es besser zu verdeutlichen, hier eine konstruierte Übertragung in den privaten Bereich (etwas überspitzt), parallel zur IT (sehr real).

In Ihrem Haus tropft der Wasserhahn. Sie analysieren die Ursache und finden heraus, dass die Dichtung kaputt ist. Sie gehen in den Baumarkt, um eine neue zu kaufen, aber der Verkäufer teilt Ihnen mit, dass es diese Größe seit Kurzem nicht mehr gibt. Er zeigt Ihnen die Möglichkeit auf, eine auf Maß anfertigen zu lassen, rät aber gleichzeitig aufgrund der Kosten und der langen Wartezeit davon ab. Er schlägt Ihnen vor, einen neuen Wasserhahn zu kaufen, was Sie auch tun.	Die Verbuchungssoftware hat einen Fehler, der nur bei einem bestimmten Ihrer Kunden auftritt. Sie wenden sich an den Provider, der Ihnen mitteilt, dass die eingesetzte Version veraltet ist, und bietet Ihnen als einzige Möglichkeit ein kostengünstiges Upgrade auf die aktuelle Version an. Sie folgen seinem Ratschlag.
Zu Hause versuchen Sie den Wasserhahn zu installieren, stellen aber schnell fest, dass er eine unterschiedliche Größe hat und nicht ins bestehende Waschbecken passt. Sie gehen zurück zum Baumarkt und möchten den neuen Wasserhahn zurückgeben. Der Verkäufer lehnt ab mit dem Hinweis, dass die Größe auf der Packung gestanden hätte.	Bei den Tests der neuen Version stellen Sie fest, dass plötzlich die Zinsbeträge mit einer neuen (und für den Betrieb nicht brauchbaren) Formel berechnet werden. Der Provider gibt daraufhin zu bedenken, dass dieses Problem bekannt ist und dies in der Produktbeschreibung dokumentiert ist. (Beim Verkauf war hiervon natürlich keine Rede).
Sie beratschlagen sich mit Ihrem Partner und kommen zum Schluss, dass das Waschbecken eh alt ist und eine modernere Farbe der Sache nicht abträglich wäre. In der Zwischenzeit tropft der Wasserhahn munter weiter.	Sie beauftragen einen teuren Berater, um die Situation zu analysieren. Er rät Ihnen, ein teures Zusatzmodul in der Software anzuschaffen, um das neue Problem zu beheben. Die neuen Funktionalitäten kann der Betrieb eh gebrauchen. Die Kundenbuchungen sind nach wie vor falsch.
Sie bestellen das neue Waschbecken, warten eine gewisse Zeit und machen sich selbst an die Installation. Bei diesem Vorgang brechen ein paar Fliesen ab. Einen Weg zurück gibt es jetzt nicht mehr. Sie entscheiden sich, neu zu fliesen. In der Zwischenzeit waschen Sie sich beim Nachbar oder wenn es regnet.	Bei den Tests des neuen Moduls bricht der Computer unter der zusätzlichen Last zusammen. Sie haben keine Wahl und kaufen einen größeren Server. Dem Kunden helfen Sie bei seinem Problem, indem ein paar Mitarbeiter manuelle Korrekturen durchführen.

Kaum haben Sie die Fliesen installiert, stellen Sie fest, dass die Tür sich jetzt nicht mehr schließen lässt, da die Fliesen zu dick sind. Sie entscheiden, die Tür aufzulassen. Ist reine Gewöhnungssache.	Als Sie die Tests fast abgeschlossen haben, merken Sie, dass die Datensicherung nicht mehr einwandfrei funktioniert. Sie installieren eine temporäre Lösung, die aller Voraussicht nach mehrere Jahre halten wird.
Der große Tag ist da und alle Arbeiten sind abgeschlossen. Sie drehen den neuen Wasserhahn auf: Alles funktioniert bestens, aber nach 2 Tagen fängt das Telefon an zu klingeln, wenn Sie den Wasserhahn aufdrehen. Als Sie bei der Telefongesellschaft nachfragen, wird Ihnen gesagt, dass dieser Typ Wasserhahn eine neuartige Metalllegierung hat und deshalb mindestens 1 Meter von der nächsten Telefonleitung entfernt sein muss. Ansonsten kann es zu einer Interferenz kommen. Sie erwägen die Möglichkeit, den Wasserhahn erneut auszutauschen, lassen aber davon ab.	Der große Tag ist da und der Livebetrieb wird gestartet. In den beiden ersten Tagen funktioniert alles bestens, doch plötzlich fällt eine externe Verbindung zu einem anderen Kunden aus. Die Situation wird analysiert und es wird festgestellt, dass das neue Modul eine nicht dokumentierte Funktion enthält, durch die unter entsprechenden Umständen Datenleitungen abbrechen können. Die IT erwägt, die neue Software zu deaktivieren, lässt aber davon ab, da die Risiken zu groß sind.
Ihr Partner hat daraufhin genug von der Baustelle und schlägt vor, ein anderes Haus zu kaufen, bei dem diese Probleme nicht bestehen.	In dieser Situation schlägt der Geschäftsbereich vor, eine komplette neue Software zu kaufen, die auf einen Schlag alle Probleme lösen wird.

4 Die erste Dienstreise

Die erste Dienstreise

Dienstreisen gehören zum Geschäft. Dagegen gibt es überhaupt nichts einzuwenden, denn der Besuch von Fachmessen, die Kontaktpflege und der Meinungsaustausch mit Berufskollegen, Kunden und Providern sind extrem wichtig. Einladungen zu allen möglichen Events erhält man in Hülle und Fülle. Würde man, rein theoretisch, alle Einladungen akzeptieren, dann wäre man nur noch unterwegs und würde sich wohl irgendwann selbst auf einem Flughafen begegnen. Natürlich finden diese Events nicht in Thionville oder Castrop-Rauxel statt, sondern schon eher in Berlin, Barcelona, London oder gar in Übersee. Besonders gegen Jahresende, wenn die Vertreter der Firmen ihr jährliches Verkaufsquota noch nicht erreicht haben, locken sie mit besonders günstigen Angeboten, die ab und zu auch mit einer Einladung zu einem tollen Event verbunden sein können. So ganz ohne Gegenliebe bleibt dies oft nicht, denn wie überall muss man sein Einkaufsbudget voll ausschöpfen; denn wer das nicht tut, riskiert eine Kürzung seines Budgets für das folgende Jahr.

Wo aber die Grenze zwischen notwendiger Dienstreise und Lustreise liegt, ist manchmal schwer zu sehen. Dass es überhaupt Lustreisen gibt, erlebte ich gleich zu Beginn meiner Karriere.

Mein Chef, Herr Schaaf, schickte mich auf meine erste Dienstreise. Ich sollte nach Paris zur SICOB fahren, dem französischen Pendant zur CeBIT. Paris ist immer eine Reise wert, aber was ich da genau machen sollte, blieb recht diffus. Ich sollte mir ein Bild über die angebotene Software machen und schauen, ob etwas dabei wäre, was für uns interessant sein könnte.

Nun, ich verbrachte einen interessanten Tag auf der Messe in La Défense, einem futuristischen Gelände etwas außerhalb von Paris.

Etwa zwei Wochen nach meiner Rückkehr bestellte mich mein Chef in sein Büro:

»Wo bleibt der Bericht?«

Eine Sekunde lang nachdenken, dann: »Ähm, … ich wusste nicht, dass ich einen Bericht schreiben sollte und …«

»Herr Roeltgen«, unterbrach er mich, »wir sind hier nicht, um Lustreisen zu finanzieren. Wenn wir Sie irgendwo hinschicken, dann …« Einer seiner jähzornigen Ausbrüche stand kurz bevor, glücklicherweise klingelte in diesem Augenblick das Telefon.

»Schaaf«

Natürlich konnte ich den Anrufer nicht hören, aber es war nicht schwer, den fehlenden Teil gedanklich zu ergänzen.

»Ah, bonjour, Herr Kind, ja, wir können das Programm gerne noch mal zusammen durchgehen. … Abflug Montagmorgen, Ankunft früher Nachmittag in New York, Rest des Tages zur freien Verfügung. … Dienstag, 11 Uhr, Termin bei I…, Mittagessen im Restaurant R… in der Park Avenue, nachmittags gemeinsames Golfspielen, Mittwochmorgen Stadtführung, Nachmittag Management Briefing bei der Firma D…, abends Galadinner. Donnerstag Besuch der Produktionsstätten und Lunch mit den Research Directors, ja … Freitagmorgen kurzes gemeinsames De-Briefing, Lunch mit der Direktion von S… im T…, Freitagnachmittag Rückflug. Ja, passt!«

Nach einer kurzen Pause fügte Herr Schaaf hinzu:

»Übrigens, nehmen Sie auch Ihren Fotoapparat mit? ... Ja? Gut, dann habe ich meinen auch dabei.«

Aufgelegt.

Dann schaute er mich an und ihm wurde plötzlich bewusst, dass ich ja auch noch da war. In der Begeisterung seiner baldigen Lustreise nach New York hatte er mich völlig vergessen.

Er schaute mich an und sagte:

»Wo waren wir stehen geblieben?«

Ich antwortete, mutig, vielleicht ein wenig frech: »Sie sagten gerade 'Wir sind hier nicht, um Lustreisen zu finanzieren.' Ich hätte meinen Bericht über die SICOB noch nicht geschrieben.«

»Ah, … ja …, ja … schreiben Sie den Bericht. Steht sonst noch etwas an?«

5 Veränderung ist die einzige Konstante

Ein Professor händigte die Unterlagen für das Abschlussexamen aus und verursachte einige Verwirrung bei den Studenten. Einer von ihnen sprang auf und rief aufgeregt: »Aber, Herr Professor, das sind ja die gleichen Fragen, die Sie uns bei der letzten Klausur gestellt haben!«–»Stimmt«, sagte er, »aber die Antworten haben sich geändert.«

(Unbekannter Autor)

Veränderung ist die einzige Konstante

Was sind die Aufgaben der IT? Was machen die bloß den ganzen Tag?

»Wie definieren Sie in einem Satz die Aufgabe der IT im Betrieb?« Eine kurze, aber nur scheinbar einfache Frage. Diese wurde dem CIO eines großen und renommierten international tätigen Konzerns von einem Reporter in einem Interview gestellt, und ich wurde Zeuge, wie dieser CIO einigermaßen ins Schwitzen geriet und erstmal keine vernünftige Antwort heraus brachte. Er murmelte schließlich etwas von »Automatisieren von Prozessen«. Eine recht lahme Antwort, aber fairer weise muss man sagen, dass man diese Frage nicht so einfach beantworten kann. Was die Aufgaben einer IT sind, füllt locker ein komplettes Buch. Zumindest »Managen von Veränderung« gehört ohne Frage noch dazu.

Veränderung bringt Instabilität – dies ist eine allzeit gültige Regel. Da sich in der IT ständig etwas ändert, herrscht andauernde Unruhe. Auf diese einfache Formel lässt es sich reduzieren, dass IT auch immer im Zusammenhang mit Problemen genannt wird. Ich möchte Herrn Resch, CIO der Firma Bayer, zitieren, der in einem bemerkenswerten Interview in der Computerwoche 29/2007 sagte, als CIO sei man immer in der Defensive. Man kämpfe ständig mit Problemen, die man selbst nicht zu verantworten habe.

IT ist geistige Bergwerksarbeit: Neue Stollen müssen gegraben werden – alte drohen einzustürzen. Die Aufgabe der Mitarbeiter in einer IT-Abteilung besteht darin, diese ständige Veränderung zu begleiten und im Idealfall zu steuern.

Es gibt sehr viele unterschiedliche Berufsbilder in der IT. Selbst PC-Freaks haben nur eine vage Vorstellung davon, was in einem Betrieb in einer IT-Abteilung passiert. Die wichtigsten Berufsbilder werden hier vorgestellt.

Etwas, das man andauernd tut, bekommt den Charakter des Selbstverständlichen. Jedes Mal jedoch, wenn IT-Experten mit normalen (!) Menschen reden, stellen sie sehr schnell fest, dass die Öffentlichkeit kaum eine Vorstellung von den Aufgaben einer IT-Abteilung hat: Nichts daran scheint selbstverständlich zu sein.

Die Aufgaben einer IT-Abteilung sind in der Tat sehr vielfältig. Es gibt in der Fachliteratur genügend Bücher, die beschreiben, was die Aufgaben sind, aber deren Ansatz ist meist akademischer Natur. Ich werde die Thematik mit einfachen Worten erklären und versuche dies nach Möglichkeit mit Beispielen zu ergänzen.

Seit 1987 bin ich CIO. Rückblickend muss ich sagen, dass eine gewaltige Weiterentwicklung stattgefunden hat. Damals war ich 28 Jahre jung und ich stelle heute fest, dass die IT so komplex geworden ist, dass eine ähnliche Karriere in so jungen Jahren wohl nicht mehr möglich wäre. Ich hatte sicherlich das Glück, mit der Materie zu wachsen.

Veränderung ist in der Tat die einzige Konstante in der IT. Nichts, woran wir heute arbeiten, wird lange so bleiben. Manchmal weiß man bereits bei der Einführung, dass das Ding in Kürze wieder abgeschafft wird. Einige mögen dies bedauern, bedenken sollten sie jedoch, dass man dadurch geistig frisch bleibt.

Der Informatiker, das skurrile, unbekannte und lichtscheue Wesen? Das Klischee aus den Anfangszeiten der IT hält sich bis heute hartnäckig. Die Zeiten des Elfenbeinturms sind zwar vorbei, aber welcher Typus Mensch diese Experten sind, weiß kaum jemand außerhalb der IT. In mehr als 20 Jahren IT trifft man sehr viele Menschen aus allen möglichen Kulturen und mit sehr unterschiedlichen Erfahrungen. Man begegnet Menschen, die manchmal etwas schrullig, oft verschlossen, meistens unkompliziert, die aber sich immer dessen bewusst sind, in einem ganz besonderen und wichtigen Bereich tätig zu sein. Partyanimals sucht man hier allerdings vergebens. Nicht ein Einziger glaubt, dass er keine wichtige Aufgabe hätte. Sie sind sich ihrer Sonderstellung in einem Betrieb bewusst, nutzen dies aber in aller Regel nicht aus. Es ist eher so, dass sie enttäuscht sind, wenn ein Fremder ihre Arbeit nicht würdigen will. In den Vordergrund drängen sich IT-ler nur sehr selten und deshalb werden Einladungen zu Betriebsfeiern oder Events von Providern oft nur widerwillig angenommen.

IT-Experten sind wie graue Eminenzen; keiner außerhalb der IT kennt sie so richtig und keiner kann genau beschreiben, was sie tun, aber sie haben einen sehr großen Einfluss im Betrieb. Die IT-Welt ist eine Männerwelt und der Anteil an weiblichen Mitarbeitern sinkt seit Jahren kontinuierlich. Je nach Quelle erhält man leicht abweichende Zahlen, jedoch liegen die Zahlen jeweils zwischen 10 und 20 Prozent. Der Grund liegt sicher nicht in einer versteckten Diskriminierung, es ist vielmehr so, dass sich kaum Frauen auf offene Stellen bewerben. Aus meiner persönlichen Erfahrung kann ich die Zahl in etwa bestätigen. Es ist schade, dass es so wenig Frauen in unserem Metier gibt, denn sie scheinen eher das Talent zu besitzen, mit schwierigen Charakteren umgehen zu können, als Männer. So gibt es wohl in jeder Firma Mitarbeiter, die ihr ganzes Leben lang jeden Tag mit dem linken Fuß aufstehen, und andere, die ihre Unsicherheit hinter Arroganz zu verbergen versuchen. Wenn ein Mann mit solchen Mitarbeitern zu tun hat, kommt es viel eher zu einer Eskalation. Wenn es aber eine Frau ist, habe ich immer wieder erlebt, wie dieser unfreundliche Typus Mitarbeiter ganz zahm wird. Frauen, so scheint mir, haben eine einzigartige Begabung für das Help-Desk.

Generell empfindlich sind IT-Mitarbeiter immer dann, wenn ihnen die Schuld an einem Problem gegeben wird, das sie nicht verursacht haben. Leider passiert dies permanent, und die Anwender schimpfen gerne über die IT, wenn mal wieder etwas schief gelaufen ist. Die Aufgabe der IT-Experten ist es, aufgetretene Probleme zu lösen, und trotzdem bekommen sie den Missmut der Anwender direkt zu spüren. Wenn Sie nach dem Lesen dieses Buches verstehen, dass die Ursache für Ihre Computerprobleme in fast allen Fällen nicht bei Ihren Kollegen von der IT liegt, und dies bei Ihrem Dialog berücksichtigen, garantiere ich Ihnen, dass die Zusammenarbeit viel einfacher wird.

Computer sind berechenbarer als Menschen (auch wenn dies nach der Lektüre dieses Buches erheblich angezweifelt werden kann) und viele IT-Experten fühlen sich in dieser Welt wie zu Hause. Ich denke, dass die Berufseinstellung von IT-Fachleuten nicht weit entfernt ist von derjenigen, wie sie Ärzte haben. Nie habe ich jemanden erlebt, der nicht bereit gewesen wäre, alles stehen und fallen zu lassen, um ein dringendes Problem zu lösen. Ein Anruf um drei Uhr morgens und schon sind die notwendigen Mitarbeiter zur Stelle. Wiederholte Wochenendarbeit? Nie ein Problem! Manchmal geht die Einsatzbereitschaft auf Kosten der Familie und leider kenne ich manche Fälle, bei denen das kein gutes Ende genommen hat.

Im Laufe der vergangenen Jahre waren IT-Experten mal mehr und mal weniger gefragt. Heute hat sich die Situation etwas normalisiert und auch IT-Mitarbeiter sind in manchen Betrieben aus wirtschaftlichen Gründen entlassen worden. Unverändert sind sie sich ihrer Sonderrolle bewusst. Im Jahr 2008 sieht man in Luxemburg wieder einen eklatanten Mangel an IT-Experten, der dadurch begründet ist, dass Luxemburg sich das Ziel gesetzt hat, ein IT-Kompetenzzentrum in Europa zu werden, im Verhältnis zu diesem Anspruch aber nicht über genügen Fachpersonal verfügt (mehr dazu im Kapitel *Arbeiten wie in Deutschland, Leben wie in Frankreich*).

Die Führung von IT-Experten ist nicht immer einfach, vielleicht ist sie vergleichbar mit der Tätigkeit eines Trainers, der über gute Spieler verfügt. Fehler kann man bei der Führung von Experten leicht begehen. Ein solcher unterlief mir vor etlichen Jahren. Leicht angenervt durch ein übertrieben empfindliches Verhalten eines Mitarbeiters während einer Besprechung ließ ich mich bei meinem damaligen Chef zu der

Äußerung hinreißen, dass alle IT-Mitarbeiter Mimosen seien. Er hatte nichts Besseres zu tun, als dies bei der nächsten Gelegenheit in großer Runde auszuposaunen. Da war Feuer im Stroh! Ich glaube, diesen Fauxpas hat man mir nach all den Jahren immer noch nicht verziehen. Was allerdings ein Beweis meiner Behauptung wäre.

Gelegentlich, wenn auch viel seltener als vor 20 Jahren, findet man unter den IT-Experten auch ein paar, die es schaffen, die Außenwelt auszuklammern. Dann kann es durchaus sein, dass der Kollege nicht mitbekommen hat, dass im Irak ein Krieg begonnen hat oder dass es eine Diskussion über Guantanamo gibt.

Um die Aufgaben der IT zu beschreiben, führe ich verschiedene Kategorien auf. Wenn Sie im Internet nach einer dieser Aufgaben suchen, so haben Sie hervorragende Chancen, den Satz »Diese Aufgabe ist eine der wichtigsten einer IT-Abteilung« zu lesen. Dies zeigt bereits, dass alle Aufgaben, die hier beschrieben werden, sehr wichtig sind. Die Reihenfolge der verschiedenen Kategorien ist rein willkürlich – sie ist keine Hitparade.

Dieses Kapitel ist sehr lang und wahrscheinlich das anstrengendste des gesamten Buches, da es eine etwas trockene Lektüre bietet. Aber das Thema ist auch das wichtigste, wenn Sie verstehen wollen, was eine IT-Abteilung den ganzen Tag lang so treibt.

Umfeld – externe Faktoren

Die IT bewegt sich in einem Umfeld, das von vielen Seiten beeinflusst wird. Einige beschleunigen (Prioritäten und Druck der Anwender, neue Technologien, …), andere bremsen (IT-Sicherheit, aufsichtsrechtliche Auflagen, Budgetkürzungen, …); mit diesem Spannungsfeld muss man umgehen können.

- In den meisten Fällen berichtet der CIO in einem Betrieb dem CEO. Ein herausragendes Vertrauensverhältnis zwischen beiden ist von enormer Wichtigkeit. In einigen Firmen konnte ich Fälle beobachten, bei denen der CIO mit Hilfe von technischem Kauderwelsch Entscheidungen auf Geschäftsleitungsebene durchsetzen oder blockieren konnte. Unbequem ist die Lage für den CIO, wenn sein CEO glaubt, in IT-Fragen die gleiche Fachkompetenz zu haben wie in Geschäftsfragen, und Entscheidungen ohne Rücksicht durchsetzt – dann ist die Wahrscheinlichkeit groß, dass das, was ich zu Beginn des nächsten Kapitels beschreiben werde, eintritt. Sehr ungesund ist die Situation, wenn ein CIO einem CFO (Chief Financial Officer) unterstellt ist. Die Kosten in einer IT sind selbstverständlich wichtig, aber eben nicht das Wichtigste. Wenn man IT als reinen Kostenfaktor versteht, dann kann man keinen Wettbewerbvorteil erzielen. Nur mit einer innovativen IT, die die Geschäftsentwicklung und -prozesse proaktiv begleitet, kann sich der Erfolg einstellen. Soviel Konsens scheint es heute unter den Experten zu geben. Gelebt wird diese Erkenntnis aber noch lange nicht überall.

- In den Betrieben, die einer großen Konkurrenzsituation ausgesetzt sind, stehen die Geschäftsbereiche unter Profitabilitätsdruck. Dieser Druck wird an die IT weitergegeben, da Automatisierung zusätzliche Effizienz und dadurch Profit bringt. Die IT muss ein Verständnis für die bestehenden und kommenden Anforderungen der Geschäftsbereiche haben. Eine konstant gute Beziehung ist für beide Seiten enorm wichtig. Die IT muss sich darauf einstellen können, die Prioritäten in Bezug auf neue Aktivitäten oder Projekte permanent zu ändern. Alle IT-Mitarbeiter müssen die Veränderung lieben und als Konstante ihrer Arbeit akzeptieren. Dies ist durchaus gelegentlich frustrierend. Da die Geschäftsbereiche eine reine Geschäftssicht haben und sich möglicherweise schnell auf Softwarelösungen fokussieren (sie haben zum Beispiel gehört, dass eine bestimmte Software in einer anderen Firma erfolgreich im Einsatz ist), muss die IT in der Lage sein, Alternativen aufzuzeigen. So passiert es regelmäßig, dass der Geschäftsbereich sich ein System anschaut und voller Begeisterung einführen will. Dann stellt sich heraus, dass die Implementierung dieses Systems eine hochkomplexe oder aus technischen Gründen gar unrealisierbare Aufgabe wäre. Nicht hilfreich wäre dann ein negativer Bescheid seitens der IT ohne Alternativvorschlag.

- Eine weitere wichtige Beeinflussung findet durch den gesetzgeberischen Rahmen statt. EU-Richtlinien, Datenschutz, Aufbewahrungspflichten, elektronische Nachvollziehbarkeit, Outsourcing-Gesetze und vieles mehr spielen eine immer größere Rolle.

- Eine stete Bremse in allen Projekten ist die Sicherheit (siehe Kapitel *IT-Sicherheit*). Die zu erfüllenden Anforderungen wachsen stetig und jede zusätzliche Sicherheitsmaßnahme verzögert die Realisierung der laufenden Projekte.

- Die durch stetige Innovation sich ständig verändernden technischen Möglichkeiten sind Beschleuniger. Dadurch wird es einfacher, Lösungen für bestehende Probleme zu finden. Mit entsprechendem Aufwand ist heute für fast jede administrative Aufgabe eine Lösung zu finden. Als Beispiel kann hierfür Blackberry mit Push-Technologie dienen, eine Technik, die es erlaubt, auf einem Spezialhandy E-Mails vollautomatisch angezeigt zu bekommen, ohne dafür als Benutzer eine Anfrage starten zu müssen. Allerdings, wie noch ausführlich dargestellt wird, werden bei neu am Markt eingeführter Technik die Stabilität und die Sicherheit erst einmal vernachlässigt. Neue Technologie ist daher immer mit großer Vorsicht zu genießen.

Strategie

Auf den IT-Bereich bezogen versteht man hierunter die Festlegung der kommenden Schwerpunkte für die nächsten Monate und Jahre. Welche Systeme und Technologien sollen wir einführen oder ersetzen? Welche Services wollen wir anbieten? In kleineren Betrieben ist das natürlich keine Aufgabe, an der man jeden Tag arbeitet. In großen, weltweit tätigen Betrieben sind dagegen ganze Heerscharen von Mitarbeitern mit nichts anderem als mit Strategie beschäftigt. Es handelt sich hier um große Denker, die leider manchmal extrem weit von der täglichen Realität des Business entfernt sind und durchaus dazu neigen, kiloweise PowerPoint-Präsentationen zu generieren, die Dinge enthalten, die niemals das Licht der Welt erblicken werden. Wie formulierte das ein geschätzter Kollege, als er zum x-ten Mal eine 100 Seiten starke PowerPoint-Präsentation vorgestellt bekam? »Die einzige Plattform, auf der dieses System laufen kann, ist der Overhead-Projektor.« Da steckt viel Wahrheit drin. Ein anderer *Running Gag* in Bezug auf PowerPoint lautet: »Eine PowerPoint mit mehr als 24 Seiten ist keine Präsentation mehr, sondern ein Film.«

Bei der Erstellung der Strategie sind eine Reihe von Einflussfaktoren zu benennen:

Eigene Strategie

Die eigene Strategie wird zusammen mit den Geschäftsbereichen ermittelt. Dabei stellt sich immer wieder die Frage, wie man die IT-Strategie an die Geschäftsstrategie anpasst. Es kann zum Beispiel die Situation eintreten – und dies passiert andauernd –, dass der Geschäftsbereich ein neues Produkt einführen will, man aber auf der IT-Seite beim Provider keine akzeptable Lösung findet, weil Letzterer sein Produkt in eine ganz andere Richtung entwickeln will und nicht bereit ist, diesen Weg zu ändern.

Mutterhaus

Wenn Ihr Betrieb eine Filiale ist, dann ist der strategische Spielraum möglicherweise durch die Vorgaben des Mutterhauses begrenzt. Dies hängt von der jeweiligen Firmenphilosophie ab. Es ist wie mit der Mode: Man muss nur lange genug mit dabei sein, um alle möglichen Tendenzen mitzuerleben. Einmal ist Zentralisierung Trumpf, dann wieder Dezentralisierung und manchmal ein Mix aus beiden. Wenn eine Strategie einem nicht gefällt, braucht man nur abzuwarten (sofern man die Geduld dafür aufbringt), bis festgestellt wird, dass sie sich nicht bewährt hat, und schon geht es wieder in die andere Richtung. Eine Strategie, die die Teilnehmer spaltet, wird scheitern, und die Firma hat gute Chancen, wichtige Mitarbeiter zu verlieren.

Es ist eigentlich ganz einfach: Es gibt keine endgültige Erkenntnis darüber, ob IT-Entscheidungen und IT-Dienste zentral in einem Mutterhaus oder dezentral in einer Filiale getroffen und angeboten werden sollen. Beide Varianten haben erhebliche Vor- und Nachteile. Am besten bewährt sich noch ein gewisser Pragmatismus, bei dem bei jedem Thema neu diskutiert und entschieden wird. Weil das so ist, kann man tagelang über eine künftige Strategie diskutieren, ohne dass ein Konsens erzielt wird. Jedes hervorgebrachte Argument ist richtig (die wichtigsten Argumente sind: kraftvoller, wenn zentral - schneller, wenn dezentral), und man kann endlos darüber debattieren. Solche Sitzungen eignen sich hervorragend dazu, gedanklich abzuschweifen.

Vor etlichen Jahren hatten wir eine Kollegin aus der Filiale in Brüssel, die solche Strategiesitzungen in einer beeindruckenden Art und Weise ad absurdum führen konnte. Sie stellte gerne Fragen in der Art: »Ist das hier Vorgeschlagene nun der Weg oder das Ziel?« Da solche Sitzungen oft von sehr jungen Leuten geleitet werden, die zwar eine hervorragende Ausbildung in strategischen Fragen haben, dafür aber kaum praktische Erfahrung besitzen, geraten diese dann völlig aus dem Konzept und fangen an zu stottern. Spätestens aber, wenn der in New York sitzende Konferenzleiter die Frage stellt, ob Luxemburg in Deutschland oder Frankreich liege, weiß man, dass man die Veranstaltung getrost vergessen kann.

Provider

Jeder Provider hat seine eigene Strategie, welche sich jederzeit ändern kann. Die IT muss diese Strategie kennen und sie mit der eigenen abgleichen - manchmal ein schier unmögliches Unterfangen. Gelegentlich hat man es mit Providern zu tun, die gar keine richtige Strategie haben oder sie geheim halten möchten.

Investitionen / Beschaffungswesen

Welche Budgets bekommen Sie für Ihre Strategie? Die IT muss laufend Vorschläge ausarbeiten und diese auch gut verkaufen können. Wenn die Vorgaben aber auf Kostenreduktion lauten, ist der Spielraum natürlich eingegrenzt. Da sowohl Hard- als auch Software sehr teuer ist und sich die Gesamtausgaben bei Investitionen parallel zur Größe einer Firma bewegen, wird der Einkauf oft in einem sogenannten *Supply Management* (Beschaffungswesen) zentralisiert, was durchaus extrem hohe Summen einsparen kann.

Outsourcing / Insourcing

Bei jeder ihrer Aufgaben muss die IT sich die Frage stellen, ob sie diese nicht effizienter und/oder billiger bei einem externen Spezialisten einkaufen kann. Genauso gut kann entschieden werden, Aufgaben, die die IT besonders gut beherrscht, einem anderen Kunden (im Konzern oder am Markt) anzubieten. Outsourcing ist sehr in Mode. Je höher die Entscheidungsträger in einer großen Firma angesiedelt sind, umso mehr folgen sie dem allgemeinen Trend. Hier spielt natürlich auch die Überlegung eine Rolle, bloß nicht den Trend zu verpassen. Denn, falls er sich durchsetzt, soll niemand ihnen vorwerfen können, diesen verpennt zu haben. Diese Situation kann bizarre Stilblüten treiben. Ziele werden ja von oben nach unten vergeben, und ich kenne einen Berufskollegen, der die Vorgabe hatte, Vorschläge zu machen, um drei bis dato intern betreute Themen künftig von einer externen Firma, am besten aus Indien, betreuen zu lassen. Wichtig bei dieser Zielvorgabe war lediglich die Tatsache, 3 Themen zu identifizieren - ob dabei dann auch Geld eingespart oder ein anderer Mehrwert geschaffen würde, war völlig ohne Belang.

Aber was versteht man eigentlich unter Outsourcing? Ich denke, man kann das an einem einfachen Beispiel aus dem Privatbereich erklären: Es geht nur darum, Dinge, die man auch selbst machen könnte, jemand anderem zu übertragen. Sie können Ihren Garten selber pflegen, Sie können aber auch einen Gärtner beauftragen. Der dazu gehörende Auftrag oder Vertrag muss alle Details enthalten: Genaue Beschreibung der zu verrichtenden Arbeiten, Bezahlung und vieles mehr. In der IT wären Beispiele für Outsourcing: PCs installieren und pflegen, Datensicherungen durchführen, Netzwerke verwalten, Buchungssysteme administrieren usw.

Die Frage nach Sinn oder Unsinn von Outsourcing spaltet nach wie vor die Gemüter Outsourcing ist aber heute eine Realität, mit der man leben muss und die man auch nutzen kann. Es ist keine Frage mehr von ja oder nein, sondern davon, wann es sinnvoll ist und wann nicht. Ausgesprochen nervig sind gelegentlich von Marktforschungsinstituten durchgeführte Umfragen, bei denen man angeben soll, ob man für oder gegen Outsourcing ist, und welches der Hauptgrund für diese Meinung ist. Die Thematik ist viel zu komplex, um sie mit einem Fragebogen zu beantworten. Folgende Anmerkung am Rande sei mir hier erlaubt: Ich stelle fest, dass die Tendenz, einen Fragebogen zu erstellen, umso größer ist, je komplexer die Materie ist. Es ist der immer wiederkehrende Versuch die Welt mit einem Fragebogen verstehen zu wollen.

Die Gründe, IT-Dienstleistungen extern zu vergeben, muten manchmal unverständlich an. Dabei sollte bei diesem Thema sehr vorsichtig vorgegangen werden. Die am häufigsten gehörten Argumente für eine Entscheidung zum Outsourcing sind:

- »Die IT hat das Thema nicht im Griff (fehlendes Know-how oder unpassende Systeme im Einsatz) und ein Externer kann das besser.« Manchmal kann das stimmen, aber meistens hat man nur das eigene Chaos jemand anderem aufgehalst.

- »Ein Externer kann das billiger.« Man sollte bei diesem Argument allerdings bedenken, dass eine Reduzierung dieser Entscheidung auf die Frage der aktuellen Kosten nur bis zur eigenen Nasenspitze gedacht ist.

Welches sind die Probleme beim Outsourcing?

- Besonders dann, wenn der finanzielle Aspekt im Mittelpunkt steht und der Preis aggressiv nach unten verhandelt wurde, gibt es meistens ein böses Erwachen und der Bumerang kommt recht schnell zurück. Bei der ersten zusätzlichen Anfrage wird der Outsourcing-Partner den Vertrag aus der Schublade ziehen und Sie darauf hinweisen, dass die neue Anfrage nicht abgedeckt ist. Für den üblichen Tagessatz von, sagen wir mal, 1.500 Euro würde man sich der Sache gerne annehmen.

- Man gibt seine Unabhängigkeit auf. Besonders bei Themen, bei denen es viel Veränderung gibt, wäre es wichtig, die Dinge selbst in der Hand zu behalten. Also sollte man wissen, dass es nicht lange dauert, bis der erste Änderungswunsch auftritt. Dieser startet dann einen schwerfälligen und langwierigen Prozess. Der eigenen IT kann man neue Aufgaben geben. Bei einem externen Partner muss man neben der Definition und Abgrenzung der Änderung auch noch durch den ganzen Zyklus mit Anfrage, Verhandlung, Änderung des Vertrages und so weiter. Als Auftraggeber ist man in einer sehr schwachen Position, da es nicht möglich ist, Konkurrenzangebote einzuholen. Auch hier ein erlebtes Beispiel: Ein Outsourcing-Vertrag einer Bank sah vor, dass es keine sogenannten *Emergency*-Änderungswünsche geben könne: Alles müsse über den standardisierten Prozess mit Priorisierungsmechanismen laufen. Eines Tages ergab sich folgende Situation: Der Geschäftsleiter arbeitete morgens an einer Präsentation, die er am Nachmittag abhalten wollte, als vom Programm plötzlich die Installation einer Zusatzfunktion (plug-in) verlangt wurde, für die outgesourcte Administratorenrechte erforderlich waren. Alles Betteln half nichts: Der Insourcer weigerte sich – aus juristischer Sicht zu Recht – sich des Themas anzunehmen. Man einigte sich dann darauf, diese Leistung extra in Rechnung zu stellen. Die unverschämt überhöhte Rechnung wurde natürlich bezahlt.

- Meistens wird auch vergessen zu berücksichtigen, dass der externe Partner überwacht werden muss und ein Koordinator alle Aktivitäten zu kontrollieren hat. Diese Kosten werden so gut wie nie bei einer Outsourcing-Entscheidung berücksichtigt. Anwender greifen dann oft zur Selbsthilfe, stricken sich ihre Lösungen selber (Phänomen des Comeback des End-User-Computing) und vergrößern dadurch den IT-Dschungel im Betrieb.

- Man hat keine Kontrolle über die Qualität der eingesetzten Mitarbeiter. Es ist bereits ausreichend schwer, die eigenen Mitarbeiter so einzusetzen, wie es am besten ist. In einem Outsourcing-Szenario ist dies unmöglich, denn Sie haben einen Vertrag mit einer Firma abgeschlossen und wissen so nicht, wer konkret für Sie arbeitet. Je nach gültiger Gesetzeslage hat man möglicherweise auch die Pflicht, »Mitarbeiter zu *screenen*«, das heißt zu prüfen, ob sie vertrauenswürdig sind. Beim Outsourcing ist das ein quasi unmögliches Unterfangen.

- Indien ist das Land mit dem größten Angebot an IT-Dienstleistungen, die sich für Outsourcing eignen. Es ist eine Binsenweisheit, dass die Gehälter dort viel niedriger sind als in Westeuropa. Doch das erste Problem bei den Indern ist die quasi inexistente Mitarbeiterbindung. Jährliche Kündigungsraten von 20 Prozent sind keine Ausnahme. Für ein paar Rupien mehr ist dort jeder Experte bereit, sich einen neuen Arbeitgeber zu suchen.

- Das zweite große Problem bei der Zusammenarbeit mit Indern besteht darin, die kulturellen Unterschiede zu überbrücken. Meetings mit Indern haben ihren eigenen Charakter, und wer ohne Wissen der kulturellen Eigenheiten in solche Gespräche geht, hat massive Probleme.

- Die Spezifikationen der durchzuführenden Aufgaben müssen extrem genau definiert sein. Einem westeuropäischen Programmierer muss man nicht erklären, wie die Mehrwertsteuer funktioniert. Es reicht aus, in einer Programmanforderung zu schreiben, dass das Programm die Mehrwertsteuer berechnen können muss, und er weiß, was zu tun ist. Der indische Kollege hat von der Mehrwertsteuer noch nie etwas gehört und daher muss man bei Adam und Eva anfangen. Fragen stellt sich der indische Programmierer nicht und führt exakt gemäß Anforderung aus. Ich kenne zwei konkrete Fälle, bei denen dadurch große Probleme in Programmen aufgetreten sind. Zum einen wäre da die Umstellung auf die 2005 eingeführte europäische Quellensteuer zu nennen, die ein sehr namhafter Anbieter von Bankensoftware in Indien entwickeln ließ. Das Thema wurde in Indien nicht wirklich verstanden und als Konsequenz musste dieser Anbieter mehrere hundert Briefe an seine Bankkunden schicken, in denen er sich entschuldigte, dass die Lösung nicht rechtzeitig fertig wurde und zudem völlig fehlerhaft war. Ein anderes konkretes Beispiel war die Einfügung der deutschen Steuergesetze in der Bankensoftware eines ebenfalls sehr renommierten Anbieters. Diese Thematik ist selbst für einen alten deutschen Programmierhasen dermaßen komplex, dass schlaflose Nächte einzukalkulieren sind. Die Idee, Derartiges in Indien zu entwickeln, führte zur Katastrophe und verbrannte mehrere Millionen Euro an Budget. Dieser Anbieter war anschließend dermaßen entmutigt, dass er es nicht mehr wagte, das Thema der deutschen Steuer überhaupt noch einmal anzupacken, und sich weitgehend vom deutschen Markt verabschiedete.

Es ist eine Frage der Zeit, bis ein Finanzkontrolleur im Betrieb feststellt, dass die Outsourcing-Kosten aus dem Ruder gelaufen sind, und vorschlägt, die Leistung wieder mit eigenen Mitarbeitern abzudecken. Man sieht zurzeit schon wieder viele Firmen, die den Rückwärtsgang einlegen und die ausgelagerten Dienste wieder insourcen. Ein Weg zurück ist allerdings sehr dornig und zeitaufwendig.

Wann ist denn Outsourcing sinnvoll?

Die vorherigen Zeilen könnten den Eindruck erwecken, ich sei komplett gegen Outsourcing. Dies ist bei Weitem nicht der Fall, denn manche Bereiche habe ich durchaus in der Vergangenheit extern vergeben. Es ist immer dann sinnvoll, wenn nicht ausreichend eigenes Know-how vorhanden ist und wenn man keines aufbauen will. Die Höhe der zu tätigenden Investition bei einem neuen Projekt kann zu hoch sein und ist dann ein gültiger Grund, zumal wenn es Anbieter gibt, die dies besser können. In diesem Fall ist die gemeinsame Infrastrukturnutzung mit anderen Firmen sinnvoll, da sie die laufenden Kosten niedrig hält. Allerdings sollte man in großen Betrieben bei geschäftskritischen IT-Prozessen eine Grenze ziehen. Ich weiß, dass ich mit dieser Meinung nicht nur Zustimmung finde.

Outsourcing ist eben keine Frage von Ja oder Nein. Es muss Fall für Fall entschieden werden und man sollte sich Zeit für den Entscheidungsprozess nehmen. Ein einziger Grund, zum Beispiel Kostenreduzierung, kann und darf nicht allein ausschlaggebend sein, und es müssen alle beteiligten Parteien, einschließlich der direkt betroffenen Fachbereiche, gefragt werden. Die eventuelle Unzufriedenheit mit der von der IT erbrachten Leistung darf auf keinen Fall der Grund sein; wenn eine solche Unzufriedenheit besteht, muss die Geschäftsleitung nach einer anderen Lösung suchen.

In diesem Zusammenhang wird auch gerne von Firmenchefs behauptet, dass die IT keine Kernkompetenz sei und man sie deshalb am besten auslagert. Sofern es sich um Unternehmen mit einer gewissen Mindestgröße handelt, glaube ich, dass dies eine der größten Fehleinschätzungen auf Managementebene ist. Eine gut funktionierende IT, die man unter direkter Kontrolle hat, ist in diesen Tagen ein echter Wettbewerbsvorteil.

Technik und Innovation

Hat die Öffentlichkeit eine Vorstellung davon, wie viele technische Konzepte und Bezeichnungen es in der IT gibt? Wahrscheinlich nicht. Ein Besuch auf http://whatis.techtarget.com listet sage und schreibe 9.800 Stichwörter auf (Stand 2008). Dies sind etwa 2.000 mehr als noch zwei Jahre früher. Nicht alle sind wirklich relevant und einige sind veraltet, aber so ca. 7.000 – nach meiner Schätzung – bleiben aktuell. Und hinter jedem Stichwort verbergen sich weitere ungezählte spezifisch technische Bezeichnungen.

Die Beherrschung der Technik war von Anfang an eine Aufgabe (»*eine der wichtigsten*«) der IT und ist es bis heute geblieben, mit dem einzigen Unterschied, dass die Komplexität sich weiterhin ständig vergrößert. Kein IT-Experte wird vernünftigerweise behaupten, dass er alle technischen Begriffe kennt. Eine Spezialisierung für bestimmte Bereiche ist unerlässlich (Betriebssysteme, Datenbanken, Internettechnologie, Firewall, Telekommunikation usw.).

Hier ein kleiner Test für Sie. Ich habe 50 Begriffe ausgewählt, bei denen die Chance besteht, dass Sie diese kennen, da sie gelegentlich in den Medien erwähnt werden. Testen Sie für sich selbst, wie viele Sie davon kennen:

Active-X	add-on
buffer	Blackberry
C++	Cache
DLL	denial of service
EDGE	frozen zone
Failover	fuzzy logic
Gigabit	garbage collection
https	honey pot
Identity theft	ITIL
Java	JVM
Kbps	Killer application
Linux	MQ-Series
multithreading	NetBios
network encryption	On Demand Computing
object code	patch Tuesday
PKI	Query
Queue	RAM
RFID	SAN

Saas	TCP/IP
token	uptime
UNIX	VISTA
VoIP	VB.Net
WAN	WiFi
Xterminal	XML
Zombie	zoo

In Frankreich sind viele technische Bezeichnungen völlig anders. Wenn zum Beispiel ein Franzose von einer *courriel* spricht, dann meint er eine E-Mail, ein Computer ist ein *ordinateur* und unter *texto* versteht er eine SMS.

Technische Diskussionen und das Erstellen von technischen Konzepten sind unser täglich Brot. Hochkomplexe technische Zeichnungen dienen dabei als Grundlage. Die Fragen, um die es in diesen Diskussionen geht, sind die folgenden: Wie kann ein System installiert werden? Wie kommuniziert es? Wie wird es überwacht? Bei einem Serverkauf können seitenweise technische Komponenten aufgelistet sein (ein Mehrfaches von dem, was bei einem PC aufgelistet wird) und dadurch wird die Überprüfung der Konfiguration ein langwieriger Prozess.

Bei der Technik gibt es immer mehrere Varianten, wie man etwas tun sollte, wobei alle jeweils entscheidende Vor- und Nachteile haben. Vergleichen Sie es mit der Auswahl zwischen einem LCD- und einem Plasma-TV, bei der Sie eine ganze Reihe von technischen Daten analysieren müssen, und multiplizieren Sie die in Betracht zu ziehenden Entscheidungskriterien mit 10, 100 oder 1.000, je nach Thema. Und dabei ist noch lange nicht klar, was alle aufgelisteten Features bedeuten und wie sie sich untereinander vertragen.

Bei der heutigen technischen Komplexität und dem ständigen Zeitdruck ist es sehr leicht, bei der Planung ein wichtiges Element zu übersehen. Dies bedeutet dann Nachrüsten und möglicherweise einen Antrag auf Zusatzbudget stellen. Finanzkontrolleure haben für derartige Situation meistens kein Verständnis.

In der IT finden die meisten Besprechungen auf Englisch statt und Aussagen, die nach einem Geheimcode klingen in der Art »*We will realise a semi-automatic top-down enforcement and a bottom-up monitoring*« hört man ohne Unterlass. Für Fachleute sind sie durchaus verständlich. Gelegentlich gerät jedoch selbst der Erfahrenste ins Schleudern, wie bei der Beschreibung einer Software, die »*... offers a vertical tool that* *binds Web services security to XML financial schema*«. Ich habe keine Ahnung, was das heißen soll!

Etwas, womit man sich permanent beschäftigt, ist die Frage, wie sich die Technik und ihre Anwendungsmöglichkeiten weiterentwickeln werden und was sich durchsetzen wird. Worauf müssen wir uns vorbereiten? Ab wann ist eine Technik veraltet und muss durch etwas Neues ersetzt werden? Welche Technik bringt zusätzlichen Nutzen für den Betrieb? Konkret: Sollte man als Firma in Erwägung ziehen, beispielsweise Google als E-Mail-Serviceanbieter zu wählen, um die eigenen Kosten zu reduzieren? Und wären deren Prozesse reif und sicher genug oder muss man fürchten, dass die CIA jede E-Mail mitliest?

Manchmal ist die Vorbereitung auf eine neue Technologie intellektuell sehr schmerzhaft. Vielleicht haben Sie gelesen, dass die Softwareentwicklung heute mit objektorientierter Technologie arbeitet? Für einen Programmierer, der viele Jahre mit einer Programmiersprache wie Cobol oder PL/1 gearbeitet hat, erfordert dies eine radikal veränderte Denkweise. Da ich als Programmierer begonnen hatte und mich heute immer noch sehr dafür interessiere, habe ich in der Freizeit die Programmiersprache Java gelernt. Dabei flog das Lehrbuch mehr als einmal wegen Frustration in die Ecke. Mehrere Wochen sind notwendig, um das Konzept zu begreifen und sich dieser Änderung anzupassen.

Schwer abzuschätzen sind die möglichen Probleme, die sich bei der Einführung von neuer Technologie ergeben werden. Dass es Probleme geben wird, darauf kann man wetten. Dass Java gerne ab und zu eine kleine Pause einlegt, um mal in seiner internen Mechanik Putzaktionen durchzuführen, erkennt man erst viel später. Man muss das positiv sehen: Dies gibt dem Benutzer die Gelegenheit, seine Kaffeepausen immer dann zu machen, wenn eh nichts geht. Die Einführung einer neuen Technologie bedeutet für eine IT immer eine echte Herausforderung. Die Mitarbeiter haben zu Beginn keinerlei Erfahrung und brauchen in der Regel einige Zeit, bis sie die Neuerungen ausreichend beherrschen. Dabei wartet der Produktionsbetrieb nicht, bis Kenntnisse auf Expertenebene angeeignet wurden. Selbst wenn ein *proof-of-concept*, also eine Validierung an einem Modell vorgenommen wurde, bleibt die Einführung einer neuen Technologie ein hohes Wagnis. Ich möchte ein Beispiel nennen: Es gibt heute die Möglichkeit, PCs durch einfache Geräte ohne eigene Software und Festplatte zu ersetzen; diese Geräte werden *Thin Clients* genannt und zeigen lediglich den Inhalt des Bildschirms an. Sie sind »dumm«, alles wird von einem zentralen Rechner im Hintergrund erledigt, sie funktionieren aber für den Benutzer absolut identisch wie ein PC. Die Idee dahinter ist bestechend, erlaubt sie doch die Reduzierung des administrativen Aufwands und der Kosten und ist besonders dann reizvoll, wenn man Dienste über eine große Entfernung anbieten muss und keine IT-Experten vor Ort vorhanden sind. Nur, diese Technologie ist nicht unbedingt extrem jung, sie ist lediglich nicht ausgereift. Wenn der Produktionsbetrieb aufgenommen wird, stellen Sie fest, dass es Probleme gibt, die vorher nicht aufgetaucht sind, da es Zusammenhänge gibt, die erst jetzt sichtbar werden. Einfache Dinge, wie zum Beispiel, dass die Maus als Wasserglas angezeigt wird, obwohl die Anwendung wieder frei gegeben ist, gehört noch zu den kleineren Übeln. Wenn es jedoch so ist, dass durch das Zusammenspiel der diversen Programme der Server einfach einfriert, ist der Spaß vorbei, und als Verantwortlicher für die Technik gerät man sehr schnell in eine Defensive, aus der man sich nur äußerst schwer befreien kann. Zu denken, dass es für diese Fälle schnelle und unbürokratische Hilfe des Technologie-Providers gäbe, ist ein Märchen, von dem nur außerhalb der IT geträumt wird. Neue Technologien einzuführen, das sollte man sich sehr gut überlegen. Macht man es zu früh, hat man nur Probleme, macht man es zu spät, hat die Firma vielleicht einen Wettbewerbsnachteil. Den richtigen Zeitpunkt der Einführung einer neuen Technologie zu finden, ist die wahre Kunst in unserem Metier.

Jeder IT-Mitarbeiter steht vor der permanenten Herausforderung, sich weiterzubilden, und er muss sehr schnell das Neue aufnehmen können.

Das Ausarbeiten eines Technologieplans ist eine weitere Aufgabe. Dabei geht es um die Entscheidung, welche Technologien (zum Beispiel aus Sicherheitsgründen) heute eingesetzt werden dürfen und welche nicht. Oder es muss entschieden werden, welcher PC-Fabrikant gewählt wird und ob ein DVD-Laufwerk erlaubt wird oder nicht. Welche Drucker und welche Bildschirme installiert werden usw.

Infrastruktur

Die Infrastruktur wirkt im Hintergrund und sie ist das Fundament, auf dem alle IT-Dienstleistungen aufbauen. Sie ist vergleichbar mit den Strom- und Wasserleitungen in einem Haus, nur viel umfangreicher. In der Regel ist die Existenz der Infrastruktur einem einfachen Mitarbeiter nicht bekannt, es sei denn, das Netzwerk fällt aus und er merkt, dass er nicht mehr arbeiten kann. Für diesen Bereich benötigt man IT-Mitarbeiter mit sehr detaillierten technischen Fachkenntnissen – Know-how über den Geschäftsbereich brauchen sie in der Regel nicht und Kontakt mit den Anwendern gibt es eher wenig. In den 80er-Jahren liefen diese Experten mit weißen Kitteln und Lötkolben herum und hatten wuscheliges Haar; heute tragen sie Anzug und Krawatte. Sie müssen oft in der Nacht oder am Wochenende arbeiten, da Änderungen in der Infrastruktur nur durchgeführt werden können, wenn keine Mitarbeiter im Betrieb anwesend sind. Ich kenne Kollegen, die große Mühe haben und regelmäßig Kämpfe austragen müssen, um die systematisch anfallenden Überstunden genehmigt zu bekommen. Es wäre schön, wenn jeder wüsste, dass es einfach nicht möglich ist, manche Aufgaben während der normalen Bürozeiten zu erledigen.

Die Infrastruktur hat in den letzten Jahren einen gewaltigen qualitativen Sprung nach vorne gemacht. Die Leistungsfähigkeit und die technischen Möglichkeiten sind regelrecht explodiert. Da die Optionen so vielfältig geworden sind, ist dieser Bereich eine permanente Herausforderung.

Wenn ein Anwender seinen PC einschaltet, laufen komplexe technische Prozesse im Hintergrund ab. Die IT hat dem PC bei seiner Installation beigebracht, dass er in einem Netzwerk hängt und versuchen muss, mit diesem Netzwerk Kontakt aufzunehmen. Der PC startet eine Anfrage an das Netzwerk; hierbei werden verschiedene technische Komponenten benötigt (Switches, Routers, Patch Panels, Servers, Kommunikationsprotokolle, ...). Wenn das Netzwerk den PC erkennt, wird der Anwender aufgefordert, sich zu identifizieren. Dies kann ausgesprochen aufwendig sein, wenn zum Beispiel in Netzwerken mit hohen Sicherheitsanforderungen (z. B. als geheim eingestufte Daten) eine starke Authentisierung anhand eines sich bei jeder Anmeldung ändernden Passwortes erforderlich ist (*Tokens* – ein kleines Gerät, das jede Minute ein neues Passwort anzeigt). Es gibt Mechanismen, die man installieren muss, um zu erkennen, ob der sich anmeldende PC überhaupt die Rechte hat, dies zu tun, andernfalls könnte sich die Putzfrau mit einem Laptop unbemerkt ins Netzwerk einschleichen.

Die Installation von PCs, Druckern, Bildschirmen usw. fällt in diesen Bereich.

Auch Netzwerke fallen aus. Aus diesem Grund werden in der Regel die Verbindungen zwischen dem PC und den Servern (Ihre Daten und Anwendungen) doppelt ausgelegt. Dies ist teuer und aufwendig zu pflegen.

Eine weitere wichtige Aufgabe ist die Kapazitätsüberwachung, sowohl die des Netzwerkes als auch die der Server. Wenn eine Maschine an ihre Leistungsgrenzen stößt, so sollte man dies rechtzeitig erkennen. Deshalb ist eine tägliche Überwachung der Auslastung wichtig. Bei 60 Prozent Auslastung der Kapazität sollte man anfangen, sich über eine Erweiterung Gedanken zu machen. Auch dies ist manchmal schwer, einem Kontrolleur zu erklären, speziell wenn es nicht bereits im Jahresbudget vorgesehen war.

Wir sind mitten drin in einer Datenexplosion, und mancher fragt sich bereits bang, ob uns der Speicherplatz ausgeht. IDC ist der Ansicht, dass schon jetzt mehr digitaler Inhalt produziert wird, als Speicherkapazität zur Verfügung steht. Dem wird allerdings von der Firma EMC widersprochen. Es wird von IDC geschätzt, dass im Jahr 2011 1800 Milliarden Gigabyte an Daten erzeugt werden. Und es sind nicht die

Firmen, die für diese Explosion verantwortlich sind. Zwei Drittel aller Daten werden von Privatnutzern erzeugt in Form von mp3-Dateien oder Videos auf Festplatten. Im professionellen Bereich gibt es verschiedene Technologien, um dieser Explosion Herr zu werden, und diese entwickeln sich allesamt sehr dynamisch, sind hochkomplex und haben einen eigenen Berufszweig in der IT entstehen lassen.

Es ist in der Tat so, dass Betriebe ab einer gewissen Größenordnung die Notwendigkeit haben, Speicherstrategien zu entwickeln, um der Flut Herr zu werden. Datenfriedhöfe von gigantischen Ausmaßen entstehen. Zur schnellen Veranschaulichung: Die meisten per E-Mail geschickten Dokumente werden vom Versender und allen Empfängern (»*für alle Fälle*«) abgespeichert. Es gibt Gesetzesinitiativen, die verpflichten, dass keine E-Mail in einem Betrieb gelöscht werden darf. Über Monate hinweg wöchentlich verschickte Statusberichte über alle möglichen Aktivitäten und Projekte mit vielen Seiten werden von jedem Empfänger gespeichert, ohne dass die alten gelöscht werden. Computersysteme generieren wegen der Pflicht zur Nachvollziehbarkeit sogenannte Logfiles, die jeden Tag dicke Bücher füllen. Nur sehr wenige Daten leben, das allermeiste wurde einmal generiert, dann abgelegt und wird nie mehr benötigt. Hätte man diese Entwicklung vorausgesehen, dann wäre es sinnvoll gewesen, Aktien von Firmen, die auf Speichermedien spezialisiert sind, zu kaufen.

Die IT-Mitarbeiter kümmern sich auch um die Sicherheitsinfrastruktur (siehe Kapitel *IT-Sicherheit*), das heißt, sie überwachen, ob Hacker einzudringen versuchen, ob die Antivirensoftware auf dem letzten Stand ist und ob die Firewall korrekt funktioniert. Die Firewall hat die Aufgabe, unerwünschte Inhalte zu blockieren (z. B. per E-Mail verschickte Videos).

Den spannendsten Job in der IT hat ohne Zweifel der Firewall-Administrator. Er hat Zugriff auf alle blockierten Inhalte und er muss sich diese regelmäßig anschauen, um eventuelle Schwachstellen in der Firewall zu entdecken. Dabei sieht er oft Dinge, von denen er noch nicht einmal wusste, dass es sie gibt. Zum Abschied brannte mir der Kollege eine CD mit seinen *Best of Firewall.* Das meiste davon war nicht jugendfrei.

Weitere Aufgaben sind die Bereitstellung von Intranet und Telekommunikationsmöglichkeiten (Anbindung an Kunden und Lieferanten), E-Mail und Internetzugang. Bei beiden letzteren muss der Inhalt auf Zulässigkeit geprüft werden (keine Hetzpropaganda, keine Pornographie, ...) und E-Mails dürfen kein Spam sein und keine Würmer enthalten. Dieser Bereich ändert sich sehr schnell. Die Öffentlichkeit hat kaum eine Vorstellung davon, wie komplex der technische Ablauf und der finanzielle Aufwand im Hintergrund beim Surfen im Internet sind.

Eine weitere Aufgabe in diesem Bereich ist das Monitoring des IT-Biotops. Dies ist in etwa zu vergleichen mit der Kameraüberwachung an öffentlichen Plätzen. Sobald etwas Anormales passiert, wird Alarm geschlagen. Auf die IT bezogen bedeutet das unter anderem folgende Überprüfungen:

- Sind alle Server betriebsbereit?
- Ist eine Fehlermeldung oder ein bestimmter Vorfall aufgetreten, der behandelt werden muss?
- Gibt es Abläufe, die nicht gestartet sind (z. B.: Jeden Tag um 10 Uhr muss eine bestimmte Meldung an einen bestimmten Kunden gehen)?
- Ist der firmeneigene Internetauftritt von außen aufrufbar?
- Gibt es einen Hackerangriff?
- Ist auf einem PC ein Virus aufgetaucht?
- Hat ein Mitarbeiter versucht, sich unerlaubterweise Zugang zu Daten zu verschaffen?
- Sind die Datensicherungen erfolgreich abgeschlossen worden?
- Sind die Datenleitungen nach außen alle aktiv?
- Ist das Netzwerk nicht zu langsam?

Für diese Tätigkeit gibt es ebenfalls Spezialsoftware, und wen wundert es, diese ist hochkomplex und sehr teuer. Der Bereich Infrastruktur ist in der Regel mit vielen Mitarbeitern besetzt.

Rechenzentrum

Ein ganz eigenes Thema ist die Planung des Rechenzentrums (RZ) in einem Betrieb. Die Anforderungen an die Sicherheit des Betriebs eines RZ sind in den letzten Jahren stark gewachsen. Wegen der steigenden Komplexität sieht man heute vermehrt, dass eine Firma bei einem Neubau bereits kein eigenes RZ mehr plant, sondern dies an einen professionellen Anbieter outsourced. Zu planen und zu berechnen gibt es hier (um nur die wichtigsten Punkte zu nennen): Bodenbelastung durch die Maschinen, Brandlast, Kühlung, Stromlast, redundante Stromzufuhr, Notstromkapazitäten, Feuer- und Wasseralarm, modernste Zugangssysteme (neuerdings verstärkt mit biometrischen Systemen), Telekommunikationskapazitäten oder Sicherheit der Mitarbeiter bei Notsituationen. Es gibt mittlerweile die technische Möglichkeit, ein RZ als faradeyschen Käfig aufzubauen: Eine Terrorattacke mit dem Ziel, alle magnetischen Datenspeicher zu löschen, läuft so ins Leere. Darüber hinaus gibt es eine Fülle von kleineren Spitzfindigkeiten wie zum Beispiel, dass eine Überwachungskamera nie direkt auf eine Tastatur gerichtet werden darf, weil sonst derjenige, der die Kamera bedient, Systempasswörter einsehen könnte.

Tagesgeschäft

Ein Großteil der Mitarbeiter in einer IT-Abteilung ist mit dem täglichen Produktionsablauf beschäftigt. Das Wort »Produktion« führt etwas in die Irre, da es auch benutzt wird, wenn keine Produkte hergestellt werden. Man bezeichnet damit das tägliche Betreiben der Livesysteme (im Gegensatz zu den Testsystemen). Diese Mitarbeiter stehen üblicherweise nicht so im Blickfeld wie beispielsweise Help-Desk-Mitarbeiter, welche bei den Anwendern angefallene Probleme lösen, oder etwa Projektleiter. Dies ist sehr ungerecht, da die ordnungsgemäße Erfüllung dieser Aufgabe von herausragender Wichtigkeit für den Betrieb ist. Das Anforderungsprofil für diese Mitarbeiter ist dadurch unterschiedlich. Sie müssen bereit sein, zu den unmöglichsten Zeiten zu arbeiten: Spät abends, in der Nacht, an den Wochenenden. Projektarbeit wird in diesem Bereich eher selten geleistet. Die Aufgaben, die erfüllt werden müssen, sind folgende:

Ablaufsteuerung (Scheduling)

Dies stellt die Verzahnung der diversen Programmabläufe dar. Zum Beispiel wird festgelegt, dass zuerst die Datensicherung durchgeführt wird, dann die Verbuchung der Geschäfte, dann der Ausdruck der Kontoauszüge. Obwohl dies sehr einfach klingt, ist auch dies eine komplexe Aufgabe. Ein Computer kann mehrere Programme gleichzeitig ausführen, und dies wird genutzt. Dadurch ergeben sich Situationen, bei denen man weiß, dass ein auf seine Ausführung wartendes Programm erst dann starten darf, wenn ein anderes korrekt beendet wurde.

Bei einem aufgetretenen Fehler muss die Ablaufsteuerung wissen, ob das System gestoppt werden muss oder nicht. Um dies zu meistern, gibt es Spezialsoftware (Scheduler), für die ein eigenes Know-how erforderlich ist. Kleinste Fehler im Ablauf können katastrophale Auswirkungen haben und beschwören eine Krisensituation herauf. Angenommen, alle Programme laufen korrekt durch, sind aber in der falschen Reihenfolge gelaufen, so kann es passieren, dass Kontoauszüge verschickt werden, auf denen die Hälfte fehlt.

Überwachung

Durch Mitarbeiter im Schichtbetrieb oder durch automatische Überwachung mit Benachrichtigung per Pager oder SMS muss permanent der Ablauf der Produktionssysteme überwacht werden. Ein Problem in der Verarbeitung in der Nacht, das nicht sofort behoben wird, hat Konsequenzen auf die Verfügbarkeit der Systeme am nächsten Geschäftstag. Aus diesem Grund wird dann ein Bereitschaftsdienst eingeführt. Ein vorher bestimmter Mitarbeiter wird bei Problemen benachrichtigt und behebt das Problem. Er kann dies tun, indem er via Fernwartung Zugriff auf die Systeme bekommt, oder er muss sich in die Firma begeben. Interessanterweise gibt es in Europa erhebliche Unterschiede, ob diese Leistung extra bezahlt wird oder nicht. Aber warum bringen die Systeme es nicht fertig, störungsfrei über die Nacht zu kommen? Nun, es gibt sehr viele Gründe, warum eine Software das Handtuch werfen kann. Einen Grund möchte ich hier herausheben: Eine Datenbank kann *korrupt* werden (ja, so nennt man das wirklich!), wenn ihre interne Mechanik zerstört wird. Dies passiert nicht etwa, weil jemand unbefugt seine Finger in etwas hinein getan hat, nein, eine Datenbank kann das von ganz alleine und schreit dann nach Hilfe. So kann sie zum Beispiel auf die Idee kommen, die Information, zu welchem Kunden ein Konto gehört, unmotiviert und unaufgefordert zu löschen oder mit einem Hieroglyphenwert zu füllen, und schon stürzt sie ab. Oder sie zählt fleißig mit, wie viele Einträge in der Kreditdatei sein sollten, und stellt dann bei einer Selbstkontrolle entsetzt fest, dass es in Wahrheit einige mehr sind. Dann klingelt um drei Uhr morgens der Pager und man ist verpflichtet, die interne Mechanik wieder aufzurichten.

Datensicherung

Datensicherung (*Backup*) muss jeden Tag erfolgen. Abhängig davon, wie kritisch ein System ist, wird mehr als eine Datensicherung am Tag durchgeführt. Es muss gewährleistet sein, dass auch noch nach Jahren die gesicherten Daten eingelesen werden können, etwa bei Kundenreklamationen.

Datensicherung in einem Betrieb unterscheidet sich völlig von dem, was Sie zu Hause tun. Hierfür gibt es wieder Spezialsoftware, der mitgeteilt wird, welche Daten auf welchem Computer zu welcher Uhrzeit auf welches Speichermedium gesichert werden sollen. Bei einem auftretenden Problem muss die Software wissen, wen sie wann in welcher Form benachrichtigen muss. Die Speicherung erfolgt nicht auf CDs oder DVDs wie bei Ihnen zu Hause, sondern sie wird in den meisten Fällen auf sogenannten Cartridges (oder Magnetbänder) vorgenommen, gelegentlich auch direkt auf einer zweiten Festplatte. Cartridges sind kleine Kästchen, auf denen Daten geschrieben werden können. Bei sehr großen Systemen werden Roboter eingesetzt. Dies sind große Schränke – mit einer Jukebox vergleichbar – in denen die Software mit dem Roboterarm die Cartridge ansteuert, prüft, ob sie die richtige ist, sie beschreibt und sie wieder zurücklegt.

Üblicherweise werden zwei Sicherungen durchgeführt: Es ist einfach zu riskant, sich darauf zu verlassen, dass eine einzelne Cartridge im Notfall auch wieder gelesen werden kann. Auch wird normalerweise eine Kopie im Haus behalten, eine zweite wird extern bei einem Sicherheitsdienst aufbewahrt. Jeden Tag muss der Roboter neu mit den richtigen Cartridges bestückt werden. Die Datensicherung ist eine Aufgabe, die mit viel Verantwortungsgefühl bewältigt werden muss.

Aber es kann in einem Betrieb Mitarbeiter geben, die sich der Wichtigkeit des Backups nicht bewusst sind. So wurde mir von einem Kollegen ein Fall berichtet, bei dem der diensthabende Mitarbeiter im Rechenzentrum die Aufgabe hatte, die Bänder der Tagessicherung in den Tresor zu legen. Nach einiger Zeit stellte er fest, dass diese Bänder in einem gewissen Zyklus immer nur beschrieben wurden, aber nie dazu benutzt wurden, um eingelesen zu werden. Er fand, dass dies keinen Sinn ergäbe, und entschied eigenständig, die Sicherungen wegzulassen; dadurch konnte er jeden Abend eine halbe Stunde früher nach Hause gehen. Die Sache flog erst auf, als irgendwann eine Sicherung doch benötigt wurde. Es blieb nichts anderes übrig, als den Mitarbeiter wegen schweren Fehlers zu entlassen.

Kontrolle der Ablaufsteuerung

Jeden Tag müssen die Systemprotokolle kontrolliert werden (auch dafür gibt es Spezialsoftware), um zu verhindern, dass Programme im System zwar durchgelaufen sind, dann aber eine Fehlermeldung produziert haben, um die es sich zu kümmern gilt. Wenn ein Programm üblicherweise eine Stunde lang läuft, sich dann aber eines Tages nach ein paar Sekunden beendet, dann ist dies ein starker Hinweis darauf, dass etwas nicht normal ist. Oder, ein Programm, welches in der Vergangenheit immer sofort geantwortet hat, nun aber in eine Endlosschleife geraten ist und nicht zum Ende kommt. Software hat keine Kenntnis von dem, wofür sie da ist: Sie führt nur aus und betrachtet solche Situationen überhaupt nicht als Problemfall. Mit der Frage nach internen Reparaturfunktionen brauchen wir gar nicht erst anzufangen.

Softwareentwicklung

Es gibt eine permanente Diskussion unter Fachleuten darüber, ob eine Firma Software selbst entwickeln soll oder sie besser einkauft. »Make« or »buy« hat jeweils ziemlich überzeugende Argumente und viele Anhänger. Dass »make« nach wie vor eine gültige Option ist, sollte jedoch einigermaßen erstaunen, denn es gibt heutzutage im Prinzip für fast jeden Bedarf eine Lösung am Markt, und schlaue Verkäufer argumentieren bereits gelegentlich, dass Software eine *Commodity*, also so etwas wie Strom wäre.

Käme jemand auf die Idee Strom selbst zu produzieren oder ein Auto selbst zu bauen, anstatt diese Dinge einfach einzukaufen? Ganz bestimmt nicht - bei Software aber schon. Ohne den Erkenntnissen aus Kapitel 7 vorweggreifen zu wollen: Man kommt nicht um die Tatsache herum, dass Software im Jahre 2008 nach wie vor zu teuer, zu instabil, zu starr und zu wenig standardisiert ist. Eine Integration eines neuen Softwaresystems mit anderen Systemen ist nach wie vor Bastelarbeit. Nicht vergessen darf man, dass man sich bei der Entscheidung für einen Anbieter auf längere Zeit bindet – eine Trennung von einem bestehenden Anbieter ist in den meisten Fällen äußert schmerzhaft. Jede Firma trifft bei diesem Thema ihre eigene Entscheidung, ob sie Software selbst entwickelt oder nicht. Selbst wenn die Entscheidung »buy« lautet, so bleibt doch ein gewisser Minimalbedarf an eigener Softwareentwicklung, da es, wie bereits gesehen, Interfaces fast nie am Markt einzukaufen gibt und sie deshalb speziell entwickelt werden müssen. Für die Entwicklung von Software werden auch wieder spezielle Softwaretools eingesetzt (Editor, Debugger zum Analysieren der Fehler, ...), die die Arbeit erleichtern. Mittlerweile ist es auch Pflicht, die verschiedenen Versionen eines Programms wegen Nachvollziehbarkeit zu archivieren: Dabei wird sichergestellt, dass ein Programmierer nicht an einem Programm arbeiten kann, welches bereits von jemand anderem bearbeitet wird. Es wird dokumentiert, welche Änderungen wann von wem und warum durchgeführt wurden, und es wird der physische Transfer des fertigen Programms in die Produktionsumgebung durchgeführt.

Manchmal hat man auch keine Wahl und es gibt Situationen, in denen man feststellt, dass es gar kein Produkt auf dem Markt gibt – oder dass ein gewisses Produkt lokal nicht verkauft wird oder viel zu teuer ist. Der Vorteil bei der Eigenentwicklung ist ohne Frage die Flexibilität und die Entscheidungsfreiheit. Allerdings müssen Mitarbeiter eingestellt werden, von denen man schnell abhängig werden kann, da das Know-how des entwickelten Systems vielleicht nur in einem Kopf besteht.

Das Profil eines Programmierers unterscheidet sich von dem der anderen IT-Mitarbeiter dadurch, dass er bereit sein muss, über längere Zeit konzentriert an einem Thema zu arbeiten, ohne sich von anderen Projekten ablenken zu lassen. Er muss auch bereit sein, verhältnismäßig wenig Kontakt außerhalb der Abteilung zu haben. Generell kann man beobachten, dass Programmierer den größten Stolz in Bezug auf ihre Arbeit haben. Sie sind am Ende des Tages die Einzigen, die handfest vorweisen können, was sie geleistet haben: eine neue Erfassungsmaske auf dem Bildschirm, eine neue Liste, der Ausdruck des Quellcodes. Es ist auch ein Beruf, bei dem man das größte positive Feedback der Anwender bekommt, da neu erstellte Programme die Lösungen für bestehende Probleme sind.

Interessanterweise hat sich in den letzten 20 Jahren der Aufwand, um ein Programm zu erstellen, kaum verringert. Der Fortschritt in der Technologie wurde kompensiert durch zusätzliche Anforderungen der Benutzer und aus den Bereichen Sicherheit und

Nachvollziehbarkeit. Jede Änderung und jeder Zugriff in einer Datenbank muss vom Programm protokolliert werden; auch die Anforderungen an die Verwaltung der Zugriffsrechte sind dramatisch gewachsen. Der Bereich der Softwareentwicklung wurde in den letzten Jahren zunehmend nach Indien und in andere Länder outgesourced. Wie sich dies in der Zukunft entwickelt, bleibt abzuwarten.

Projekte

Im Zusammenhang mit Projekten wird oft das Wort »Baustelle« benutzt. Projektmanagement ist eine Kernaufgabe einer IT-Abteilung. Es ist die Stelle, an der alle Aktivitäten zu einem Projekt zusammenlaufen. Selbstverständlich gibt es hierfür Spezialsoftware am Markt. Jeder Betrieb, der sich ernst nimmt, setzt anerkannte Methodologien zum Thema Projektmanagement ein. Hier werden Fragen beantwortet, wie: »Wer entscheidet über ein Projekt?«, »Wer ist der Sponsor und wer kommt in den Lenkungsausschuss?«, »Welches Budget wird vorgesehen?«, »Wie sind die Berichts- und Eskalationswege?«, »Wie sehen die Risiken aus?«, »Welche Meilensteine gibt es im Projekt?«, »Wer hat welche Aufgaben?« und vieles mehr. Projektmanager müssen ein hohes IT-Verständnis und profunde Kenntnisse der Abläufe im Betrieb haben. Mehrere Dutzend Baustellen gleichzeitig zu bearbeiten, das ist kompliziert genug. Abhängig von der Größe eines Betriebes kann es IT-seitig sogar mehrere tausend offene Baustellen gleichzeitig geben. Um dem Rechnung zu tragen, wird ein sogenanntes Programm-Management eingeführt, dessen Aufgabe die Überwachung der Abhängigkeiten der Baustellen untereinander ist. Beispiel: Es wäre nicht sinnvoll, in einer Software eine neue Funktion einzuführen, wenn ein anderes Projekt entschieden hat, diese Software abzuschaffen! Die bereits in Kapitel 3 erwähnte »Ampel« spielt beim Programmmanagement eine entscheidende Rolle. Um einen Überblick über eine hohe Zahl an Projekten zu bekommen, kann man sich eine Überwachung mittels Kontrollpult (*Dashboard*) organisieren, auf dem alle roten und gelben Projekte und jene, bei denen sich der Status verschlechtert hat, gesondert erscheinen.

Projektmanagement in der IT unterscheidet sich wesentlich von Projektmanagement in anderen Bereichen (mehr Details dazu haben wir im Kapitel *Eine Million oder ein Jahr* gesehen). Der Schwierigkeitsgrad eines Projektes kann sehr unterschiedlich sein. Softwaresysteme sind in ihrer überwältigenden Mehrheit kleine Tyrannen: Sie schreiben vor, wie sich die Abläufe im Betrieb anzupassen haben, und nicht umgekehrt. Aus dieser Tatsache heraus wird eine zeitlich präzise Projektplanung unmöglich. Das System ist vor der Ausführung nicht ausreichend bekannt, um alle Aspekte berücksichtigen zu können. Bei der Fülle der zu erledigenden Aufgaben und der unvorhersehbaren Probleme herrscht permanenter Zeitdruck. Daraus resultiert, dass generell die Termine für eine Projektrealisierung zu knapp bemessen werden.

Systemadministration

Die Systemadministratoren sind die Herrscher über die verschiedenen installierten Anwendungen und Systeme (Buchungssysteme, Internetauftritt, Microsoft-Systeme, PCs, Server, Datenbanken usw.). Für jede Anwendung/System muss ein Administrator bestimmt werden. Er ist zuständig für das Erstellen von Integrationskonzepten bei der Implementierung. Er kann alles: Zugriffsrechte vergeben und entziehen, neue Programmversionen zur Fehlerkorrektur installieren, neue Funktionalität aktivieren, Kopien zu Testzwecken erstellen, entscheiden, in welcher Form (wo und wann) Datensicherungen durchgeführt werden müssen, Interfaces pflegen, künftige Bedürfnisse analysieren, Daten verändern, (leider auch) anwendungsinterne Kontrollen übergehen und vieles mehr.

Eine neue, positive Entwicklung, die man in letzter Zeit beobachtet, ist die, dass die Administrationsrechte in den Systemen viel selektiver und damit präziser vergeben werden können als früher. Noch vor Kurzem war es so, dass ein Administrator alles in einem System machen konnte. Heute haben viele Systeme bereits unterschiedliche Administratorenprofile: So kann der erste die Zugriffsrechte vergeben, der zweite kann die Installationsparameter verwalten, der dritte kann die Datenbank verändern usw. Und alles, was diese Mitarbeiter tun, wird automatisch protokolliert, damit eine Überprüfung möglich wird. Aber das ist noch lange nicht in allen wichtigen Systemen der Fall. Falls der Revisor von der IT verlangt, dass es diese Protokollierungsmöglichkeit in einem wichtigen System geben muss, dieses System aber eine solche Funktion nicht hat, dann steht man vor einer schönen Herausforderung.

In der Regel sind Systemadministratoren Mitarbeiter mit sehr viel Erfahrung. Sie müssen die interne Funktionsweise eines Systems genauestens kennen: Wie hängen die Daten zusammen, welche Programme haben welche Funktion, welche Abhängigkeiten gibt es zu anderen Anwendungen?

Sie müssen unbedingt krisenstabil sein, denn ein Ausfall einer Anwendung ist in den meisten Fällen der Auslöser einer Krisensituation. In diesen Fällen müssen sie unter großem Zeitdruck unkonventionelle Lösungen erarbeiten und durchführen können sowie gleichzeitig Turbo-Risikoanalysen durchführen. Ein gelegentlicher Schwachpunkt stellt die Tatsache dar, dass Systemadministratoren ihre Arbeit nicht gerne dokumentieren.

Eine weitere Aufgabe des Administrators besteht darin, die Anwender bei der täglichen Benutzung eines Systems zu begleiten: Er kennt dessen Schwierigkeiten und er kann den Anwendern aufzeigen, wie sie zu umgehen sind. Er ist der erste Ansprechpartner bei Fragen und kann schon vorab analysieren, ob und wie Veränderungen vorgenommen werden, um der Anfrage eines Anwenders entsprechen zu können.

Je kompetenter ein Systemadministrator ist, umso mehr erleichtert er die Aufgabe der IT insgesamt. Gleichzeitig steigt dann aber auch die Abhängigkeit des Betriebes von diesem Mitarbeiter. Es ist ein Bereich mit großem Stresspotential.

Zwischen Weihnachten und Neujahr, wenn alle anderen zur Besinnlichkeit oder zum Weihnachtsshoppingstress neigen, beginnt für den Administrator die kritischste Zeit. Der Jahresabschluss ist für ein Buchungssystem immer der wichtigste Moment und am Sylvesterabend wird es nichts mit dem Feiern, da das System noch stärker überwacht werden muss als sonst. Nur wenn der letzte Arbeitstag des Jahres nicht der 31. Dezember ist, kann auch der Administrator Party machen. Da in der Regel im Laufe des Jahres Änderungen im System vorgenommen worden sind, entsteht die Situation, dass die Programme für die Jahresendverarbeitung in einem Umfeld laufen werden, das sich von dem des Vorjahres stark unterscheiden kann. Dies ist ein großes Risiko. Im Vorfeld des Jahresabschlusses erklärt der Systemadministrator eine *Frozen Zone*, eine Zeit, während der das System eingefroren wird, was bedeutet, dass keine Änderungen mehr bis zum Jahresabschluss vorgenommen werden dürfen. Je nach Komplexität können dies zwei oder mehr Wochen vor dem Jahresabschluss sein. Die verbleibende Zeit wird dann genutzt, um die Jahresendverarbeitung zu testen und eventuelle Fehler noch schnell zu korrigieren. Bei sehr großen und komplexen Systemen kann es auch mehrere *Frozen Zones* im Jahr geben.

Am einfachsten ist die Aufgabe des Systemadministrators zu illustrieren, indem man ein Beispiel aus dem PC-Bereich nimmt: In einem Betrieb sind Dutzende verschiedene Programme auf einem PC installiert. Es erklärt sich von selbst, dass niemand die Zeit hätte, mit einer DVD zu jedem PC zu gehen und die Programme manuell zu installieren.

Für diese Aufgabe gibt es Spezialsoftware: Jedes zu installierende Programm (mit teilweise unterschiedlichen Versionen und Einstellungsparametern) wird zentral auf einem Server installiert. Dann definiert man in einer Tabelle, welcher Benutzer (resp. welche Benutzergruppe) welches Programm auf seinen PC installiert bekommen soll. Wenn dies getan ist, drückt der Administrator auf einen Knopf, und über das Netzwerk werden die Programme automatisch auf den PCs installiert. Diese Aufgabe wird meistens abends oder am Wochenende erledigt, um die Tagesarbeit im Betrieb nicht zu stören.

Nun sollte man zu Recht meinen, dass das Laden von Programmen auf einen PC ein problemloses Unterfangen sei. Aber leider ist dem nicht so, auch hier befindet sich eine IT-Abteilung in den Fängen der Industrie. Man ist sehr gut beraten, alle seine PCs vom gleichen Hersteller, der gleichen Typenbezeichnung und sogar aus der gleichen Fabrikationsreihe zu bestellen. Ein neuer PC vom gleichen Hersteller, selbst wenn er die gleiche Typenbezeichnung hat, akzeptiert mit großer Wahrscheinlichkeit die vorher bestens funktionierende Installation von Programmen nicht. Bei jeder neuen Lieferung von PCs gibt es nämlich minimalste Abweichungen in den untersten technischen Schichten, die das Ganze inkompatibel machen! Dies erfordert einen Neuaufbau, zumindest aber einen kompletten Neutest der Ladeprozedur des PCs. Sicher, wenn man das weiß, kann man es auch managen und dafür sorgen, dass man genügend Reserve-PCs aus der gleichen Fabrikationsreihe auf Lager hat, um, sobald sich das Lager erschöpft, rechtzeitig eine neue Bestellung aufzugeben und mit dem Testen zu beginnen. Nur, es kommt immer mal wieder vor, dass installierte PCs schneller den Geist aufgeben, als man das voraussehen konnte. Ebenso kommt es immer wieder vor, dass der IT-Abteilung erst sehr spät gemeldet wird, wenn viele neue Mitarbeiter eingestellt wurden – im schlimmsten Fall erfährt man das dann am Tag vorher und Panik bricht aus, wenn man in der eben beschriebenen Situation ist.

Wenn Sie also in Ihrer Firma dringend einen neuen PC installiert haben wollen und Sie als Antwort erhalten, dass dies nicht auf die Schnelle machbar ist, kann der Grund darin liegen, dass erst einmal die bestehende Prozedur angepasst werden muss. Die Industrie ist bis heute nicht in der Lage, diesen Job für die Administratoren einfach zu gestalten.

Ein PC-Administrator hat die Möglichkeit, einen ausgeschalteten PC von seinem Büro aus zu starten; er kann die Kontrolle über den PC übernehmen und er kann beobachten, was Sie gerade tun. Aus Datenschutzgründen darf er das aber nur mit Ihrem Einverständnis. Allerdings könnte theoretisch ein Administrator diese Regel umgehen und Sie würden es nicht merken. Da Administratoren alle Rechte haben, muss sowohl Vertrauen als auch Kontrolle vorhanden sein.

Wenn Sie eine E-Mail verschickt haben, so sollten Sie wissen, dass ein Administrator bei einem ISP (Internet Service Provider: Anbieter von Diensten zum Internetzugang) Ihre E-Mail lesen kann. Eine E-Mail ist vor unbefugtem Lesen nicht besser geschützt als eine Postkarte. Um dieses Risiko zu umgehen, setzen Firmen Spezialsoftware ein, die es erlaubt, geschützt miteinander zu kommunizieren. Diese Sicherheitsschwachstelle der E-Mail wird von den Ermittlungsbehörden genutzt, und auf diese Art und Weise wurde schon mancher Krimineller geschnappt und Verbrechen wurden verhindert. Sie sollten wissen, dass Ihre E-Mails auf einem Server irgendwo auf der Welt gespeichert sind. Zum Beispiel im Silicon Valley, wenn Sie einen amerikanischen E-Mail-Anbieter gewählt haben. Wenn Sie jemandem eine E-Mail schicken, sucht sich das Internet den schnellsten (nicht den kürzesten) Weg, beispielsweise von Ihrem PC via San Francisco, New York, Tokio, Sydney und Berlin zu Ihrem Empfänger.

Da wir gerade das Thema E-Mails streifen, hier ein kleiner literarischer Tipp: Lesen Sie »Who moved my Blackberry?« von Martin Lukes. Sie werden sehen, wie man sich mit E-Mails verheddern kann – ein wirklich köstliches Buch.

Qualitätssicherung

Neben dem Wort *Problem* ist das am meisten gebrauchte Wort in der IT zweifelsohne *Test.* Wegen der zu erwartenden Fehler in jeder Softwarelieferung (siehe das Kapitel *Unbekannter Fehler aufgetreten*) und der komplexen Implementierung (siehe das Kapitel *Eine Million oder ein Jahr*) muss alles und jedes ausgiebig getestet werden. Keine andere Aktivität verschluckt soviel Ressourcen in der IT und in den Geschäftsbereichen wie das Testen. Nur wenige mögen es, überhaupt Tests durchzuführen, da es ein sehr frustrierender Vorgang ist. Per natura sind Tests erst beim letzten Versuch erfolgreich.

Je besser die Tests, umso besser die Stabilität in der Produktion und umso höher die Reputation der IT und der eingesetzten Software. IT-Abteilungen müssen damit leben, dass die Qualität ihrer Arbeit zu einem entscheidenden Teil dadurch bewertet wird, wie stabil die vom Provider gelieferte Software ist, auf die sie so gut wie keinen Einfluss haben - ebenso wenig wie darauf, wie gut die dafür zuständigen Mitarbeiter in den Fachbereichen getestet haben. Das Testen ist eine langweilige, wenn auch wichtige Aufgabe. Ein Outsourcing dieser Aktivität würde sich geradezu anbieten. Nur, die Testvorfälle sind für jeden Betrieb einzigartig und das IT-Biotop ist es sowieso. Es gibt daher nur sehr wenige Situationen, bei denen ein Outsourcing in Frage kommt.

Help-Desk / Support

Für viele Mitarbeiter in einer Firma sind die Kollegen im IT-Help-Desk die einzigen aus der IT, mit denen sie Kontakt haben. Beim Auftreten eines Problems sind sie die ersten Ansprechpartner. Mitarbeiter aus diesem Bereich sind oft dem Phänomen des »*Kill the messenger*« ausgesetzt. Wenn ein Anwender Probleme hat, wird der Frust darüber sehr gerne beim Help-Desk-Mitarbeiter abgeladen, obwohl dieser dafür noch nicht einmal ansatzweise die Schuld trägt. Würden alle wissen, dass Systeme durch fehlerhafte Software immer mal wieder ausfallen können, dann wäre die Arbeitssituation um einiges leichter. Darüber hinaus erwartet der Anwender immer eine sofortige Lösung. Nur ist dies in vielen Fällen gar nicht möglich, da der Fehler vielleicht zuerst intern einem anderen Experten weitergegeben (2nd-level Support) oder gar dem Provider (3rd-level Support) gemeldet werden muss, so dass man möglicherweise eine längere Zeit auf eine Lösung warten muss.

Auch das Beantworten von Fragen, wie ein System im Normalfall benutzt werden soll, fällt oft in ihre Zuständigkeit – gelegentlich geben sie auch entsprechende Fragen an andere Experten in der IT weiter. Das Help-Desk ist die Visitenkarte einer IT-Abteilung: Je besser und schneller der Help-Desk-Mitarbeiter seinen Job erledigt, umso positiver fällt die Akzeptanz der IT aus.

Das Anforderungsprofil unterscheidet sich in wichtigen Punkten von dem anderer IT-Mitarbeiter: Sie müssen ruhig und besonnen sein, selbst in Fällen, bei denen der Benutzer offensichtliche Schwächen mit seinem IT-Verständnis zeigt oder es ihm schwer fällt, das Problem präzise zu beschreiben. Sie benötigen ein breites Allgemeinwissen über alle eingesetzten Anwendungen und Techniken. Expertenwissen ist zwar hilfreich, aber meistens nicht erforderlich. Sie müssen die Wichtigkeit eines Problems erkennen können und sich nicht von dem vom Benutzer ausgeübten Druck beeinflussen lassen (dies ist leichter gesagt als getan!). Das bedeutet, sie müssen zuerst das dringendste Problem lösen und nicht das der Person, die am lautesten schreit. Sie müssen in der Lage sein, mehrere Probleme gleichzeitig zu behandeln und dabei immer die Geduld zu bewahren. Es ist ein aufreibender Job, den ich selbst nicht ausüben möchte. Help-Desk-Mitarbeiter tendieren dazu, nach einigen Jahren ausgebrannt zu sein, und man muss ihnen eine berufliche Perspektive innerhalb der IT aufzeigen, in die sie sich weiterentwickeln können.

Die Palette der möglichen Fehlermeldungen, mit denen ein Help-Desk-Mitarbeiter zu tun hat, ist sehr groß. Angefangen bei einem defekten Drucker, über abstürzende PCs und PC-Virenbefall, bis hin zu Datenverlust. Es ist kein *Running Gag*: Bei manchem als defekt gemeldeten Bildschirm hat lediglich die Putzfrau das Stromkabel aus der Steckdose gezogen.

Provider / Lieferanten

Jede IT hängt von einer großen Anzahl an Providern für Hardware und Software sowie Beratern und Experten unterschiedlichster Couleur ab. Die Pflege der Lieferantenbeziehung ist eine Aufgabe für sich.

Es gibt eine unüberschaubare Anzahl von externen Firmen, die gerne Geschäfte mit der IT abschließen möchten. Wollte man mit jeder Firma einen Termin ausmachen, so wäre man allein damit vollauf beschäftigt. Interessanterweise behauptet jede Firma von sich, in einem bestimmten Bereich Marktführer zu sein. Das ist noch nicht einmal gelogen, denn es gibt eine große Anzahl an Themen. Wenn man nur lange genug sucht, findet man immer einen Punkt, bei dem dieser oder jener besser ist als alle Konkurrenten - was aber noch nicht unbedingt viel aussagt:

»*Wir haben das größte Wachstum in den letzten 6 Monaten*« bedeutet dann: Die Firma hat sich von 2 auf 6 Mitarbeiter vergrößert.

»*Unser Produkt läuft schneller als das der Konkurrenz*« kann bedeuten: Die Funktionalität ist geringer, dadurch läuft es schneller.

»*Wir haben die meisten Referenzen*« bedeute möglicherweise: Die Firma hat zwar sehr viele, aber dafür sehr kleine Aufträge gehabt.

»*Wir reduzieren Ihre Kosten mit unserem Produkt mehr als jedes andere Produkt.*« Dies hört man sehr oft. Allerdings weiß ich nicht, wie die Firma überhaupt wissen kann, wie hoch unsere Kosten sind.

»*Wir haben die besten Experten.*« Das kann sein und hat den Vorteil, nicht nachprüfbar zu sein. Und so weiter und so fort.

Wenn es dann zu einer Präsentation oder einem Workshop kommt, dann wird man mit PowerPoint (einer Software, um Präsentationen an die Wand zu projizieren) überwältigt. Nur am Rande: In einem SPIEGEL-Artikel stand, dass weltweit jeden Tag 30.000.000 PowerPoint-Präsentationen gemacht werden. Wahrscheinlich ist PowerPoint das am meisten benutzte Softwareprodukt überhaupt. Würde es weltweit von einem Tag auf den anderen nicht mehr funktionieren, dann wären Heerscharen von Verkäufern von IT-Produkten arbeitslos und völlig hilflos. Flüge müssten gestrichen werden, vielleicht bräche gar die Weltwirtschaft zusammen.

Ursprünglich war die Idee, die hinter PowerPoint stand, die, komplexe Dinge einfach darzustellen (Power=Kraft / Point=auf den Punkt bringen). Im Laufe der Zeit ist dieser Ausgangspunkt völlig unter die Räder gekommen. Einfachste Dinge werden heute in PowerPoint mit komplexen und verwirrenden Schemata und Bildchen erstickt. Wenn ich einen Wunsch äußern dürfte: Leute! Kommt weg davon und macht die einfachen Dinge wieder einfach – Komplexität haben wir bereits ausreichend.

Manchmal kommt es zu Kooperationen mit Lieferanten, um ein neues Produkt als Erster einzuführen (die Terminologie hierzu ist *alpha-site, beta-site, pilot-site*). Neben der rein kommerziellen Seite (günstigerer Preis) einer solchen Kooperation hat der Käufer den Vorteil, schneller eine Lösung bei einem Problem zu bekommen als die Konkurrenz. Ein Provider braucht immer einen ersten Kunden für ein Produkt und ist bereit, besonders günstige Konditionen anzubieten. Natürlich sind die Risiken und der Testaufwand ungleich größer, und eine derartige Kooperation will gut überlegt sein. Es dauert auch nie lange, bis das nächste derartige Angebot kommt. Es kommt auch manchmal vor, dass man, ohne es zu wissen, der erste Kunde eines Produktes ist. Eine solche Situation ist schwierig und bedeutet Streit mit dem Provider. Kunden werden viel öfter mit solchen Situationen konfrontiert, als man glaubt. Anwender werden dauernd als Beta-Tester missbraucht; das spart Kosten beim Provider, und da es jeder so macht, ist dies auch kein Wettbewerbsnachteil. Diese Situation wird von den Kunden generell nicht in Frage gestellt: Eine neue Version eines Softwarepaketes wird von den Kunden oft unwissentlich zum ersten Mal getestet.

Die Auswahl eines Providers ist bei der Anschaffung eines Systems von zentraler Bedeutung und will wohlüberlegt sein. Wenn man selbst ein großer Betrieb ist, dann braucht man einen Provider, der eine gewisse Mindestgröße hat. Falls nicht, wird er nicht in der Lage sein, angemessen auf Probleme und neue Anforderungen zu reagieren. Umgekehrt, wenn man selbst eher klein ist, ist es gefährlich, sich einen Partner zu suchen, der sehr viel größer und stärker ist. In diesem Fall wird man bei kritischen Problemen nicht prioritär betreut, da man für den Provider nicht von zentraler Bedeutung ist.

Ein weiteres Problem in diesem Bereich besteht darin, dass die Qualität der Mitarbeiter bei den Providern sehr variabel sein kann. Wenn man einen Auftrag vergeben hat, dann wurde mit der Geschäftsleitung oder mit einem Vertreter verhandelt. Diese neigen dazu, die Fähigkeiten der eigenen Mitarbeiter überzubewerten. In der Praxis kommt es auch oft vor, dass Beratungsfirmen gute Mitarbeiter nicht sehr lange halten können, da oft das Gehaltsniveau niedriger ist als beispielsweise in einer Bank. Man muss sehr vorsichtig sein, wenn man wichtige Aufträge an eine externe Firma vergibt.

Aber ich will nicht ungerecht sein. Es gibt viele Provider, die hervorragende Arbeit abliefern, und die sollten sich hier nicht angesprochen fühlen. Allerdings sind die guten definitiv in der Minderheit, wenn nicht gar Außenseiter. Und selbst bei denen ist es wichtig, als Kunde darauf zu bestehen (und wenn möglich bereits im Vertrag festzuhalten), einen der besseren Mitarbeiter für sein Projekt zu bekommen. Aber man beobachtet dann halt auch oft, dass diese Perlen sehr gefragt sind, und das Phänomen des *Burn-Outs* ist bei den besten Spezialisten ein bekanntes Problem.

Provider können auch Opfer ihres eigenen Erfolgs werden: Wenn sie ein gutes Produkt anbieten, das jeder haben will, lässt sehr schnell die Qualität bei der Implementierung nach, da zu viele Anfragen von zu vielen Kunden gleichzeitig kommen. In dieser Situation stellt der Provider oft jeden ein, der bis drei zählen kann, oder er beauftragt Subunternehmer und bedenkt nicht, dass das Beherrschen eines neuen Systems selbst für IT-Experten mehrere Monate und manchmal gar Jahre dauert.

Wenn man sich für einen Provider entschieden hat, dann ist dies fast so wie in einer Ehe. Einmal in Betrieb, kommt man kaum noch mit einem vertretbaren Aufwand von der gewählten Lösung wieder weg. Je zentraler ein System in seiner Bedeutung ist, desto abhängiger wird der Kunde vom Provider. Sehr viele Provider nutzen das auch aus, manche auf subtile Art und Weise, indem sie langsam, aber sicher die Preise bei allen künftigen Aufträgen in die Höhe schrauben. Manche Firmen machen das aber auch auf plumpe, aggressive und arrogante Art und Weise: Mir ist ein Fall bekannt, bei dem sich der Provider einer Bankensoftware weigern würde, weiterhin die Pflege des Systems zu garantieren für den Fall, dass sich der Kunde bei der Anschaffung einer Software für eine andere Funktionalität, für das Produkt der Konkurrenz entschieden hätte. Vergleichbar mit einer Situation, in der Sie Mercedes fahren und sich für Ihre Frau einen BMW anschaffen wollen. Der Mercedes-Händler erfährt das und droht damit, in diesem Fall keine Inspektionen mehr durchzuführen. Man kann festhalten: Wenn es um Software von zentraler Bedeutung geht, ist man als Kunde generell in der schwächeren Position. Dies gilt in absoluter Form für alle Betriebe.

Verwaltung und Kontrolle

In den letzten Jahren ist der zu betreibende administrative Aufwand stark gewachsen. Einige Aufgaben sind ziemlich klar, wie zum Beispiel die Kontrolle und Bezahlung von Rechnungen. Es gibt aber auch in diesem Bereich wieder einige IT-Eigenheiten:

Change Management

Ohne Unterlass prasseln Änderungsanträge auf die IT herein. Ein PC für einen neuen Mitarbeiter, ein neues Abfrageprogramm, ein zusätzliches Feld in einer Bildschirmmaske, eine neue Kontrollliste, Zugriff auf eine blockierte Internetseite, Freischaltung von Zugriffsrechten auf eine Anwendung und tausend weitere Sachen. Aus Gründen der Revisionsprüfung darf keine Änderung in einem Produktionssystem ohne schriftlichen Antrag durchgeführt werden, und bei jeder Änderung muss der Anfragende schriftlich die korrekte Durchführung abzeichnen. Das hier entstehende Arbeitsvolumen will verwaltet sein. Auch für diesen Bereich gibt es spezialisierte Software.

Überprüfung der Zugriffsrechte

Mindestens einmal pro Jahr sollte eine Überprüfung stattfinden, ob die in den Systemen vergebenen Rechte noch korrekt sind: Wer darf Geschäfte erfassen? Wer autorisiert sie? Wer kann Kundenadressen pflegen? Welche externen Anbindungen darf die Firewall erlauben? Haben Mitarbeiter die Firma verlassen und haben diese immer noch Zugang zu den Systemen? Ebenso muss überprüft werden, ob effektiv nur die zuständigen Systemadministratoren die maximalen Rechte haben.

Lebenszyklus

Jede Software und jede Hardware hat ihren eigenen Lebenszyklus. Jede Software hat verschiedene Versionen (z. B. Windows 98, 2000, XP und Vista), die ebenfalls ihren eigenen Lebenszyklus haben. Sie werden geboren, haben eine Sturm-und-Drang-Phase, werden reif, schließlich alt und am Ende müssen sie abgelöst werden. Diesen Zyklus muss die IT für alle Komponenten überwachen. Jede Software hat Anforderungen an die Verträglichkeit mit anderen Softwarekomponenten, wodurch deren Lebenszyklus im Betrieb beeinflusst wird. So kann zum Beispiel ein bestimmtes Programm nur laufen, wenn Windows Vista installiert ist, obwohl Windows XP eigentlich noch nicht abgelöst werden müsste.

Die Lebenszyklen werden immer kürzer. Bei Windows dauert es gerade mal 2-3 Jahre, bis eine neue Version auf den Markt kommt; bei funktionaler Software (zum Beispiel Buchungsprogrammen) ist der Zyklus zwischen den einzelnen Versionen noch kürzer: Mindestens eine, meistens aber zwei neue Versionen müssen pro Jahr installiert werden, inklusive dem gesamten Testaufwand.

Wenn aber eine Software von zentraler Bedeutung, wie zum Beispiel die Buchungssoftware in einer Bank, am Ende ihres Lebens angelangt ist, wird es äußerst kritisch. Üblicherweise sieht man eine solche Situation rechtzeitig heraufziehen, manchmal aber auch nicht. Sie kann aber auch entstehen, wenn ein paar wichtige Kunden in kurzen Abständen entscheiden, die Software abzulösen, und dadurch das Ende rapide naht. Für die verbleibenden Kunden wird es jetzt eng. Eine hochkomplexe Software abzulösen, ist ein extrem teures Projekt (mehrere Millionen Euro) und dauert extrem lang (mehrere tausend Manntage). Da es jetzt absehbar wird, dass die Wartung vom Provider schnell eingestellt werden wird, entsteht massiver Druck. Falls man den Quellcode (Näheres zum Quellcode gibt es in Kapitel 7) nicht besitzt, hat man kaum eine Chance, in Eigenregie zu überleben. Selbst wenn man Zugang zum Quellcode hätte, müsste man immer noch massiv Zeit investieren, um die interne Mechanik der Software zu verstehen. Gleichzeitig muss man schleunigst die Migration auf ein neues System planen. Man sollte jetzt alles daran setzen, seine Schlüsselleute zu halten, um wenigstens dieses Risiko zu vermeiden. Hochinteressante Zeiten mit gigantischem Stresspotential.

Da hunderte von Einzelkomponenten im Einsatz sind, beschäftigen sich viele Mitarbeiter damit, zu prüfen, wann eine neue Version installiert werden muss, und führen die Installation dann auch durch. Bei jeder Einführung einer neuen Version entstehen neue Risiken, da niemand mit Sicherheit sagen kann, ob diese Version sich mit allen anderen Komponenten vertragen wird. Es ist sogar höchst selten, dass dies der Fall ist. Wie wir noch sehen werden, ist dies ein ungelöstes Problem der Softwareindustrie.

Sarbanes-Oxley (SOX)

Der größte Quatsch neuerer Zeitrechnung ist die Einführung der SOX-Kontrollen. Nach den Pleiten von Worldcom und Enron in den USA gab es den Wunsch, Kontrollmechanismen zu implementieren, um künftig Bilanzfälschungen zu verhindern. Die Idee war, dass es zwar Kontrollen gibt, dass aber die Kontrollen nicht kontrolliert werden.

Ein Leser der ersten Auflage meinte dazu: »*SOX ist die beste Erfindung der Amerikaner, um ihre Wettbewerbsfähigkeit gegenüber den Europäern zu erhöhen - die halten sich nämlich pedantisch an die SOX-Regelungen (und geben dafür Geld und Zeit aus) und die Amis selbst machen das so lala ...*« Ich bin geneigt, dieser Einschätzung zu folgen. Mittlerweile wird diskutiert, das strenge SOX-Korsett etwas zu lockern.

Tja, und wo war SOX, um die Sub-Prime-Krise in der Finanzindustrie in den Jahren 2007/2008 zu verhindern?

Da bei allem IT mit im Spiel ist, wurden diese SOX-Kontrollen nicht nur auf das Rechnungswesen beschränkt, sondern man glaubte auch, die IT beglücken zu müssen. Ein Wust an neuen Kontrollkontrollen wurde eingeführt. Zwei Beispiele von vielen ähnlichen: Es muss sichergestellt sein, dass der CIO kontrolliert, dass die Ablaufprotokolle der Nachtverarbeitung kontrolliert worden sind. Oder: Bei der Verschrottung eines PCs muss er kontrollieren, ob die korrekte Durchführung der Löschung aller Daten auf der Festplatte veranlasst und kontrolliert worden ist. Das Fehlen derartiger Kontrollkontrollen hat, ohne Frage, etwas mit Qualitätssicherung zu tun. Welchen Bezug dies jedoch zur Bilanzfälschung hat, konnte mir noch keiner erklären. Das ursprüngliche Ziel der Verhinderung der Bilanzfälschung ist irgendwo unterwegs abhanden gekommen.

Weltweit wurden tausende von Leuten eingestellt, um solche Kontrollkontrollen durchzuführen, und Auditfirmen wie kpmg, Price Waterhouse usw. konnten ihren Profit kräftig steigern. Und das ist das Paradoxe an SOX: Hätten die Auditfirmen ihren Job bei Worldcom und Enron korrekt erledigt, dann wäre uns SOX erspart geblieben und die Auditfirmen hätten ihren Profit nicht erhöhen können. Diese SOX-Kontrollkontrollen aus den USA sind genauso sinnvoll wie die Frage von DELL, die man bei der Online-Bestellung eines neuen PCs beantworten musste, nämlich die, ob man den PC für die Produktion von Massenvernichtungswaffen einsetzen werde.

Lizenzüberwachung

Wenn eine Software lizenziert (gekauft) wird, ist der Preis abhängig von der Anzahl der Benutzer. Es gibt verschiedene Preismodelle: Anzahl gleichzeitiger Benutzer, Anzahl definierter Benutzer, Leistungsfähigkeit des Computers (bei Internetsoftware wird dies oft gewählt, da die Anzahl der Benutzer unbekannt ist) und ähnliche. Die IT entscheidet sich für ein Modell und ist verpflichtet, die Einhaltung dieser Entscheidung über die Zeit zu überwachen. Wurden 100 Lizenzen gekauft, so kann es sein, dass vielleicht nur 90 effektiv sofort gebraucht werden, der Rest ist Reserve für künftiges Wachstum. Sobald der 101. Benutzer einen Zugriff benötigt, müssen neue Lizenzen gekauft werden. Passiert dies nicht, begeht die Firma einen Fehler und macht sich im Prinzip strafbar.

Auch bei diesem Thema gibt es Indizien für die Unreife der Softwareindustrie: Es ist nämlich nicht erlaubt, nicht mehr benötigte Lizenzen weiter zu verkaufen. Ja, es ist noch nicht mal erlaubt, sie zu verschenken. Gibt es andere Industrien mit derartig rückständigen Regelungen?

Inventar

Der materielle Wert der eingesetzten Hardware ist bombastisch. Der effektive Wert hängt direkt von der Größe des Betriebes ab, und mehrere Millionen Euro sind schnell erreicht. Es ist nur folgerichtig, dass ein Inventar geführt wird und dass dieses in regelmäßigen Abständen kontrolliert werden muss. Es muss auch eine Versicherung abgeschlossen werden und es ist Pflicht, jedes Jahr zu prüfen, ob die Beträge noch angemessen sind.

Prozeduren / Abläufe

Die Einführung eines Systems hat immer einen Einfluss auf die Abläufe im Betrieb. Was vorher manuell gemacht wurde, muss jetzt über ein System verwaltet werden. Zuständigkeiten und Kontrollen verändern sich. Das muss organisiert werden und dafür braucht es Mitarbeiter, die sich mit diesen Themen beschäftigen. Die Überwachung, ob die technische Dokumentation auf dem letzten Stand ist, fällt ebenfalls in diesen Bereich.

Berichterstattung

Jedes Jahr wächst der Druck, regelmäßig Berichte an alle möglichen Instanzen zu schicken. Externe Aufsichtsbehörden und die verschiedensten Stellen in den Mutterhäusern wollen regelmäßig eine Sicht auf Budgets, Projekte, Verfügbarkeit der wichtigsten Systeme und alles nur Erdenkliche erhalten. Das Messen der Zufriedenheit der Anwender mit den Leistungen der IT ist ebenso ein fortlaufender Prozess. Jedoch, wie zufrieden mit ihrer IT sind die Anwender auf weltweiter Basis? Es ist sehr schwer, solche Zahlen zu finden, ich könnte mir aber gut vorstellen, dass die Werte insgesamt nicht sehr hoch sind. Aufgrund der Probleme, die überall die gleichen sind, gibt es wohl nur sehr wenige CIOs, die ihre Ergebnisse bei dieser Frage veröffentlicht sehen wollen.

Budgets

Permanent muss die Einhaltung der Budgets beobachtet werden. Überschreitungen erfordern eine sofortige Reaktion des CIO mit anschließenden unerfreulichen Diskussionen mit den Finanzkontrolleuren. Budgets sind üblicherweise unterteilt in Investitionen (*Change*) und laufende Kosten (*Run*).

Verträge

Wann laufen die Verträge mit den Providern aus und wann muss neu verhandelt werden? Sind die Verträge nach den letzten Änderungen noch auf einem korrekten Stand? Hat die IT für alle eingesetzten Produkte gültige Wartungsverträge?

Escrow

Das Überleben eines Betriebes ist abhängig von der Verfügbarkeit seiner IT-Systeme. Die wiederum hängt davon ab, dass die Provider in der Lage sind, die Systeme zu pflegen und sie weiterzuentwickeln. Da Provider in Konkurs gehen können oder die Wartung einstellen, müssen für jedes kritische System sogenannte Escrow-Vereinbarungen abgeschlossen werden. Dabei wird die lesbare Form einer Software (Quellcode) bei einem Notar (oder einer spezialisierten Firma) deponiert und im Falle eines Konkurses hätte die IT darauf Zugriff und könnte die Software aus eigener Kraft weiterpflegen.

Allerdings ist das selbst bei einer gut dokumentierten Software nicht so einfach, insbesondere dann nicht, wenn es sich um sehr komplexe Software handelt. Bis sich Programmierer im fremden Quellcode zurechtgefunden haben, ist einiges an Zeit und Arbeit ins Land gegangen. Dass Escrow-Vereinbarungen überwacht werden müssen, versteht sich von selbst.

Fehlerabstimmung

Von Benutzern gemeldete Fehler werden üblicherweise in einem dafür vorgesehen Programm (Help-Desk-Tool) erfasst. Bei einem Fehler, der durch eine Fremdsoftware verursacht wurde, muss mit dem entsprechenden Provider eine Abstimmung durchgeführt werden. Kritische Fehler mit hoher Priorität müssen dann entsprechend priorisiert und gegebenenfalls muss beim Provider Druck ausgeübt werden.

Service Level Agreements (SLA)

Bei der Einführung eines Systems, respektive beim Outsourcing / Insourcing werden sogenannte SLA-Verträge unterzeichnet. Dies kann auch firmenintern zwischen der IT und einer Fachabteilung geschehen. Sie definieren die Leistungsbedingungen: Wie ist die maximal erlaubte Antwortzeit einer Transaktion? Darf die Verfügbarkeit 99,9 Prozent unterschreiten? Wann finden Wartungsarbeiten statt? Wie wird bei Problemen kommuniziert? Wie wird verrechnet? Einen Vertrag zu unterschreiben, der die täglichen Arbeitsbedingungen festlegt, muss selbstverständlich andauernd überwacht werden. Die Anzahl an SLA in der IT kann beträchtlich sein.

Sicherheit

Das Thema IT-Sicherheit hat einen dermaßen großen Stellenwert, dass ich ihm ein eigenes Kapitel widme (siehe Kapitel *IT-Sicherheit*) und hier nicht näher darauf eingehe.

Internes Management

Auf allgemeine Managementaufgaben werde ich nicht eingehen; lediglich Eigenheiten der IT möchte ich hier auflisten.

Die Kommunikation mit den Fachbereichen ist ein Thema von herausragender Wichtigkeit, wenngleich eine ewige Baustelle. Es hilft schon, wenn das *IT-Framework*, also die Eigenheiten, die speziell für die Welt der IT gelten (und in diesem Buch beschrieben sind), einem Laien bekannt sind. Darüber hinaus sollten auch Informationen über laufende Projekte inklusive deren Schwierigkeiten und gegebenenfalls auch die Gründe für deren Scheitern offen kommuniziert werden. Ein *IT-Newsletter* wird heute in vielen Betrieben gemacht und wenn er nicht zu techniklastig daherkommt, dann ist das eine feine Sache. Sofern die Anwender ihn auch lesen. Regelmäßiger Ideenaustausch mit den Fachbereichen ermöglicht eine frühe Einbindung in künftige Entwicklungen und verhindert so, dass man vor vollendete Tatsachen gestellt wird. Ein Einbunkern im Elfenbeinturm und ein Herumwerfen mit Fachchinesisch hat es früher standardmäßig gegeben, heute ist das zu Recht passé.

Ein Thema, bei dem die Ansichten in der CIO-Gemeinschaft sehr konträr sein können, ist die Frage, wie Dienstleistungen der IT an die Geschäftsbereiche im Betrieb verrechnet werden sollen. Menschen neigen dazu, Entscheidungen nach ihren Prinzipien zu treffen, und dies kann zu einem verallgemeinernden Verhalten führen. Auf der einen Seite sind die CIOs, die den bei einer Verrechnung einzuführenden administrativen Aufwand (und dadurch eine direkte Verteuerung der Leistung) ablehnen. Auf der anderen Seite sind jene CIOs, die jede geleistete Zeiteinheit (in manchen Fällen geht das bis auf die Minute genau) dem betroffenen Bereich in Rechnung stellen. Ich denke, dass weder die eine noch die andere Vorgehensweise allein selig machend ist. Die Entscheidung für oder gegen die Einführung einer Verrechnung hängt zum einen von der Größe des Betriebes ab (bei sehr großen Betrieben ist es keine Frage mehr, da muss ein Instrument zur Verrechnung geschaffen werden), aber viel mehr noch von den persönlichen Erfahrungen und Präferenzen des jeweiligen CIO.

Ich selbst bin hin- und hergerissen, ob es sinnvoll ist oder nicht. Manchmal wünsche ich es mir, weil damit auch ein Instrument geschaffen wird, um die bisweilen sinnlosen, von außen herangetragenen Anforderungen zu begrenzen, und weil die Gefahr besteht, dass die IT wie ein Selbstbedienungsladen aufgefasst wird und unter der Last der Aufträge zusammenbricht. Manchmal wünsche ich es mir nicht, weil dadurch erstens Kosten entstehen und wertvolle Arbeitszeit durch administrative Vorgänge verloren ginge und weil es zweitens deswegen viele sinnleere Diskussionen mit den Fachbereichen gibt (»Was? Eine Stunde habt ihr gebraucht, um diesen lausigen Drucker zu ersetzen?«). In einem präzisen Fall jedoch bin ich felsenfest davon überzeugt, dass eine detaillierte Verrechnung der Leistung an die Fachbereiche in einem Betrieb schädlich ist, nämlich beim Help-Desk. Wenn man jede Problemmeldung eines Mitarbeiters sowie die Behebung des Problems in Rechnung stellt, dann ist es nur ein kleiner Schritt, bis der Vorgesetzte dieses Mitarbeiters entscheidet, Kosten zu sparen, indem er das Problem nicht mehr meldet. Dies passiert vor allem dann ganz schnell, wenn der Help-Desk in der Vergangenheit nicht (oder nur unzureichend) helfen konnte. Aber rufen Sie mal privat ein Call-Center an, wenn Sie Probleme mit Ihrem Mobiltelefon, dem Internetanschluss oder einer Flugbuchung haben. In diesem Fall bezahlen Sie kräftig Gebühren und, zur Erhöhung der Kosten, lässt man Sie absichtlich mehrere Minuten in einer Warteschleife hängen.

Wie wir ja durch die Lektüre dieses Buches wissen, sind viele Probleme nicht sofort und manchmal gar nicht lösbar. Wenn es Mitarbeiter vorziehen, mit einem Problem zu leben, anstatt es lösen zu lassen, dann hat der Betrieb ein Problem und es entsteht Schaden. IT ist ein Dschungel, wie bereits erwähnt. Wie man dieses Dschungels am besten Herr wird und die Abläufe strukturiert, wird in den Fachzeitschriften mit schöner Regelmäßigkeit diskutiert. Der Weisheit letzten Schluss hat noch niemand gefunden.

Es gibt verschiedene Methoden, wie zum Beispiel ITIL (Information Technology Infrastructure Library, welche aus England stammt und von Frau Thatcher eingeführt wurde), die zurzeit sehr viel Erfolg hat. Allerdings glaube ich nicht, dass ITIL allein selig machend ist, da sie sich sehr auf die internen Abläufe der IT konzentriert und Elemente wie das Messen der Kundenzufriedenheit, der Verfügbarkeit der Systeme und dabei die Reaktionszeiten der IT-Mitarbeiter bei Anwenderproblemen vernachlässigt. ITIL bringt zweifelsohne einen Qualitätssprung in den Abläufen, aber ich kenne einige Beispiele, bei denen ITIL dogmatisch gelebt wird und trotzdem (oder gerade deshalb) die Anwender gleichzeitig im höchsten Maße frustriert sind.

Es wird oft vergessen, dass ITIL unglaublich gefräßig in punkto benötigter menschlicher Ressourcen ist. Wenn die Anzahl der Mitarbeiter in der IT konstant bleibt und gleichzeitig ITIL eingeführt wird, passiert es oft, dass die erhöhte Qualität in den Abläufen und der Dokumentation mit einer verringerten Zufriedenheit bei den Benutzern bezahlt wird. Wenn man einen pragmatischen Ansatz wählt und ITIL an seine interne Situation maßgeschneidert anpasst, dann spricht nichts gegen eine Einführung.

Um festzustellen, wie man zu anderen Unternehmen im internationalen Vergleich steht, gibt es eine Reihe von Indikatoren (KPI – Key Performance Indicators) aus der jeweiligen Branche, in der man aktiv ist. So sollten sich Investitionen und laufende Kosten in einem gewissen Verhältnis zueinander befinden, oder im Durchschnitt sollte jeder IT-Mitarbeiter pro Jahr eine definierte Anzahl an Tagen Schulung erhalten und vieles mehr. KPI sollten aber mit Vorsicht genossen werden, da sie nie die eigene, spezielle Situation berücksichtigen. Hilfreich sind sie jedoch allemal.

Ich kenne keinen anderen Bereich, in dem der Abteilungsleiter kaum eine Chance hat, alles zu wissen und zu verstehen, womit sich seine Mitarbeiter beschäftigen. Mehrere hundert Projekte gleichzeitig kann niemand im Kopf haben. Ein herausragendes Vertrauensverhältnis zu den eigenen Mitarbeitern ist also Pflicht, sonst funktioniert es nicht.

Wenn ein Mitarbeiter seinem Chef sagt, dass ein technisches Problem nur auf eine bestimmte Art und Weise zu lösen ist oder gar keine Lösung besteht, dann hat der Chef keine reelle Chance, das Gegenteil zu belegen. Dies ist in etwa damit vergleichbar, inwieweit man einem Arzt seinen Entscheidungsfreiraum lässt. Daher die Notwendigkeit, ein Vertrauensverhältnis aufzubauen. Die Problematik dabei ist allerdings, dass die allerwenigsten Führungskräfte ernsthaft an so etwas wie »Personalentwicklung« arbeiten, ja überhaupt davon überzeugt sind.

Ein Vertrauensverhältnis zu Mitarbeitern (und umgekehrt!) entsteht nicht von allein, sondern es muss aufgebaut werden. Und es bleibt auch nicht auf Dauer konstant erhalten. Letztendlich ist das ein ständig fortlaufender Prozess. Und wenn der in Gang gehalten wird, muss der Vorgesetzte auch gar nicht so detailliert wissen, was die Mitarbeiter da machen. Das wird dann nämlich ein reiner Selbstläufer. Die IT-Mitarbeiter entwickeln aus dieser Vertrauenssituation heraus ihr - generell zu beobachtendes - großes Verantwortungsbewusstsein. Die unterschiedlichsten Mitarbeiterprofile werden in der IT benötigt, denn alle Mitarbeiter sind auf ihrem Gebiet Experten.

Die Führung von Experten ist eine besonders heikle Aufgabe, besonders in Zeiten, in denen der Arbeitsmarkt extrem gut ist. Mitte bis Ende der 90er-Jahre gab es eine solche Zeit. Man war gut beraten, stets zu wissen, wann dem jeweiligen Partner des Mitarbeiters zum Geburtstag zu gratulieren war, und falls der Hund zu Hause Schnupfen hatte, musste man nach drei Tagen nachfragen, ob sich die Situation wieder gebessert hätte, sonst kündigte der Mitarbeiter wegen Unzufriedenheit. Diese extremen Zeiten sind Gott sei Dank vorbei, aber in Abwandlung kommen sie auf zyklischer Basis immer mal wieder zurück.

Und noch eine Besonderheit gilt es zu berücksichtigen: IT-ler sind näher an ihrem Job als an ihrem Arbeitgeber. Sehr gut zu beobachten ist dies, wenn Dienste outgesourced werden und den aktuellen Mitarbeitern andere Aufgaben zugewiesen werden sollen: Das funktioniert in der Regel nicht, es sei denn, der Mitarbeiter wollte von sich aus ohnehin etwas anderes machen. Ein Augenarzt wird kein Chirurg und aus einem Torwart wird kein Stürmer. Wenn ein System in einem Betrieb durch ein anderes abgelöst wird, dann läuft man Gefahr, dass die eigenen Experten zu einer Firma abwandern, bei der das alte System weiterhin im Einsatz ist. Wenn die Geschäftsleitung das weiß und es berücksichtigt, dann wird sie versuchen, ihre Mitarbeiter für die Dauer der Umstellung an sich zu binden. Dass dies mit Geld zu erreichen ist (wenn auch nicht ausschließlich damit), sollte einleuchten, tut es aber manchmal nicht.

Bei jeder Systemeinführung müssen Administratoren benannt werden. Diese haben alle Rechte im System und tragen dafür die Gesamtverantwortung. Prinzipiell sollte pro System nur ein Administrator bestimmt werden, aber da Mitarbeiter Urlaub machen, ist dies nicht möglich. Man spricht hier von der »Deputy-Regel«.

Die Umsetzung dieser Deputy-Regel ist schwierig, da sich Verantwortung, wenn überhaupt, nur schwer teilen lässt.

Eine strikte Funktionstrennung zwischen den diversen Mitarbeitern muss gegeben sein. So darf zum Beispiel ein Programmierer prinzipiell keinen Zugriff auf die Produktionssysteme haben. Das mag in der Theorie einen Sinn ergeben, geht aber oft an der Realität vorbei: Wenn ein Problem in einem Programm auftritt, wer könnte das besser lösen als derjenige, der das Programm geschrieben hat? Bei großen IT-Abteilungen ist dies noch relativ einfach machbar. Je kleiner die IT, umso unrealistischer ist diese Forderung. Dieser Punkt ist bei den externen Prüfern sehr beliebt und bereitet oft Schwierigkeiten.

Im laufenden Betrieb passieren andauernd Notsituationen, die eine sehr schnelle Reaktion erfordern und es notwendig machen, die üblichen Entscheidungsmechanismen, Risikoanalysen und Kontrollen außer Kraft zu setzen. Wenn um drei Uhr morgens das System steht und eine Änderung in der Datenbank vorgenommen werden muss, dann kann nicht auf ein Formular mit drei Unterschriften gewartet werden. Die Änderung wird einfach vorgenommen.

Solche Situationen erfordern beim zuständigen Mitarbeiter langjährige Erfahrung. Um dieser Sache Rechnung zu tragen, werden Emergency-Prozeduren geschaffen, damit der Mitarbeiter nicht in eine Situation gerät, in der er einen Fehler begehen *muss* und sich so möglichen disziplinarischen Konsequenzen aussetzt. Er bekommt die notwendige Entscheidungsfreiheit und er wird verpflichtet, seine Arbeit im Nachhinein zu dokumentieren.

Lesen, schreiben, sitzen

Wie oben geschrieben, ist ein CIO sehr oft in der Defensive. Ich denke, der Erfolg des CIO kann sich zu einem großen Teil daran messen lassen, wie stark er sich in die Defensive drängen lässt und wie er sich erfolgreich herausarbeitet. Alle Aufgabenbereiche zusammengenommen liest ein CIO jeden Tag ein kleines Buch und schreibt eine kleine Broschüre: Statusberichte, Projektdefinitionen, Projektpläne, Anfragen, Anträge, Sicherheitskonzepte, Risikoanalysen, Beschwerden, Firmenpräsentationen, technische Memos, Fachzeitschriften, Besprechungsprotokolle, Agenden, Richtlinien, Problembeschreibungen, Lösungsvorschläge. Und wenn er gerade nicht liest oder schreibt, dann sitzt er in eine(m)(r): Flugzeug, Jour fixe, Briefing, Debriefing, Projektkomitee, Planungskomitee, Managementkomitee, Workshop, Brainstorming, Videokonferenz, Telefonkonferenz, Strategiekonferenz, Sicherheitskonferenz, Krisensitzung, Seminar, Schulung, Problembesprechung, Follow-up, Wrap-up, Vorstellungsgespräch oder Verhandlung. Oft genug erzielen derartige Sitzungen nur ein konkretes Ergebnis: das Datum der nächsten Sitzung.

Schlussfolgerung

Wenn man alle in diesem Kapitel aufgelisteten Aufgaben in Betracht zieht, dann kann es nicht verwundern, dass IT-Leistungen teuer sind. Dies erklärt dann, wenn in der Wirtschaftspresse mal wieder von einem Fall berichtet wird, bei dem die Direktion feststellt: »Unsere IT ist zu teuer. Da müssen wir Leute abbauen.« Jedes Mal, wenn ich höre, dass in einer Firma eine derartige Diskussion stattfindet, stelle ich mir die Frage, wer hier was nicht verstanden hat. Im Regelfall wird jedes Computersystem angeschafft, weil ein Geschäftsbereich eine Lösung für ein Problem benötigt. Vermutlich wurden in der Vergangenheit nur die Anschaffungskosten sowie die laufenden externen Wartungsgebühren berücksichtigt, aber nicht all das, was hier in diesem Kapitel beschrieben ist. Wahrscheinlich wurde dieses Buch nicht gelesen oder die IT hat nicht ausreichend kommuniziert, dass ein Computersystem lebenslangen Aufwand bedeutet für die Pflege von Interfaces, Versionsupgrades, Funktionserweiterungen, Fehlermanagement, Sicherheit, Notfallplanung oder die Ablösung zum Ende des Lebenszyklus.

Zusammenfassend stellt sich die Situation so dar, dass ein System angeschafft wurde und keine Gesamtansicht der über die Jahre zu erwartenden Kosten, inklusive der Mitarbeitergehälter, gemacht wurde. Es sollte heute jeder Verantwortliche wissen, dass die Kosten eines Systems je nach Größe oder Komplexität 2, 5 oder 10 Mal mit dem Anschaffungspreis zu multiplizieren sind. Wäre dies von Anfang an jedem klar, dann würde so manche Entscheidung für ein neues System nicht getroffen werden. Man sollte also nicht reflexartig auf die IT draufhauen, wenn die IT-Kosten zu hoch sind, sondern man sollte sich genau anschauen, wieso es dazu gekommen ist. Obwohl es das natürlich auch gibt, sind trotzdem nur in den wenigsten Fällen die Kosten so hoch, weil die IT ohne Kontrolle der Geschäftsbereiche fortwährend das neueste technische Spielzeug angeschafft hat. Wenn das der Fall ist, dann sind in der IT die falschen Leute an den entscheidenden Positionen, und der CEO hätte längst eingreifen müssen.

6 Das Montagmorgenspiel

Das Montagmorgenspiel

Der Job des CIO war und ist seit jeher stressig. Stress gibt es in jedem Metier, mag man hierauf antworten. Keine Frage. Bei den Recherchen zu diesem Buch stieß ich jedoch auf eine interessante Studie von *Gartner Research,* die besagt, dass die durchschnittliche Verweildauer eines CIO in den USA in einem Betrieb bei lediglich 2,6 Jahren liegt; in Deutschland wären es 3,5 Jahre. Ich habe zwar Mühe zu glauben, dass diese Zahl wirklich so niedrig ist und sie entspricht auch nicht den Beobachtungen, die ich selbst gemacht habe. Ich hätte eher auf 5 Jahre getippt. Aber wie auch immer. Es ist ein Job mit eingebauter Schleudersitzgarantie und ich stelle schon fest, dass CIOs fast so oft rotieren wie Fußballtrainer in der Bundesliga. Der Grund der häufigen Wechsel liegt nicht darin, dass man nur über diesen Weg Karriere machen oder sein Gehalt erhöhen kann. Auch ist der Grund nicht darin zu suchen, dass die, die den Arbeitgeber wechseln, inkompetent wären und das durch häufiges Wechseln verschleiern könnten. Nein, der Grund liegt darin, dass es ein Loch von der Größe des Grand Canyon gibt zwischen dem, was die IT leisten kann und dem, was sich Anwender und Geschäftsleitungen wünschen. Wenn die Erwartungshaltungen nicht erfüllt werden (cf. Fußballtrainer in der Bundesliga), dann versucht man es halt mit einem Neuen, von dem man glaubt, dieser könne das viel besser. Erschwerend kommt hinzu, dass Beratungsfirmen gerne in Hochglanzbroschüren vorgaukeln, dass man »einen Server in 10 Minuten konfigurieren« könne, »die IT-Kosten massiv senken« könne und sich überhaupt »mit dem System x die Effizienz explosionsartig steigern« ließen, ganz zu schweigen davon, dass von »mit uns die Komplexität aus Ihrer IT« verschwinden würde. Wenn der CIO es nicht schafft, seiner Geschäftsleitung zu erklären, dass die Wahrheit nicht dem entspricht, was die Marketingabteilungen der Computerfirmen als Märchen in die Welt setzen, dann wird es eng für den CIO.

Wenn Sie als Leser am Ende des Buches verstanden haben, dass die Welt der IT zurzeit ein alles andere als trivial zu beherrschender Bereich ist, dann könnte ich sagen: »mission accomplished«. Auf der einen Seite trägt jede IT-Abteilung die volle Verantwortung gegenüber den Geschäftsbereichen für alles, was mit IT-Systemen zu tun hat, sie muss also erklären, wieso es Instabilität gibt, wieso Projekte aus dem Ruder laufen und wieso die Kosten immer nur steigen. Auf der anderen Seite kann keine IT diese Dinge wirklich voll kontrollieren, da sie extrem von externen Providern abhängt, die weit davon entfernt sind erwachsen zu werden. Aus diesem unlösbaren Konflikt heraus entsteht Frustration, sowohl für die IT als auch für Anwender. Ich kann mir gut vorstellen, dass es viele Fälle gibt, bei denen dieser Widerspruch nicht im Bewusstsein der Beteiligten angekommen ist und dass dadurch schnell das notwendige gegenseitige Vertrauen verloren geht. Und das Spiel beginnt von vorne.

Es gibt immer wieder Momente, in denen massive technische Probleme auftauchen, und man dann den ganzen Kram am liebsten hinschmeißen und Bill Gates (stellvertretend für viele seiner Kollegen) zur Rechenschaft ziehen möchte, um ein ernstes Gespräch mit ihm zu führen – am besten allein in einem dunklen Wald. In diesen Situationen muss man sich ins Gedächtnis rufen, dass man den abwechslungsreichsten Bürojob der Welt hat.

Das Magazin CIO ermittelt jedes Jahr eine Liste der CIOs, die das Prädikat »Elefant« verdienen. Elefant deshalb, da die bekannten Eigenschaften des Dickhäuters wohl am besten geeignet sind, um in diesem Metier Erfolg zu haben. Es gibt eine ganze Reihe von Kriterien, um sich als Elefant zu qualifizieren, und davon sind zwei besonders aufschlussreich:

- Mindestens 10 Jahre als CIO bei verschiedenen Firmen tätig sein (!)
- Mindestens 5 Jahre an der gleichen Position (!!)

Ich kenne genügend Beispiele von Berufskollegen, die nach Jahren in dieser Position ausgelaugt sind und aufgeben. Andere wiederum reagieren mit dem Öffnen des Ventils und lassen den Dampf unkontrolliert ab. Mein allererster Chef hatte sich für diese Variante entschieden. Es lief wie folgt ab: Während all der Jahre, an jedem Montagmorgen, wiederholte sich ein Spiel, an dem sich alle Mitarbeiter, jeder für sich allein, gezwungenermaßen beteiligten. Es ging darum, nicht als Erster dem Abteilungsleiter, Herrn Schaaf, über den Weg zu laufen. In den zwei freien Tagen des Wochenendes staute sich eine gewaltige Energie auf, die darauf wartete, sich zu entladen, und er nutzte stets die erste sich bietende Möglichkeit zur sofortigen Explosion. Dann war es sicherer, nicht in seiner Nähe zu sein.

Jeder hatte sich eine andere Taktik zurechtgelegt, um dieser Explosion aus dem Weg zu gehen. Da gab es die Frühkommenden, die darauf spekulierten, vor dem Chef da zu sein, und die fest entschlossen waren, nicht einmal bei einem dringenden Bedürfnis das Büro zu verlassen, um ihm ja nicht über den Weg zu laufen. Sobald man das Gebrüll auf dem Flur hören konnte, brauchte man nur abzuwarten, bis sich der Sturm gelegt hatte, und der Weg zur Toilette war frei. Diese Taktik funktionierte zwar meistens, aber eben nicht immer.

Dann gab es die, die extra später kamen, in der Hoffnung, dass sich das Gewitter bereits verzogen hatte. Auf diese Taktik hatte sich der Chef eingestellt und kam ab und zu montags auch etwas später, damit jeder die gleichen Chancen hatte, erwischt zu werden. Dadurch bekam er den Nebeneffekt einer größeren Zuschauerzahl.

Ein einziges Mal erwischte es auch mich, nachdem ich etwa ein halbes Jahr dort gearbeitet hatte.

»Herr Roeltgen«, brüllte er im Flur mit enormer Lautstärke (er war nicht sehr groß, dafür aber kräftig und mit einem stechenden Blick ausgestattet), »das ist eine enorme Sauerei. Ihr Atlas-Projekt ist eine Katastrophe, wie ich sie in meiner ganzen Karriere noch nie erlebt habe. Ich werde Sie dafür zur Rechenschaft ziehen. Ich sorge dafür, dass Sie als Nachtportier zum Empfang versetzt werden. In meinem ganzen Leben habe ich noch nie ein so miserabel durchgeführtes Projekt erlebt.«

Mein vorsichtiger Versuch, den Mund aufzumachen, scheiterte kläglich und er unterbrach mich noch lauter als zuvor: »Was, Sie wollen mir auch noch widersprechen? Kein Wort mehr!« Rums! Er war hinter seiner Bürotür verschwunden.

Mitleidige und selbstzufriedene Blicke allenthalben in unserem Großraumbüro. Ich überlegte mir, ob es nicht besser wäre, künftig jeden Montagmorgen frei zu nehmen.

Vom »Projekt Atlas« hatte ich vorher noch kein einziges Wort gehört.

7

Unbekannter Fehler aufgetreten

Wenn Architekten so bauen würden, wie Programmierer ihre Programme machen, könnte ein einziger Specht ganze Städte zerstören.

(Murphys Gesetze)

Innerhalb der Computergemeinschaft lebt man nach der Grundregel, die Gegenwart sei ein Programmfehler, der in der nächsten Ausgabe behoben sein wird.

(Clifford Stoll)

Unbekannter Fehler aufgetreten

Warum eigentlich stürzen Computer ab?

Dass schlecht entwickelte Software ein einträgliches Geschäft sein kann, das hatte Elliot Carver im James Bond-Film *Tomorrow Never Dies* bereits erkannt:

Elliot Carver: «Sind wir soweit, dass wir unsere neue Software auf den Markt werfen können?»

Mr. Jones: «Ja, Sir, und wie gewünscht ist sie voller Macken, so dass die Kunden noch jahrelang nachrüsten müssen.»

Elliot Carver: «Ausgezeichnet.»

Ich werde allerdings nicht so weit gehen wie die Produzenten dieses James Bond-Films und der Softwareindustrie unterstellen, absichtlich Fehler in ihre Produkte einzubauen, nur um künftig neue Upgrades verkaufen zu können. Jedoch ist es ohne Frage korrekt zu behaupten, dass die Computerindustrie sich vollends bewusst ist, dass sie fehlerhafte Produkte herstellt. Überraschend ist eigentlich nur die Tatsache, dass es fast niemanden interessiert und dass sich niemand öffentlich darüber aufregt.

Jedes Mal wenn ich meinen Laptop aufklappe, erscheint auf dem Bildschirm als erstes das Wort *Problembehebung*. Man kann sich also schon Problemen widmen, bevor man den ersten Klick gemacht hat. Sehr beeindruckend.

Die Computerindustrie ist noch immer in ihrer Sturm-und-Drang-Phase, sie versucht vieles und verwirft auch vieles wieder schnell. Um Herrn Andreas Resch in seinem Interview in der »Computerwoche« noch einmal zu bemühen: Resch geht noch weiter und sieht die Entwicklungsstufe der Softwarebranche auf einem »frühkindlichen« Niveau.

Der Markt verlangt ständig nach neuer Software, der Quartalsbericht muss mit Erfolgsmeldungen veröffentlicht werden und die Kunden sind es eh gewohnt, dass Software abstürzt.

Schauen wir uns doch in diesem Kapitel an, warum Systeme abstürzen und Fehler produzieren.

Nichts an einem System ist Zufall. Es gibt immer einen Grund, warum sich ein System fehlerhaft benimmt. Aber oft ist die Ursache selbst für einen Experten nur schwer zu finden und der Aufwand der Fehlersuche lohnt sich einfach nicht, da der Fehler vielleicht kein zweites Mal auftritt oder die nächste Version ihn möglicherweise behebt.

Eine Beobachtung über die letzten zwanzig Jahre hinweg ist durchaus interessant: Früher war die Hardware das Problem. Die Maschinen fielen laufend aus, und damals gab es noch Dinge wie MTBF (Mean-time-between-failure, also die durchschnittliche Zeit zwischen den Systemausfällen) und MTTR (mean-time-to-repair, also die durchschnittliche Zeit der Reparatur). Heute kann man mit entsprechendem finanziellen Aufwand in einem Betrieb eine fast 100-prozentige Verfügbarkeit der Hardware erreichen. Wenn Hardware ausfällt, ist der Grund meistens ein Ausfall der Steuerungssoftware.

Software hat sich dagegen in die andere Richtung entwickelt: Vor zwanzig Jahren musste man sich nicht so arg viele Gedanken über die Stabilität machen, heute allerdings werden weltweit Hunderttausende von Menschen damit beschäftigt, Software am Laufen zu halten und Fehler zu beheben. Die Veröffentlichung von MTBF- und MTTR-Werten bei Software wäre ein grandioser Durchbruch, ich kann mir jedoch nicht vorstellen, dass die Softwareindustrie Derartiges freiwillig machen wird. Aufgrund dieser Situation – und dies ist wirklich besorgniserregend – entstehen nach Schätzungen des britischen Software-Experten Les Hatton jedes Jahr europaweit durch Softwarefehler Schäden in der Höhe von 100 bis 150 Mrd. Euro; wahrlich eine gewaltige Summe. Elliott Carver würde es freuen.

Zur Veranschaulichung ein Beispiel aus dem professionellen Umfeld, bevor wir in die Materie einsteigen: Eine Bankensoftware, die dafür zuständig war, die Kontoauszüge der Kunden zu generieren, benahm sich am ersten Arbeitstag des neuen Jahres recht seltsam. Bisher war es als Standardfunktion möglich gewesen, den Zähler der Nummerierung der Kontoauszüge auf 0 zurückzusetzen, damit der erste Kontoauszug des neuen Jahres wieder bei eins beginnen würde. Nichts Sensationelles, sollte man meinen. Nun, diese Software dachte sich: Wenn der Zähler auf 0 steht, dann muss es sich zwingend um einen neuen Kunden handeln, also muss ich folgerichtig nicht in der Datenbank nachschauen, wie das Anfangssaldo des Kontos ist. Logischerweise machte sie dann den Ausdruck für alle Kunden mit einem Startsaldo von 0. Glücklicherweise fiel das jemandem auf, als die Auszüge eingetütet wurden, ansonsten wäre die Bank in Kundenreklamationen untergegangen. Um den Fehler aber zu beheben, musste der ganze Prozess rückgängig gemacht werden (die Auszüge waren bereits archiviert): die Datenbank vom Vortag auf einem Testsystem neu laden, den Fehler im Programm verbessern, das Programm neu laufen lassen, die Kontoauszüge neu ausdrucken (nicht vergessen, die alten zu zerstören!), neu archivieren und die Änderungen aus dem Testsystem auf die Produktionsdatenbank aufspielen. Ein einfacher Programmfehler mit einem Grossaufwand an Reparaturarbeiten, bei dem sich der Provider natürlich nicht an dem entstandenen Schaden beteiligt.

Die Situation stellt sich unterschiedlich dar, je nachdem, ob man Software zu Hause benutzt oder in einem Betrieb. Deshalb ist dieses Kapitel aufgeteilt in Probleme, die bei Ihnen zu Hause auftreten und jene, die in einem Betrieb anfallen.

Zu Hause

Selbst wir, die täglich mit neuer Software zu tun haben, sind immer wieder fasziniert und verblüfft darüber, welche neuen Möglichkeiten Software bietet. Jedes Mal, wenn ich eine Fachzeitschrift lese, entdecke ich wieder etwas völlig Neues, das es bisher noch nicht gegeben hat. Wir staunen genauso wie der Laie über Google Earth, Navigationssysteme, die Software in Apple's iPhone oder über Computer, die mit immer größerer Präzision das Wetter voraussagen können. Diese andauernde Verblüffung über Jahrzehnte hinweg macht auch den Reiz des Berufes des Informatikers aus. Zurzeit fasziniert die Tatsache, dass Computer Musik komponieren können und dass sich derartige Songs gut in den Hitparaden platzieren. (Zwar hört man dieser Musik an, dass es ihr an Kreativität fehlt, aber was soll's.)

Aber auch gerade dadurch, dass ständig Neues auf den Markt kommt, entsteht Instabilität.

Ihr PC zu Hause ist ein recht einfaches Biotop – relativ gesehen zu dem eines Betriebes –, generiert aber bereits ausreichend Probleme, um Sie regelmäßig an den Rand der Verzweiflung zu bringen. Wer hat nicht schon Fehlermeldungen der Art »unbekannter Fehler aufgetreten« bekommen? Ja, wenn der Computer es nicht weiß, wie soll es dann erst der Privatmann wissen? Rührend war der Versuch von Microsoft, diese Situation unter Windows XP in den Griff zu bekommen: Nach jedem Absturz fragte der PC, ob der Benutzer eine elektronische Fehlermeldung an Microsoft schicken möchte. Manche haben diese Frage positiv beantwortet, und so schlugen mehrere hundert Millionen Fehlerberichte beim Giganten in Redmond ein. Hätte Microsoft ausreichend Mitarbeiter eingestellt, um diese Fehlermeldungen zu bearbeiten, wäre daraus das größte Beschäftigungsprogramm aller Zeiten geworden.

Sehr schön sind auch optimistische Meldungen wie »Software erfolgreich installiert«, um dann sofort hinterher »Programm kann nicht gestartet werden« zu ergänzen. Oder: »Programm *abc* antwortet nicht.« Was ist Programm *abc* überhaupt und warum will es mir nicht antworten? Und habe ich Programm *abc* überhaupt eine Frage gestellt?

Oder: »Datei *xy* kann nicht geschrieben werden, da ein anderer Anwender sie benutzt.« Wäre doch nett, wenn das System einem sagen würde, wer der *andere* ist, zumal, wenn man allein an dem PC arbeitet.

Sehr nervig sind auch Anzeigen dieser Art: »Verbleibende Zeit: 30 Sekunden.« Und dann beobachtet man, dass die Zeit zuerst abnimmt, dann wieder zunimmt und sich nicht entscheiden kann, wie lange der Vorgang noch dauern wird. Wenn die Berechnung der verbleibenden Zeit schwierig ist, da sie auf externen Informationen wie der Leitungsgeschwindigkeit basiert, dann sollte die Software diese Angabe unterlassen oder zumindest entsprechende Hinweise geben. Das Vertrauen der Benutzer in die Technik wird in solchen Situationen nicht gerade gestärkt.

Wenn ich mit meinem Handy meine E-Mails lesen will, dann zeigt es mir beispielsweise an: »14 neue Mails.« Wenn ich dann weiterklicke, sagt er mir: »Posteingang (2), Spam (5).« Mit der Zeit nimmt man das nur noch gelassen hin.

Wie oft erlebt man, dass unten links beim Surfen im Internet: »*Fertig*« erscheint, die Seite aber leer ist?! Oder es steht dort *Fehler auf Seite aufgetreten* zu lesen, ohne weitere Erklärungen. Oder Sie klicken auf ein Programm auf dem Desktop und es passiert …? Richtig. Nichts!

Nervenaufreibend ist auch die Angewohnheit von Software, sich auf Teufel komm raus in den Vordergrund drängeln zu wollen. Andauernd wird man aus dem gerade aktiven Fenster geworfen, weil irgendein nicht gebrauchtes Programm nicht mehr alleine klarkommt und wie eine streichelsüchtige Katze die volle Aufmerksamkeit fordert. Wenn dies ohne Warnton passiert, dann stellt man beim nächsten Blick auf den Bildschirm fest, dass die seither getätigten Eingaben fehlen. Hier wäre meine Forderung doch bitte, die Meldung in einem transparenten Fenster einzublenden und nicht in einem, das die Kontrolle übernimmt. Diese Unsitte ist jedoch in erster Linie ein Problem in der Welt von Microsoft - Apple hat dies bereits verstanden und umgesetzt.

Richtig wütend kann man werden, wenn es zu einem Datenverlust wegen der Aufgabe eines Produktes durch den Hersteller kommt. Da hat man Dateien mit einer bestimmten Software erstellt, und diese Dateien werden dann nach einem Upgrade auf das nächste Windows völlig unbrauchbar, da das alte Programm unter dem neuen Windows nicht ans Laufen zu bringen und eine aktuelle, kompatible Version auf der Webpage des Herstellers nicht zu finden ist. Eine Anfrage beim Hersteller wird dann mit der Überheblichkeit desjenigen kommentiert, der am längeren Arm sitzt: »*CPO-Dateien können leider nicht mit aktuellen C…-Programm geöffnet werden. Das letzte Programm, mit dem das möglich war, war (…). Mit freundlichen Grüßen.*« Gut für diese Leute, dass sie in dem Moment, in dem man dies liest, weit genug weg sind.

Die Liste derartiger Fehler und Probleme ist endlos erweiterbar.

Die Reputation der Computerindustrie bei Nicht-Fachleuten (und bei vielen IT-Experten sowieso) ist schlecht. Für viele Menschen sind PCs Höllenmaschinen, die zwar viel können, aber ausgesprochen störrisch und launisch sind. PCs sind heute zu kompliziert und zu instabil, und das wird noch einige Zeit so bleiben. Die Industrie befindet sich in einem Stadium, in dem sie ungestraft mit folgenden Werbeslogans durchkommt: »Mehr Zuverlässigkeit garantiert Ihnen keiner.« Oder »Lösungen, die funktionieren.« Nun ja.

Die Computerindustrie ist eine recht junge Industrie. Computer für die private Nutzung gibt es erst seit etwas mehr als 20 Jahren. Es fing an mit Geräten, die den Basteltrieb junger Leute ansprachen. Nach und nach entstanden vernünftige Programme für den Alltagsgebrauch. Wie sich dies gewandelt hat, kann man sehr schön an den Inhalten von Zeitschriften wie CHIP sehen. Damals lagen diesen Magazinen Beispiele von Programmen zum Abtippen bei. Mittlerweile enthalten sie DVDs mit fertigen Programmen zur sofortigen Benutzung. Dies zeigt, dass das Publikum gereift ist; die Industrie selbst sich aber vermutlich immer noch den Heimbastler als Hauptkunden vorstellt und nicht jemanden, der ein Produkt einfach nur nutzen will, ohne sich dabei viele Gedanken über die Technik und mögliche Crashs machen zu müssen.

Im Laufe der Zeit wurden die Geräte schneller und konnten neue Aufgaben übernehmen. Da der Bedarf der zu entwickelnden Funktionen so enorm groß war (und immer noch ist), lag der Schwerpunkt auf der Programmierung dieser neuen Funktionen und weniger auf der einfachen und stabilen Nutzung. In einer Firma wird dieser Tatsache dadurch Rechnung getragen, dass in den IT-Abteilungen Experten eingestellt sind, um die Systeme am Laufen zu halten.

Es ist durchaus nicht ohne Ironie, wenn der weltweit größte Hersteller von PC-Software mit Stolz verkündet, dass allein in Deutschland in seinen Partnerfirmen 76.000 Arbeitsplätze geschaffen wurden, um Kunden bei der Installation und der Nutzung ihrer Produkte zu beraten und zu unterstützen. Dabei wird natürlich verschwiegen, dass, wenn die Produkte stabiler wären, die Kunden diese Partnerfirmen gar nicht bräuchten und viel Geld sparen würden. Aber wollen wir gerecht sein, bei allen anderen namhaften Anbietern sieht es genauso aus. Leute meiner Generation, die nicht ihr Geld mit Computern verdienen, oder ältere Menschen, die noch in einer Atmosphäre bedingungsloser Akzeptanz aller Autoritäten erzogen wurden, haben größte Mühe zu glauben, dass dermaßen bekannte Produkte voller Fehler sein können und dass dies dem Anbieter völlig klar ist. »Es kann doch nicht sein, dass M… so etwas tut!«, diesen Satz höre ich dann häufig. Doch, kann es!

Die alles entscheidende Ursache für Systemabstürze sind die Fehler in der Software. Stark vereinfacht ist Software nichts weiter als technischer Text, der von einem Programmierer geschrieben wurde. Es ist durchaus mit einem großen Buch vergleichbar. Hier ein kleines Beispiel aus einem Java-Spielprogramm: Dieser Teil eines mehrere tausend Zeilen großen Programms wird aktiviert, wenn Sie mit der Maus auf ein Feld namens *startnewgame* klicken:

```
public void mousePressed(MouseEvent e)
{if (e.getSource()==startnewgame)
        {
                new_game=false;
                if (!user_plays) return;
                if (lstcoi!=0 && lstcoj!=0)
                {
                        if (!nd)
                        {
                            cbox(10*lsti+lstj);
                            rf.repaint();
                        }
                        else
                        {
                             new_game=true;
                        }
                }
                return;
        }
}
```

Jeder Leser kann den Text eines Buches verstehen; ein Programmierer versteht den technischen Text (Fachbegriff: Quellcode). Wenn sich in einem Buch ein Tippfehler befindet, so stört das weiter niemanden – ein paar Ästheten vielleicht ausgenommen. Der Sinn wird nicht verfälscht. Bei Software ist das leider anders. Bei wichtigen Programmen, egal, wie groß sie sind, darf im Prinzip kein einziger Fehler drin sein.

Aber es gibt keine fehlerfreie Software. Die Anzahl Fehler wird auf die Größe von 1000 Programmzeilen berechnet (Fehlerdichte). Vor 30 Jahren lag die Fehlerdichte bei ungefähr 20 – also war im Durchschnitt jede 50. Zeile fehlerhaft – und ist seitdem kontinuierlich gesunken. Heute gibt es Untersuchungen, die zu sehr unterschiedlichen Ergebnissen kommen (es ist nicht möglich, wissenschaftlich zu messen, wie viele Fehler in einer Software sind, da diese erst auftreten, wenn man die Software in allen möglichen Biotopen benutzt). Aber eine Fehlerdichte kleiner als 0,5 könnte ein Richtwert sein. Die Programme sind dafür aber explosionsartig im Umfang gewachsen und interagieren auch stärker mit anderen Programmen als früher.

Windows XP hat etwa 40.000.000 Programmzeilen. Bei einer angenommenen Fehlerdichte von 0,2 (was ein hervorragender Wert wäre) bedeutet dies immer noch 8.000 Fehler. Sie verstehen jetzt, wieso Sie permanent Softwareupdates installieren müssen und wieso es immer wieder Berichte über Sicherheitslücken gibt. Große Programme werden nicht von einem einzelnen Programmierer geschrieben, sondern es arbeiten verschiedene Teams an verschiedenen Orten an verschiedenen Teilen der Software. Diese Teams kennen sich kaum oder gar nicht, haben unterschiedliche Fähigkeiten und treffen Entscheidungen in der Programmierung, die den anderen Teams mitgeteilt werden müssten. Wenn alle mit der Arbeit fertig sind, werden die einzelnen Teile wie bei einem Puzzle zusammengeführt. Manchmal geht das Puzzle eben nicht auf und es entstehen Fehler, die erst beim Kunden auftauchen.

Microsoft hatte im Jahr 2005 angekündigt, die in ihrer Entwicklung bereits weit fortgeschrittene Folgeversion von Windows XP (Vista) komplett zu stoppen, und mit einem verbesserten Konzept neu zu beginnen. Der Grund war, dass die Integration der einzelnen Softwareteile zu komplex sei und zu viele potentielle Fehler generieren würde. Nun ist Vista da, aber so wirklich viel besser sieht es nicht unbedingt aus.

Bei jedem Programmabsturz aus der Microsoftwelt werden Sie treuherzig gefragt, ob Sie einen Fehlerbericht an Microsoft schicken wollen. Mehrere hundert Millionen Mal wurde das gemacht. Doch ich glaube nicht, dass da jemand sitzt und all diese Berichte auswertet.

Viele der auf dem Markt verkauften Softwareprogramme sind etliche Jahre alt und wurden im Laufe der Zeit immer wieder erweitert. Dadurch wurden sie zu einem Flickenteppich an Programminstruktionen und stellen einen in sich selbst geschlossenen Dschungel dar, der vom Provider nur noch mit großer Mühe beherrscht wird. Man spricht dann vom *Spaghetti-Code.*

Wenn Sie Software kaufen, dann kaufen Sie ein fehlerhaftes Produkt. Immer. Je größer die Software, umso größer die Anzahl der Fehler. Wenn eine Software nicht funktioniert, dann suchen Sie den Fehler nicht zuerst bei sich selbst.

Der Zusammenhang zwischen kleinem Fehler und großer Wirkung ist bis heute unverändert. Da große Softwarepakete aus Millionen von Zeilen bestehen, ist es nach heutigen Standards und Methoden unmöglich, eine Software auf hundertprozentige Richtigkeit zu überprüfen. Auf jeden Fall wurde vor zwanzig Jahren verhältnismäßig mehr Aufwand betrieben, um sicherzustellen, dass stabile Software an die Kunden ausgeliefert wurde.

Es ist sicherlich auch interessant zu wissen, dass kaum noch Geld in die Weiterentwicklung oder gar in die Neuentwicklung von Programmiersprachen investiert wird. Hier ist wohl kein Geld mehr zu verdienen.

In Methoden zur Qualitätssicherung bei Software wird ebenfalls nicht ausreichend investiert. Jeder Softwarehersteller führt zwar Qualitätstests durch, aber es werden nicht alle Situationen, die sich in der Wirklichkeit ereignen können, durchgetestet. Es ist nicht wie in der Automobilindustrie, bei der bei jeder Einführung eines neuen Modells hunderttausende von Testkilometern auf allen möglichen Geländen und bei allen möglichen Temperaturen gefahren und bei der aufgetretene Fehler anschließend korrigiert werden. Mit der Zeit wird jede Software zwar stabiler, da Fehler von den Kunden gemeldet werden, aber Fehler im Vorfeld komplett zu verhindern, ist mit den heutigen Möglichkeiten nicht machbar.

Wäre es vorstellbar, dass Sie ein Auto kaufen und heute geht der Blinker nicht, morgen fällt der Rückspiegel ab und übermorgen verlieren Sie ein Rad? Wohl kaum. Im Softwarebereich ist dies aber generell akzeptiert. Zum Schutz der Softwarehersteller muss natürlich erwähnt werden, dass der Programmierer nur sehr begrenzt wissen kann, in welches IT-Biotop sein Werk geworfen wird.

Software hat unzählige Funktionen und Einstellungsmöglichkeiten (schauen Sie sich nur mal Excel von Microsoft an), die kombiniert eine enorme Fülle an Möglichkeiten ergeben. Die Tatsache, dass ein Benutzer die irrsinnigsten Befehle eingeben kann (GAU – Größter anzunehmender Unfug), muss die Software auch noch verkraften können.

Es ist noch ein elendweiter Weg bis zur Stabilität, wie sie die Automobilindustrie liefert. Interessanterweise berichtet diese, dass eine der häufigsten und auch am schwierigsten zu behebenden Pannenursachen im Bereich der Elektronik liegt. Jedes Mal, wenn Sie mit Ihrem Auto zur Inspektion fahren, können Sie davon ausgehen, dass auch die Software auf den neuesten Stand gebracht wird. Während der Überarbeitung dieses Textes habe ich mir einen iPod-Adapter in mein Auto einbauen lassen, aber das Ding führt ein Eigenleben: Es springt hin und her, stoppt Lieder mittendrin, friert ein und zeigt an, dass er Lied *a* abspielt, aber in Wirklichkeit ist es Lied *b*. Ein Softwareproblem, das bei der nächsten Inspektion wohl behoben sein wird. Nur eine Frage der Geduld also.

Es ist aber nicht nur die Tatsache, dass Software Fehler enthält, sondern es ist auch noch die Art und Weise, wie Software entwickelt wird, die zu Problemen führt.

Es herrscht immer wieder Sprachenwirrwarr. Das Betriebssystem haben Sie zum Beispiel auf *Deutsch* eingestellt, die gekaufte Software gibt es aber nur auf *Englisch*. Das Durcheinander zieht sich dann durch alle Meldungen und Menüs.

Software kann Sie manchmal ganz schön aufs Glatteis führen: »Ihre Registry ist beschädigt«, gefolgt von: »Benutzen Sie Regedit«. Um Gottes Willen, tun Sie das bitte nicht, wenn Sie ein Laie sind!

Oder die völlig verwirrende Meldung in einem Fenster »SERVIC-1.EXE ~ Application Error«: »Fehler in Anwendung: Die Anweisung in '0x645030a8' verweist auf Speicher in '0x02f51f4e'. Der Vorgang read konnte nicht auf dem Speicher durchgeführt werden«. Was soll denn das?

Mein größter Vorwurf an die Softwareindustrie, noch ein größerer als der über die mangelnde Qualität bei der Entwicklung, ist das Fehlen eines vernünftigen Fehlermanagements, obwohl dies für den Anwender der kritischste Punkt in der Benutzung der Software ist und hier einiges noch ausgebügelt werden könnte. Jede Software kommt über kurz oder lang in Situationen, in denen etwas Unvorhergesehenes passiert. Ich habe noch kein System gesehen, welches dann dem Benutzer eine vernünftige und ausgiebige Information über die Ursache des Problems zur Verfügung gestellt und ihm sinnvolle Alternativen zur Weiterarbeit angezeigt hätte. Es bleibt leider bei einem Dialog in der Art: »Fehler aufgetreten. Möchten Sie weiterfahren?«, mit den Optionen »Ja / Nein«. Geschweige denn, dass Software versuchen würde, solche Situationen aus eigener Kraft zu korrigieren. Ein professionelles Fehlermanagement in einer Software gibt es leider nirgendwo.

Ich war selbst Programmierer und es ist mir schon klar, dass es eine gewaltige Anzahl an möglichen Problemen beim Benutzen einer Software gibt und dass es außerordentlich viel Zeit und Geld kostet, dies zu berücksichtigen. Aber dies ändert nichts daran, dass es nicht akzeptabel ist. Software sollte in der Lage sein, sich in den meisten

Situationen selbst zu reparieren. Wie stellt es sich ein Provider vor, wie der Anwender bei »Unbekannter Fehler aufgetreten« reagieren soll? Im Grunde ist eine solche Meldung eine Bankrotterklärung des Herstellers und die Aussage dahinter ist: »Ich weiß nicht mehr weiter, bitte, Anwender, löse Du das Problem.« Die Art und Weise, wie die Softwareindustrie dieses Problem bis heute behandelt, ist schlicht ungenügend. Entweder wird das Problem dadurch gelöst, dass im Vorfeld besser entwickelt und getestet wird, oder die Reaktion der Software bei Fehlern muss entsprechend verwaltet werden. Sturm-und-Drang oder doch frühkindlich?

Würde es helfen, in solchen Situationen die Hilfe-Funktion zu benutzen? Nein. Das Problem besteht darin, dass die Hilfe oft aus statischem Text besteht, der sich nicht an den aktuellen Kontext anpasst. (Natürlich gibt es Ausnahmen, genauso oft wie es Sonnenfinsternisse gibt.) Der Hilfetext selbst ist in den meisten Fällen nur eine Wiederholung des Offensichtlichen und dient nur dazu, zu erklären, was die Software im Normalfall eigentlich machen sollte.

Um eine Software zu schreiben, benötigt man keine abgeschlossene Ausbildung. Jeder kann sich die dafür benötigten Werkzeuge leicht beschaffen und drauflosprogrammieren. Sein Produkt braucht keine unabhängige Qualitätskontrolle zu passieren und er darf ohne Weiteres versuchen, es an den Mann zu bringen.

Wer Auto fährt, muss nicht wissen, wie der Motor funktioniert. Wer sich einen Computer und Software anschafft, hat nach heutigem Stand keine Wahl und muss in die Technik einsteigen oder er braucht jemanden in seiner Nähe, der ihm hilft.

Selbst im Falle der normalen Benutzung ohne technische Schwierigkeiten gibt es noch viel zu oft große Probleme für die Benutzer. Selbst wenn heute jede Software einen Wiedererkennungswert hat (die Funktionsmenüs sind generell identisch aufgebaut), so wird doch bei der Bewertung einer Software der Aspekt der Benutzerfreundlichkeit meist nur am Rande behandelt. Aber im Vergleich zu meiner Aussage in der ersten Auflage dieses Buches vor zwei Jahren hat sich bei diesem Thema wirklich sehr viel getan. Natürlich ist es noch ein weiter Weg, bis Software generell einem Benutzer das Gefühl geben wird, in gewisser Weise vorauszuahnen, was er will, und nur die entsprechenden Optionen anbietet. Ich kenne Fälle, in denen Computerbenutzer entnervt aufgegeben haben, obwohl die Technik korrekt funktionierte, allein nur aufgrund der schwierigen Nutzung. Jedoch dokumentieren die modernen Digitalkameras mit ihrer PC-Software bereits eindrucksvoll, wie es sein soll. War es bis vor Kurzem noch so, dass das Laden der Bilder auf den PC ein großes Hindernis war, und so mancher seine Digitalkamera wieder in die Ecke legte und auf die alte Technologie zurückkehrte, so ist dies heute sicher kein Problem mehr. Der Benutzerkomfort hat sich enorm gesteigert.

Bei aller Freude über diese positive Entwicklung bleibt doch noch sehr viel zu tun. Sie erleben sicher so wie Millionen andere PC-Benutzer auch, dass Ihr PC mit den Monaten immer langsamer wird. Bei Ihrem Auto würden Sie das nicht akzeptieren, beim PC jedoch nimmt man es hin. Sie können dann ein Buch zum Thema kaufen und sich in technische Spitzfindigkeiten vertiefen, um das Problem zu lösen.

Vielleicht haben Sie schon erlebt, dass Ihr PC sich für ein paar Sekunden (manchmal Minuten) aufhängt und dann – wenn Sie Glück haben und er nicht abstürzt – dort weiterfährt, wo er aufgehört hat? Während des Aufhängens hören Sie vielleicht noch, wie die Festplatte arbeitet (leises Surren). Dies passiert, wenn der Arbeitsspeicher überläuft und der PC Daten auf die Festplatte auslagert (Swapping). Nehmen Sie es als microsoftgegeben hin. Genauso wie die Tatsache, dass PCs mit der Zeit immer langsamer und langsamer und langsamer werden.

Selbst IT-Experten können ratlos sein. Der Ausdruck des gleichen Dokuments auf zwei verschiedenen Druckern kann unterschiedlich sein: Einmal ist er völlig korrekt, das andere Mal fehlen die horizontalen Linien, und das alles, ohne dass irgendeine Fehlermeldung auftauchen würde. Wie gesagt, noch mehr Beispiele wären leicht zu finden und mehrere Bücher könnten damit gefüllt werden.

Die Ursachen dieser Probleme liegen, wie gesagt, in der mangelnden Qualität der Software. Aber kann man als Anwender etwas tun, um seine Lage zu verbessern?

Die Antwort lautet: »Ja, durchaus. Und zwar kann man andere Leidensgenossen um Hilfe bitten.« Das Internet ist für solche Situationen wie geschaffen, da es Menschen mit gleichen Interessen und Problemen aus allen Kontinenten verbindet. Kein System, für das es nicht ein Benutzerforum geben würde. (Bitte beachten Sie, dass dies nur für Systeme gilt, die hauptsächlich privat benutzt werden. Bei Fachsoftware im Betrieb gelten andere Mechanismen, wie weiter unten beschrieben wird.)

Stellen Sie Ihre Frage in einem Forum und Sie werden sehen, dass es kaum eine Situation gibt, die nicht schon jemand erlebt hätte und für die sich nicht jemand freiwillig bereit erklärt, Ihnen zu helfen. Wie finden Sie das richtige Forum für Ihr Problem? Dies ist recht einfach: Benutzen Sie Google oder sonst eine Suchmaschine Ihrer Wahl. Suchen Sie entweder direkt nach der Fehlermeldung, die Sie erhalten haben, oder geben Sie als Stichworte den *Namen Ihres Systems* und das Wort »*Forum*« ein. Meistens erhalten Sie eine ganze Reihe von Foren in den verschiedensten Sprachen. Befolgen Sie die dort definierten Regeln und schon sind Sie Teil der weltweiten Gemeinschaft. In der Regel erhalten Sie dort eine vernünftige Antwort. Sie werden sehen, sollte in Ausnahmefällen Ihr Problem noch nicht behandelt worden sein, dass einige Menschen irgendwo in der Welt einen besonderen Ehrgeiz entwickeln, um die Lösung

Ihres Problems zu finden. Die Provider begrüßen die Existenz dieser Foren, da sie dadurch eigene Mittel zur Unterstützung ihrer frustrierten Kunden einsparen können.

Viel hinterhältiger als Fehlermeldungen oder offenkundige Probleme sind manche Funktionsweisen in einem System, bei denen nicht ersichtlich ist, dass die Aktion nicht im Sinne des Anwenders durchgeführt worden ist. Eine Software macht nur das, was der Programmierer ihr befohlen hat, und sie hat keine Vorstellung davon, was Sie als Benutzer als Ergebnis erwarten. Als Beispiel kann hier angeführt werden, dass ein geöffneter und dann abgeänderter Anhang einer E-Mail (zum Beispiel eine Excel-Datei) nicht dort abgespeichert wird, wo der Benutzer es will, sondern da, wo das Betriebssystem es will. Es sei denn, Sie achten ganz speziell darauf und geben dies explizit an. Später ist die Verwunderung groß, wenn Sie feststellen, dass die Änderungen nicht abgespeichert wurden oder die Datei überhaupt nicht auffindbar ist. Aber ich denke, Sie haben schon oft erlebt, dass Sie sicher waren, Sie hätten eine bestimmte Datei abgespeichert, doch diese war einfach nicht mehr auffindbar, oder?

Ein anderes Beispiel: Sie synchronisieren Ihren Outlook-Kalender mit Ihrem Handy. Das Programm meldet: »Synchronisierung erfolgreich abgeschlossen.« Nach ein paar Tagen stellen Sie fest, dass Sie einen Termin verpasst haben, weil Ihr Handy diesen nicht gespeichert hatte. Die Software hatte schlicht und ergreifend ein paar Einträge übersehen. Fehler dieser Art sind besonders schwierig in den Griff zu bekommen, da keine Fehlermeldungen auftreten. Um korrekt zu arbeiten, müsste ein zweites Programm einen unabhängigen Abgleich machen, indem es zählt, wie viele Einträge in beiden Systemen vorhanden sind. Ist die Anzahl unterschiedlich, muss Alarm geschlagen werden. Derartige Funktionen werden von IT-Abteilungen bei Interfaces üblicherweise entwickelt; bei gekaufter Software sucht man Derartiges leider vergebens. Eine solche Funktion wäre vergleichbar mit einem Auto ohne Navigationssystem. Wenn Sie sich verfahren, dann weiß das Auto das nicht und kann Sie nicht warnen. Eine Software mit Navigationssystem wäre doch mal ein schöner Ansatz.

Jedes System hat solche ihm eigenen Tücken und nur erfahrene Benutzer wissen, worauf sie achten müssen. Um diese Klippe zu umschiffen, gibt es zwei Möglichkeiten: Warten Sie darauf, bis diese Branche reif geworden ist oder machen Sie sich die Mühe und finden Sie heraus, worauf Sie aufpassen müssen. Besuchen Sie Kurse (falls möglich) und lesen Sie Bücher und Zeitschriften in denen Ihnen *Tipps und Tricks* verraten werden.

Im Betrieb

Mit den in diesem Kapitel bis jetzt beschriebenen Problemen sind Sie sicherlich auch an Ihrem Arbeitsplatz konfrontiert, aber wahrscheinlich hilft Ihnen Ihre IT-Abteilung (Help-Desk und Systemadministratoren), die Probleme zu meistern. Sehr oft erhalten Sie wahrscheinlich den Hinweis, den PC neu zu starten (*booten*). Dies ist kein Zeichen dafür, dass Ihre IT nicht weiterweiß. Es ist vielmehr so, dass Ihre Software wichtige Steuerungsinformationen verloren oder so abgeändert hat, dass sie nicht mehr klarkommt (z.B. ist Ihr Drucker zwar angeschlossen, aber die Software hat vergessen, dass es einen Drucker gibt). Beim Booten wird die Software neu geladen und ihre Steuerungsinformationen werden neu initialisiert (Drucker wird gesucht und gefunden).

Im Betrieb gibt es aber noch zusätzliche Probleme, die es im privaten Bereich nicht gibt.

Ein weiterer wichtiger Grund für Systemabstürze ist die Nichtverträglichkeit der diversen Komponenten untereinander (siehe Kapitel *Eine Million oder ein Jahr*). IT-Biotope sind so instabil wie das Wetter: Fällt in China ein Fahrrad um, so gibt es ein paar Wochen später Sturm in Europa. Manchmal reicht ein falsch gesetztes Komma in einem Quellcode, um einen Absturz zu bewirken.

IT-Abteilungen versuchen, diese Abhängigkeiten der Komponenten untereinander zu managen, aber diese Aufgabe kann nicht zur vollsten Zufriedenheit erfüllt werden, da nicht alle Informationen zur Verfügung stehen. In der Regel erhält man vom Provider lediglich die Information, auf welchen anderen Komponenten die Software aufbaut, aber das ist nicht ausreichend.

Zum Beispiel sagt ein Datenbankenprovider, dass die Version X mindestens Windows XP SP1 (Service Pack 1) benötigt, mit SP2 jedoch noch nicht getestet worden ist. Es wäre also eine gute Entscheidung, nur SP1 einzusetzen. Doch ein anderer Provider sagt, dass deren Software Windows XP SP2 als Minimum voraussetzt. Die IT muss jetzt entscheiden, ob sie nur eines der beiden Systeme einsetzt oder ob sie gemischt SP1 und SP2 fährt. Derartige Analysen sind langwierig, teuer und am Ende beinhaltet die Entscheidung Restrisiken. Ein Provider gibt nur an, mit welchen anderen von ihm bekannten Produkten sein Programm zusammenarbeiten kann oder eben nicht. Aber es gibt tausende von weiteren Produkten, mit denen es nicht getestet worden ist. Herauszufinden, ob ein einzusetzendes Produkt zum Rest des IT-Biotops kompatibel ist, ist Aufgabe einer IT-Abteilung.

Diese Problematik verhält sich wie das Medikament zum Patienten. Jedes neue Medikament hat Nebenwirkungen. Diese müssen bekannt sein, bevor es auf den Markt kommt. Aus diesem Grund dauert es viele Jahre, bevor die Zulassung erteilt wird. Die Softwareindustrie müsste diesen Aufwand ebenfalls betreiben, aber da es keine Zulassungsstelle gibt (es geht nur in den seltensten Fällen um Leben oder Tod), tut sie es nicht.

Um die Nebenwirkungen von Software zu verdeutlichen, hier eine Situation, wie wir sie im Betrieb hatten: Eine spezifische Anwendung war so entwickelt worden, dass sie den kompletten Arbeitsspeicher des PCs in Anspruch nahm, und zwar immer und prinzipiell. Es half auch nichts, permanent Speicher nachzurüsten (irgendwann ist auch da die Grenze erreicht), denn diese Software fraß einfach alles, was sie haben konnte. Nun sind ja in einem betrieblichen Umfeld immer viele Programme gleichzeitig vom Benutzer geöffnet. Nur diese anderen Programme hatten keine Chance, für sie war nie ausreichend Platz frei, und sie waren daher extrem langsam. Wenn Sie derartige Probleme dem Provider melden, erhalten Sie kaum Hilfe: »Das System ist so entwickelt worden und wir kennen das Problem. Aber wir müssten alles komplett umschreiben, und das ist nicht auf unserer Prioritätenliste. Auch wäre der Aufwand enorm hoch und die Kosten können wir nicht tragen.« Wenn man dann insistiert, bekommt man den Vorschlag, sich doch an den Kosten einer entsprechenden Veränderung des Systems zu beteiligen. Sehr schnell sind Sie dann in einer Situation, in der Sie juristischen Beistand benötigen, aber, wie bereits beschrieben, ist man als Kunde dem Provider gegenüber immer dann ausgeliefert, wenn Sie nicht die Option haben, ihn schnell rauszuschmeißen. Also eigentlich immer. Diese Probleme sind äußert schwer in den Griff zu bekommen und sie verursachen leicht ein Absacken der Reputation der ganzen Abteilung.

Die Situation verschärft sich bei Fachsoftware (zum Beispiel bei einem Buchungssystem für Banken), die nur wenige Male weltweit installiert ist und die eine Reihe von Funktionen beinhalten kann, die vielleicht nur bei einem bestimmten Kunden laufen. Solche Situationen sind sehr fehleranfällig und haben eine höhere Fehlerdichte als Software, die von vielen Kunden benutzt wird. Fairerweise darf nicht unerwähnt bleiben, dass Fachsoftware ohne Unterlass an neue Gegebenheiten angepasst werden muss und von den Kunden ein nicht nachlassender Druck ausgeübt wird, um neue Funktionen hinzuzufügen oder bestehende anzupassen. Allein durch gesetzliche Änderungen unterliegt jeder Softwarehersteller einem monumentalen Druck. Besonders in Deutschland mit seiner weltweit führenden Steuerkomplexität ist der Druck sehr groß. In den meisten Fällen wird den Softwareherstellern nicht die nötige Zeit gelassen, um die Produkte auf ein vernünftiges Qualitätsniveau hin zu testen, da ihr tägliches Brot Anforderungen nach der folgenden Art sind: »Wir möchten dieses neue Produkt unseren Kunden innerhalb von drei Monaten anbieten. Ihre Software wird das doch abwickeln können, oder?«

Besonders fehlerhaft wird es, wenn Software im Auftrag von nur einer Firma entwickelt wird. Dann bekommt man zwar genau das, was man wollte (was allerdings voraussetzt, dass man dies auch weiß!), aber man bekommt auch eine sehr hohe Fehlerdichte, da kein anderer Kunde mitgetestet hat und Fehler berichten konnte.

Dieses Buch ist aus der Sicht einer IT-Abteilung geschrieben. Und an dieser Stelle haben die Softwareanbieter einen sehr schweren Stand und können sich nicht wehren. Vielleicht erscheint in Kürze ein Buch darüber, wie schwer sich Softwarefirmen mit ihren Kunden tun? Einen Punkt zur Verteidigung muss man fairerweise anbringen: Diejenigen, die die fachliche Materie im Geschäft am besten verstehen, sitzen in den Fachabteilungen der Kunden und nicht bei den Softwareprovidern. Wenn wir als Kunden nicht genug verständlich machen, was wir brauchen, dann kann eine Software nicht fehlerfrei sein. Um das Projekt zu gefährden, reicht es schon aus, wenn wir ein Detail vergessen haben. Und sehr oft, wirklich sehr oft, schaffen wir Kunden es nicht, unseren Job diesbezüglich korrekt zu machen. Dies ist ein erhebliches Risiko für jede Firma, die Software entwickelt.

Software-Debakel gehören zum Geschäft und immer wieder hört man von neuen Beispielen, wenn man mit Berufskollegen spricht. Wenn es sich um sehr große Debakel handelt, wird auch gerne in den Medien darüber berichtet:

- Die Probleme bei dem Projekt »Herkules« der Bundeswehr, bei dem es um mehr als 7 Milliarden Euro, um viel Politik und um noch mehr Softwareprobleme geht, werden immer wieder von der Presse aufgegriffen.

- Sehr gut in Erinnerung sind die um wenige Zentimeter zu kurzen Kabel beim Airbus 380. Wie sich nun herausgestellt hat, ist inkompatible Software Schuld an dem Verlust in Höhe von 4,8 Milliarden Euro. Besonders erschreckend ist die Tatsache, dass diese Inkompatibilität zwischen zwei Versionen des gleichen Produktes bestand! (Quelle: Basex)

- In ebenfalls guter Erinnerung ist das *Nürnberger Software-Debakel* (aus dem Spiegel vom 5. September 2005): »*Die Nürnberger Bundesagentur für Arbeit erwägt, die Software für das Arbeitslosengeld II vollständig neu entwickeln zu lassen. Grund sind die zahlreichen Fehler im existierenden Computerprogramm, über die eine Krisenrunde aus Vertretern von Bundesagentur, Wirtschaftsministerium und Kommunalverbänden vergangenen Dienstag in Berlin beriet. Demnach sind zu den bereits bekannten Computerproblemen in den vergangenen Wochen zahlreiche neue Schwierigkeiten hinzugekommen, sodass die Nürnberger Agenturzentrale die Software inzwischen als 'nicht mehr wartungs- und entwicklungsfähig' einstuft. Zum Beispiel führen die Jobcenter derzeit monatlich bis zu 25 Millionen Euro zu viel an Krankenkassenbeiträgen ab, weil das Programm wichtige Berechnungsgrundlagen nicht korrekt verarbeitet. Zudem musste die Behörde einräumen, dass eine verbesserte Softwareversion nicht wie geplant in diesem, sondern erst im nächsten Jahr aufgespielt werden kann. (…) Der Programmhersteller T-Systems will an der Weiterentwicklung der Software dagegen festhalten und die aufgetretenen Mängel so schnell wie möglich abstellen.*«

- Wie wenn es erst gestern gewesen wäre: Im Projekt *Toll Collect* entstand im Jahr 2003 dadurch ein Schaden von über 1 Milliarde Euro, dass sich verschiedene Softwarekomponenten nicht untereinander vertrugen.

In der IT erklären wir die Situation der Instabilität einer neuen Software damit, dass sie noch neu ist: »Sie ist erst zwei Jahre auf dem Markt, sie kann noch nicht stabil sein.« Allerdings ist sie nach spätestens fünf bis sieben Jahren am Ende ihres Lebenszyklus angelangt und wird durch eine völlig neue Version oder gar ein neues Produkt ersetzt.

Sehr gefährlich, wenn auch von Fachabteilungen sehr beliebt, sind Anfragen an einen Provider, das System spezifisch »nur für uns« anzupassen. Solche Entscheidungen sollten nur in Ausnahmefällen getroffen werden. Der Provider ist nämlich dann aufgefordert, in seinem Programm Befehle der Art einzufügen: »*Wenn Kunde=xy, dann mache a, falls nicht, dann mache b*«. Es dürfte nicht schwer sein einzusehen, dass dies bis in alle Ewigkeit gepflegt werden muss und immer wieder zusätzlichen Testaufwand und dadurch zusätzliche Risiken bedeutet. Provider reagieren durchaus unterschiedlich auf diese Anträge: Es ist eine gute kurzfristige Geldquelle, aber mittelfristig bringt es nur Probleme.

Und dann gibt es sogenannte *Designfehler*. Bei der Analyse zur Erstellung einer neuen Funktion wurde mit guter Absicht entschieden, etwas in einer bestimmten Art und Weise zu tun, und das wurde dann auch korrekt programmiert. Manchmal fallen solche Fehler erst sehr spät bei der Benutzung auf und können große Auswirkungen haben. Ein (leicht zu erkennendes) Beispiel: »Wenn kein Geld auf Konto, dann keine Zinsen berechnen«. Dies scheint auf den ersten Blick korrekt, bei näherem Hinsehen stellt man dann aber fest, dass es heißen müsste: »Falls kein Geld auf dem Konto *seit der letzten Zinsberechnung*, dann keine Zinsen berechnen«. Es könnte ja sein, dass der Kunde zwischendurch Geldbewegungen auf seinem Konto hatte, für die Zinsen berechnet werden müssen; die Tatsache, dass der Kontostand aktuell auf null steht, ist reiner Zufall.

Oder die Umsetzung vom Design (»Wenn die Sonne scheint, dann keinen Regenschirm mitnehmen«) zum Programm klappt wegen eines kleinen Lapsus nicht: »Wenn die Sonne scheint, dann Regenschirm mitnehmen«. Kommt oft vor und fällt nur auf, wenn man es ausdrücklich testet. Automatismen, um Derartiges im Vorfeld zu entdecken, gibt es nicht.

Wie in einem vorherigen Kapitel gesehen, zahlen Firmen jährlich etwa 20 Prozent des Kaufpreises der Software zusätzlich für Wartungsgebühren. Auf dieser Basis abgeschlossene Wartungsverträge werden genutzt, um aufgetretene Fehler an den Provider zu melden. Es ist höchst erstaunlich, wie oft die Antwort kommt: »Sie sind der Erste, der diesen Fehler meldet.« Schön. Hilft aber nicht direkt weiter. Ganz im Gegenteil, die Zeit, die der Provider braucht, um den Fehler zu beheben, ist natürlich höher, als wenn ein anderer Kunde den gleichen Fehler bereits entdeckt hat. Und die Fachabteilung wartet und wartet …

Regelrecht frustrierend sind Rückmeldungen des Providers: »Wir konnten den Fehler bei uns nicht reproduzieren.« Dies passiert permanent. Das heißt nicht, dass der Provider den Fehler als solchen nicht anerkennt (was natürlich auch vorkommt – dann kämpft man erst einmal ein paar nette Runden im Boxring), es heißt lediglich, dass sich sein Biotop von dem des Kunden in mindestens einem wesentlichen Punkt unterscheidet. Bei ihm sind die Libellen vielleicht kerngesund, weil sie genug Nahrung finden. Im Biotop des Kunden sterben sie aus, weil die Nahrung von etwas anderem weggefressen wurde.

»Der Fehler liegt nicht bei uns, völlig ausgeschlossen. Wir glauben, dass die Datenbank nicht korrekt antwortet. Bitte wenden Sie sich doch an den Datenbankhersteller, um den Fehler zu beheben.« Was wir dann auch tun. Und der antwortet: »Tut uns Leid, das ist völlig ausgeschlossen, dass die Datenbank in dieser Konstellation falsch reagiert. Wir vermuten ein Problem in der Middleware. Haben Sie vielleicht kürzlich ein neues Patch eingespielt?« Wir wenden uns an das Help-Desk der Middleware, welches antwortet: »Wie kann man nur auf die Idee kommen, dass das Betriebssystem für diesen Fehler Schuld sei. Das zeigt von der Inkompetenz dieser Leute. Für uns ist das ganz klar ein Problem der Anwendung. Wir schließen Ihre Fehlermeldung.« Da viele Einzelkomponenten in einem IT-Biotop ineinander greifen, kann man diese Kette problemlos weiterspinnen. Aber ich will nicht langweilen und kürze nach drei Runden ab. Da hat man nun drei gültige und bezahlte Wartungsverträge, und ein Provider schiebt die Schuld auf den nächsten. Und am Ende ist es keiner gewesen. Eine Herde von Unschuldlämmern. Ist diese Situation an den Haaren herbei gezogen? Keinesfalls, täglich Brot, da jeder Provider immer nur seinen Teil abdeckt und meistens so schlau ist, explizit in den Wartungsverträgen alles Fremde auszuschließen. Es bleibt gar nichts anderes übrig, als selbst zu analysieren, um die Fehlerquelle eindeutig zu identifizieren.

Manchmal erhält man auch die Antwort: »Ja, dieser Fehler ist uns bekannt. Wir schicken Ihnen sofort eine Korrektur.« Den Anwender freut es, da er sehr schnell eine Lösung seines Problems bekommt. Die IT ärgert sich wieder zu Recht darüber, dass das Kind zuerst in den Brunnen fallen muss, bevor der Deckel drauf gemacht wird. »Präventive Wartung« nennt man dies, und so etwas gibt es eigentlich nur bei Betriebssystemen (wie Windows) und nur in sehr seltenen Fällen bei Fachsoftware.

Es müsste eigentlich zum Allgemeinwissen von Anwendern in einem Betrieb gehören, dass die IT-Abteilung bei gekaufter Software den Quellcode nicht besitzt und daher auch nicht selbst den Fehler beheben kann: Er wird lediglich an den Provider gemeldet, und je nach dessen Reaktionszeit wird ein Fehler schnell oder eben weniger schnell behoben. Da dies dem Anwender ja leider nicht bekannt ist, bekommen die Mitarbeiter in der IT bei einer langen Korrekturzeit den vollen Frust der Anwender zu spüren.

Und nun wird es interessant. Ein in den letzten zwei Jahren ziemlich erfolgreicher Anbieter von Bankensoftware hat sich entschieden, sich von der Konkurrenz dahingehend zu unterscheiden, dass er seinen Kunden prinzipiell den Quellcode zur Verfügung stellt und es ihm auch erlaubt, ihn in gewissem Umfang zu modifizieren. Der Anbieter garantiert, dass künftige Versionen der Software die Veränderungen des Kunden berücksichtigen werden – ein Konzept, das bei den Kunden großen Anklang findet und zu zahlreichen Migrationsprojekten geführt hat. Wie dies auf Dauer mit einem für den Kunden zu bezahlenden Aufwand realisiert werden kann, bleibt bis auf Weiteres schleierhaft. Sicher scheint zu sein, dass dieser Anbieter überproportional viele Mitarbeiter in den nächsten Jahren einstellen muss, wenn er weiterhin seine Kundenbasis vergrößert. Es ist ein hochinteressantes Experiment, bei dem wegen des zu kurzen Zeitrahmens noch keine gesicherten Erkenntnisse darüber vorliegen, ob dieses Modell auf Dauer erfolgreich sein wird.

Software wird jedes Mal individuell angefertigt und ist demnach kein industrielles Massenprodukt. Heutiger Stand ist, dass Programme individuell von einem Programmierer jedes Mal neu erstellt werden müssen: Computer sind nicht in der Lage, Software zu schreiben; bis auf Weiteres bleibt dies ein manueller Prozess. Ich lese gelegentlich von Versuchen, Software industriell wie in einer Fabrik herstellen zu lassen. Soweit ich das überblicken kann, sind die theoretischen Ansätze vorhanden, um dies zu bewerkstelligen. Allerdings kann ich noch nicht sehen, dass jemand bereit wäre, die nötigen Millionen hierfür zu investieren. Mir scheint, die Schmerzgrenzen sind noch nicht erreicht: So lange die Kunden über die Zahlung von Wartungsgebühren bereit sind, diesen Zustand zu tolerieren, so lange wird sich nichts Entscheidendes ändern.

Software geht nicht kaputt, sie ist fehlerhaft von Anfang an. Deshalb können Fehler auch nicht wie bei anderen Produkten repariert werden, indem man ein Teil durch ein anderes (identisches und funktionierendes) austauscht. Fehler in der Software müssen mühsam einzeln gesucht und behoben werden.

Sehr wahrscheinlich haben Sie sich im Betrieb schon einmal darüber geärgert, dass ein Fehler, der in der Vergangenheit schon einmal behoben worden war, wieder neu aufgetaucht ist. Dann hat möglicherweise ein Programmierer einen gemeldeten Fehler verbessert und Ihrer IT die Verbesserung geschickt. Aber er hat dies seinem Qualitätsmanagement nicht kommuniziert – die alte, fehlerhafte Version ist weiterhin die aktuelle. Bei der nächsten Gelegenheit arbeitet ein anderer Programmierer an diesem Programm und der alte Fehler ist wieder drin. Es passiert andauernd, dass Fehler, die während eines Projektes auftreten, direkt beim Kunden verbessert werden und nicht über den üblichen Weg der Fehlermeldung an den Provider laufen. Ein weiterer wichtiger Beweis für die Unreife der Branche.

Oder, viel komplizierter, der Softwarehersteller hat gleichzeitig an der nächsten Version gearbeitet und musste auf der alten diese Verbesserung ebenfalls durchführen. Da die neue Version sich möglicherweise zu stark von der alten unterscheidet, war die Integration der Fehlerbehebung in die neue Version nicht so ohne Weiteres machbar und wurde daher nur inkorrekt ausgeführt. Aus diesem Grund muss bei jeder Installation einer neuen Version eines Programms, wie bereits an anderer Stelle beschrieben, ein sogenannter *Regressionstest* gemacht werden. Hierbei wird getestet, ob eine in der alten Version ablaufende Funktion auch in der neuen korrekt abläuft. Man kann sich sehr leicht vorstellen, dass dieses Testen ein jeden Rahmen sprengendes Unterfangen ist, und deshalb wird es auch oft nicht gemacht. Allerdings steigert sich dadurch bei den Anwendern im späteren Produktionsbetrieb die Frustration über den Provider gigantisch, da es immer wieder passiert, dass Dinge, die vorher funktionierten, ohne Vorwarnung nicht mehr funktionieren. In solchen Fällen muss dann sehr oft massiv manuelle Arbeit von den Fachbereichen geleistet werden. Über die Notwendigkeit, dass der Kunde eines Softwareproduktes gezwungen wird, Regressionstests durchzuführen, könnte ich mich stundenlang aufregen.

Ich möchte ein weiteres Beispiel aus der Praxis beschreiben: Eine Spezialsoftware für die Verwaltung von Tresoren hatte in einer neuen Version alle Zugriffsberechtigungen *vergessen*, das heißt, jeder bestehende Anwender hatte Zugriff auf alle Funktionen, ansonsten war aber alles korrekt. Natürlich hätte man Derartiges durch Tests auffangen können, jedoch war in den vom Provider erhaltenen Informationen (sogenannte *Release Notes*) beschrieben, dass diese Version keine neue, veränderte Funktionalität, sondern nur Korrekturen enthalten würde; ein Testen wäre demnach nicht zwingend notwendig. Aber da sind wir ja wieder beim Thema: Der Fehler liegt beim Provider, die Verantwortung liegt bei der IT, die Konsequenzen tragen die Anwender.

Manche Fehler haben mehr als eine Ursache. Wenn Ihre IT Ihnen mitteilt, dass das Problem behoben sei, und dies ist aber nicht der Fall, dann üben Sie bitte Nachsicht. Es liegt in der menschlichen Natur, die erste gefundene Ursache als die alleinige anzusehen.

Ein weiteres schlimmes Beispiel eines Softwarefehlers aus der Praxis, als Versuch, Ihnen aufzuzeigen, wie die oben erwähnten 100 bis 150 Milliarden an Schaden entstehen können: Eine Software, die keine andere Aufgabe hat, als Überweisungsaufträge von einem System ins nächste zu transportieren, war so eingestellt, dass sie zehn Minuten lang sammeln und dann die Überweisungen weiterleiten sollte oder aber, sobald eine Anzahl von 5000 Stück erreicht war, diese sofort weiterzuleiten. Durch einen banalen (und sehr einfach zu korrigierenden) Programmierfehler leitete das Programm alle

10 Minuten nur maximal 5000 Überweisungen weiter. Die 5001. und die folgenden Überweisungen wurden ohne Federlesens ignoriert. Da 5000 Überweisungen pro 10 Minuten eine ganze Menge sind und dies nicht sehr oft passiert, tauchte dieser Fehler in keinem Test und auch bei keinem anderen Kunden auf. Situationen dieser Art passieren andauernd und werden schnell dramatisch, da sie großen Schaden anrichten. Und schon wieder muss die IT-Feuerwehr (Help-Desk oder Systemadministratoren) eingreifen, um das Feuer zu löschen. Je nach Fall müssen die Anwender Überstunden leisten und Entschuldigungsbriefe an die Kunden schreiben.

Wichtig zu bemerken ist, dass solche Situationen keineswegs die Möglichkeit einer Schadensersatzforderung bieten. Softwareprovider wissen, dass ihre Produkte Fehler enthalten, und weigern sich immer, Verträge abzuschließen, mit denen sie für den vollen Schaden, den ihre Software anrichtet, zahlen müssten. Manche Softwarefirmen schreiben es gar explizit in ihre Verträge: »Dem Benutzer ist die Tatsache bekannt, dass beim Vertragsgegenstand wie bei allen Softwareprodukten Fehler bestehen können, welche trotz Kontrollen und Abnahmetests nicht erkannt wurden.« Es darf davon ausgegangen werden, dass jede Firma ab einer gewissen Größe durch Softwarefehler regelmäßig Schaden finanzieller Natur oder an ihrer Reputation erleidet. Aus Kundensicht ist es dann wie beim Monopoly: »Bankirrtum zu deinen Gunsten. Ziehe Euro 2.000 ein.«

Eine weitere Fehlerursache besteht in den nicht dokumentierten Funktionen. Darunter versteht man eine Aktivität des Systems, die nicht in den Handbüchern beschrieben ist. Mit jedem *IF*-Befehl trifft die Software eine Entscheidung und diese ist von außen nicht einsehbar und bedeutet daher ein potentielles Risiko. Die nicht dokumentierten Funktionen fallen auch wieder unter die Thematik der Qualitätssicherung beim Provider. Die Konsequenzen dieser Fehler zu vermeiden, ist ausgesprochen schwer. Im Prinzip müssten alle Geschäftsvorfälle komplett getestet werden. Bei kleinen Änderungen ist dies einfach nicht realistisch, da die dafür notwendige Zeit nicht vorhanden ist. Es wird dann eine Risikoabschätzung gemacht und meistens entscheidet man sich, den vom Provider erhaltenen *Release Notes* zu vertrauen und es stellt sich dann erst später heraus, dass dies keine gute Idee war.

Ein sehr hinterhältiger Absturz kann passieren, wenn auf einer Kontrollliste der richtige Wert erscheint, intern in der Datenbank für die weitere Verarbeitung aber falsch oder gar nicht abgespeichert wurde. Dies ist fast unmöglich zu erkennen und der Fehlereffekt kann erst viel später eintreten. Solche Fehler führen zu Krisensituationen, die nur schwer zu meistern sind.

Eine stete Quelle der Unruhe sind die Interfaces (siehe Kapitel *Eine Million oder ein Jahr*). Da Systeme miteinander kommunizieren, bedeutet der Absturz eines Systems auch ein Problem für die Systeme, mit denen es kommuniziert. Ein Absturz zieht oft eine Kettenreaktion nach sich. Wenn ein System wegen Softwareproblemen mitten am Tag abstürzt, dann kann es sein, dass entschieden werden muss, die letzte Datensicherung neu zu laden und die Aktivitäten des Tages zu wiederholen. Wenn aber bereits Daten von diesem System in ein anderes zur Weiterverarbeitung kopiert worden sind, dann sind beide Systeme nach dem Neuladen nicht mehr synchron und es ist sehr riskant, weiterzufahren.

Zwei weitere, allerdings hausgemachte Probleme, welche man nun wirklich nicht einem Provider ankreiden kann, sind die folgenden gar nicht so seltenen Phänomene: Viele Erfassungsmasken in Programmen haben Felder, die nicht benötigt werden, weil sie im konkreten betrieblichen Umfeld einfach keinen Nutzen haben. Als Beispiel könnte ich ein Feld *Postversandart* in einem Buchungsprogramm konstruieren, das nicht benötigt wird, da der Postversand von einem anderen Programm gesteuert wird. Ein Anwender könnte nun auf die wunderbare Idee kommen, dieses Feld für andere Zwecke zu missbrauchen (ohne das der IT mitzuteilen) und darin zum Beispiel irgendwelche Sonderwünsche des Kunden eintragen. Es benötigt nicht viel Phantasie, um sich das Chaos vorzustellen, das an dem Tag entsteht, an dem entschieden wird, dieses Feld seinem ursprünglich vorgesehenen Zweck zuzuführen. Etwas ähnlich gelagert ist die Problematik, wenn über einen längeren Zeitraum hinweg Daten in ein System eingepflegt wurden, welche aber nie für weitere Verarbeitungsschritte benötigt wurden. Man kann dann darauf wetten, dass die Qualität dieser Daten miserabel ist und es notwendig wird, eine Prüfung des Inhaltes (*Health Check*) durchzuführen, wenn man beabsichtigt, Auswertungen darauf zu basieren.

Aus den obigen Ausführungen dürfte klar geworden sein, mit welchen Schwierigkeiten Systemadministratoren und Help-Desk-Mitarbeiter kämpfen. Diese Problematik trägt sehr stark zum Wachstum der IT-Abteilungen bei.

Es kann aber eigentlich nicht angehen, dass hunderttausende von IT-Experten weltweit damit beschäftigt sind, Feuerwehr zu spielen und Probleme zu analysieren und zu korrigieren, die andere verursacht haben. Und es kann noch viel weniger sein, dass jede Firma 20 Prozent des Kaufpreises an Wartungsgebühren zahlt, um die Fehler anderer zu korrigieren.

Dieses Kapitel enthält viel über Probleme, aber bis jetzt wenig über Lösungen, deshalb hier einige Vorschläge, die alle ernst gemeint sind und eigentlich Standard sein müssten, jedoch nach heutigem Stand der Dinge als revolutionär oder provozierend empfunden werden können:

- Nötig wäre eine Navigationssystematik, welche überwacht, ob die auszuführenden Aktionen auch im Sinne des Anwenders durchgeführt werden, und Alarm schlagen, wenn etwas Anormales passiert.

- Wir brauchen unbedingt und so schnell wie möglich verbindliche Standards, wie Software geschrieben wird. In diesem Bereich tut sich zurzeit etwas (SOA: Service Oriented Architecture), aber dies geht nicht weit genug und gilt auch nur für in Eigenregie entwickelte Software.

- Wir brauchen unbedingt und so schnell wie möglich verbindliche Standards, wie Software getestet wird. Ich sehe hier ein gewaltiges Potential für neue Produkte, die diese Aufgabe übernehmen könnten. Allerdings tut sich hier bisher nur sehr wenig.

- Wir brauchen Standards, wie Software kommuniziert und sich in unbekannter Umgebung integriert. Auch hier sollte SOA greifen, aber wenn ich mir das anschaue, dann komme ich nicht umhin zu sagen, dass das nicht viel mehr als ein Fahrrad ist, mit dem man zum Mond fliegen will. Solange keine Wege gefunden werden, einen Softwarebaustein bei A zu kaufen, um ihn dann mit einem Baustein von B zu verbinden, und das alles funktioniert sofort ohne riesigen technischen Aufwand, so lange wird das nichts. Solange jemand sich um Themen wie Interfaces, Sicherheit, Backups, Integration, Migration (und was sonst noch alles im Kapitel *Eine Million oder ein Jahr* beschrieben ist) kümmern muss, so lange ist SOA nur eine Idee, mit der man Geld verdienen kann.

- Software muss so robust sein, dass Unvorhergesehenes nicht sofort zum Absturz führt. Sie muss dann in der Lage sein, mit einem professionellen Fehlermanagement die Situation entweder selbst zu meistern oder dem Anwender die notwendigen Informationen an die Hand zu geben, um entscheiden zu können, wie er weiter verfahren soll.

- Wir brauchen Mechanismen, die die Qualität einer Software prüfen, und ein Institut, welches ein Qualitätslabel vergibt. Außerhalb der Softwareindustie gibt es wohl kaum Branchen von einiger Wichtigkeit, die keinerlei Qualitätskontrollen unterliegen.

- Wichtig wäre außerdem eine an anderen Industriezweigen orientierte Geschäftsmoral der Softwareindustrie, die die volle Verantwortung für ihre Produkte übernimmt, sowie kostenlose Garantieleistungen auf den verkauften Produkten. Ich weiß selber nur zu genau, dass diese Forderung in der heutigen Situation wenig Aussicht auf Erfolg hat. Softwareverträge müssen Haftungsansprüche für aufgetretene Fehler enthalten. Dies gibt Softwareproduzenten eine größere Überlebenschance, wenn sie Wert auf Qualität legen. Wie mir ein geschätzter Berufskollege sagte, werde dann die alte Diskussion »It's not a bug, it's a feature« (»Das ist kein Fehler, das ist eine Funktion« ist *ein Running Gag* aus der sehr frühen Microsoft-Welt) losgehen, und die Richter würden es sehr schwer haben zu entscheiden. Vermutlich, aber ich gebe die Hoffnung nicht auf, dass wir dies zu meinen Lebzeiten noch sehen werden.

- Die professionellen Käufer von Software in den Betrieben (und hiermit möchte ich alle meine Berufskollegen auffordern, Druck auf die Provider auszuüben) dürfen nicht länger hinnehmen, dass sie neben der teuren Anschaffung auch noch jedes Jahr 20 Prozent an Wartungsgebühren bezahlen für etwas, das Andere falsch gemacht haben. Es ist extrem erstaunlich, wieso die IT-Welt nicht schon lange gegen diese Situation rebelliert. Ich kenne keinen Geschäftsbereich (wir reden von Fehlern, nicht von Verschleiß) mit einer vergleichbaren Praxis. Zahlen sollten wir lediglich für die Weiterentwicklung der Software, damit sie nicht veraltet: Dann wären wir auch wieder bei den zehn Prozent von vor zwanzig Jahren.

Man solle mir jetzt bitte nicht antworten, dass dies die Softwareprodukte verteuern würde. Man muss nämlich wissen, dass die Softwarebranche enorm profitabel ist. Natürlich weiß ich auch, dass viele kleinere Anbieter am Existenzminimum arbeiten, aber ich rede hier von den großen Marktführern. Die Gewinnmargen bei diesen Firmen liegen bei bis zu 70 Prozent! Welche Branche hat solche Werte? Das Geld, um erwachsen zu werden, ist da. Solange aber die Kunden den Druck nicht erhöhen, werden diese Gelddruckmaschinen weiter arbeiten.

Murphys Gesetz stimmt leider und die Situation verbessert sich nicht. Es ist nach wie vor notwendig, von einer Softwarekrise zu reden: Software wird zu schnell auf den Markt geworfen und wird zu wenig getestet. Software ist heute extrem wichtig und umfangreich, aber es herrscht in diesem Bereich eher Goldgräberstimmung als Professionalität. So, wie das heute gemacht wird, reicht es nicht.

8 Der Lochkartensortierer

Der Lochkartensortierer

Vorab ein Hinweis für die Supergestressten mit wenig Zeit: Dieses Kapitel kann man überspringen. Ich werde auch nicht nachtragend, garantiert. Obwohl, interessant ist es allemal.

Unternehmen wir zusammen einen kleinen Ausflug ins IT-Mittelalter. Bis Anfang der 80er-Jahre gab es die berühmten Lochkarten, die knapp 90 Jahre zuvor (1890) von Hermann Hollerith erstmalig bei der US-amerikanischen Volkszählung eingesetzt wurden. In den 80ern also hatten die Computer noch die allergrößte Mühe damit, Daten zu speichern. Man kann sich dies heute kaum noch vorstellen, aber Speicherplatz war extrem teuer und fast wertvoller als Gold. Das wichtigste Speichermedium in dieser Zeit waren eben diese Lochkarten.

Eine Lochkarte hatte 80 Spalten und jede Spalte stellte einen Buchstaben oder eine Ziffer dar. Durch unterschiedliches Einstanzen von Löchern in der Spalte entstand ein unterschiedlicher Wert. Sie konnte also 80 sogenannte Bytes (Buchstaben oder Ziffern) speichern.

Um zu verdeutlichen, wie sich die Speicherkapazitäten der Computer weiterentwickelt haben, wird in der Regel die Schnelligkeit des Prozessors herangezogen. Ein solcher Vergleich bietet dem Laien nicht viel an Information, denn was bedeutet es schon, wenn ein neuer Rechner ein paar Millionen Instruktionen in der Sekunde mehr leistet als der vorherige? Anschaulicher ist ein Vergleich der Speicherkapazitäten, denn dass kann man besser bildlich darstellen. Es bietet sich ein Vergleich zwischen der Lochkarte und Apple's iPod an. Dieses Gerät kann heute in der Maximalausführung 160 Gbytes speichern, dies entspricht je nach gewählter Qualität der darauf geladenen Musik bis zu 40.000 Liedern oder etwa 2.800 CDs. Diese Informationen auf Lochkarten zu speichern (abgesehen von der technischen Unmöglichkeit), hätte mehr als zwei Milliarden dieser Karten benötigt! Ein weiterer Vergleich lässt sich ziehen zwischen dem internen Speicher eines einfachen PCs (1 Gb) und dem ersten für professionelle Datenverarbeitung eingesetzten Mainframe (16 Kb) vor etwa 30 Jahren. In einen heutigen PC passen (auf den internen Speicher bezogen) mehr als 60.000 Mainframes von der Größe eines Wohnzimmers.

Man muss sich vorstellen, dass von den Computern damals bei jedem Programmablauf sehr viele Karten eingelesen wurden und entsprechend der jeweiligen Aufgabe wurde ein neuer Lochkartenstapel automatisch gestanzt. Es war sehr leicht, eine Karte manuell aus dem kompletten Stapel zu entfernen, sei es durch Absicht oder Irrtum. Dadurch hätte man auf ganz einfache Weise die kompletten Daten eines Kunden löschen können. Oder man hätte eine Karte austauschen können, um dadurch den

Kontostand eines Kunden zu verändern! Wenn man bedenkt, welche Anforderungen es heute in Bezug auf Nachvollziehbarkeit jeder Änderung in einem Computersystem gibt (siehe Kapitel *Worst Case*), dann stellt man fest, dass ein weiter Weg zurückgelegt worden ist.

Nicht nur die Computer stanzten. In jedem Betrieb gab es Mitarbeiter, die den ganzen Tag nichts anderes taten, als Lochkarten zu stanzen. Ein Berufsbild, das komplett verschwunden ist. Man muss sich vorstellen, dass mehrere dieser Lochkartenstanzmaschinen zusammen in einem Raum standen und einen unglaublichen Lärm verursachten.

Zum Beispiel enthielt ein Lochkartenstapel Kundeninformationen wie die Kundennummer und den Kontostand. Die Reihenfolge des Stapels (wie sie vom Computer gestanzt worden war) war die Kundennummer. Wollte man einen Ausdruck des Kontostandes aller Kunden in aufsteigender Reihenfolge machen (größtes Soll zuerst, größtes Haben zuletzt), dann musste das ganze Paket sortiert werden, da Computerprogramme damals noch nicht in der Lage waren, große Datenbestände einzulesen und selbst zu sortieren. Natürlich konnte so eine Sortierung nicht per Hand erfolgen. Hierfür gab es einen Lochkartensortierer. Dies war ein recht stattliches Gerät, wie ein Kleiderschrank etwa, und es machte einen ziemlichen Krach. Das Prinzip war einfach: Man steckte den ganzen Stapel oben hinein, und durch Lesen der zu sortierenden Spalten auf den Lochkarten sowie einer ausgeklügelten physikalischen Logik kam unten der sortierte Stapel heraus.

Es kam auch gelegentlich vor, dass ein Stapel zu Boden fiel und dann wieder in die richtige Reihenfolge gebracht werden musste. Dies war eine sehr mühsame Arbeit und so ein Lochkartensortierer konnte einem diese Arbeit abnehmen.

Als dieses Gerät auf den Markt kam, stellte es eine kleine Sensation dar und in diesem Zusammenhang ereignete sich eine kleine Anekdote, die oft und gerne erzählt wurde:

IBM, Hersteller dieses Lochkartensortierers, hatte die CIOs seiner wichtigsten Kunden zu einer Präsentation eingeladen. Um die Vorführung leichter verständlich zu machen, hatte er den korrekt sortierten Lochkartenstapel in Blöcken von jeweils hundert Stück mit einem Farbstift am Rücken des Stapels markiert. Die ersten hundert Karten waren grün, die nächsten blau, dann rot und so weiter.

Dann wurde der Stapel auf den Boden geworfen und bunt gemischt wieder zusammen geführt.

Zur Demonstration vor den Kunden wurde der unsortierte Stapel oben in das Gerät gelegt, ein paar Knöpfchen gedrückt, und nach einer geraumen Zeit und einem enormen Lärm kam unten ein korrekt sortierter Stapel Lochkarten heraus. So wie der Hersteller es vorgesehen hatte, lagen zuvorderst die grünen, dann die blauen, dann die roten und so weiter. Die Kunden waren begeistert und der Hersteller war zufrieden über den Verlauf der Vorführung.

Am nächsten Tag rief der CIO einer anderen Bank bei meinem Chef an und sagte, er hätte leider nicht an der Vorstellung dieses Lochkartensortierers teilnehmen können, aber er hätte gehört, dass es ein voller Erfolg gewesen wäre.

»Eines verstehe ich aber nicht«, fügte er hinzu. »Ich habe eben mit einem anderen Kollegen gesprochen und der sagte mir, das Gerät sei in der Lage, nach Farben zu sortieren. Ich habe den ganzen Abend darüber nachgedacht und ich kann es mir immer noch nicht erklären, wie es möglich ist, dass eine Maschine Karten nach Farben sortieren kann.«

9

Schulung ist alles

»Stimmt es, dass die Arbeit am Computer dumm macht?« - »Sie haben nichts zu befürchten. Computer können einen wahnsinnig machen, aber nicht dumm.«

Egmont Kakarot-Handtke

Schulung ist alles

Wie man am besten an die Auswahl und die Benutzung von Computern und Software herangeführt werden kann

Als Laie ist man manchmal ein ziemlich armes Schwein und steht wie der sprichwörtliche Ochs vorm Berg. Nur gut, wenn man jemanden kennt, der einem beratend zur Seite steht, ansonsten kann man im Grunde nur alles falsch machen. Wenn Sie niemanden kennen, dann finden Sie in diesem Kapitel hoffentlich ein paar Hilfestellungen. Wie ein Betrieb das Thema »Schulung« angeht, wird in diesem Kapitel ebenfalls aufgegriffen.

Wie soll man einen PC aussuchen?

Die Auflistung der Features eines PCs ist atemberaubend und für den Laien nicht zu verstehen. Was anfangen mit folgender Beschreibung (ein Beispiel aus einer Werbung in der Tageszeitung):

Intel® Pentium® D 820 DC Process. 2x 2.8GHz

800 MHz system bus

2 x 1024 MB L2 Cache

1 GB PC-3200 400MHz DDR2 RAM

250GB Hard Drive SATA 7200 RPM

160-GB Personal Media Drive

16X DVD-ROM drive

DVD HP ±R/±RW 16x/2.4x drive

ATI RADEON X600 graphics card with 256 MB DDR Video Memory

10/100 network card

Wireless LAN 802.11 a/b/g

56K ITU V.92 modem

Digital Media Reader (9 in 1)

1 PCI-Express 16x slot

3 PCI slots

6 USB 2.0 ports (2 on the front)

2 Firewire IEEE 1394 ports

Das ginge sicherlich besser, aber ich glaube, dass dies nicht wirklich gewünscht ist.

Grob gesehen kann man sagen, dass es zwei Typen von Kunden gibt: die PC-Freaks, die dieses Kauderwelsch ohne Probleme verstehen und dies auch so erwarten, und Laien, die einen PC und seine Software einfach nur benutzen wollen. Letztere können sich dann per Werbung leicht und gezielt übers Ohr hauen lassen mit Sprüchen wie: »Leistungsfähiger Prozessor«, wobei absichtlich verschwiegen wird, dass diese Aussage vor einem Jahr korrekt gewesen wäre, es heute aber nicht mehr ist.

Ich denke, dass sich die Computerindustrie nicht allzu viele Gedanken um die Kundenzufriedenheit macht. Ich erlebe das selbst immer wieder. So hatte ich kürzlich ein Problem mit meinen Laptop, bei dem sich das DVD-Laufwerk nach nur wenigen Wochen moderater Benutzung nicht mehr öffnen ließ. Bei Abgabe des Laptops zur Reparatur teilte man mir bereits mit, dass dies bis zu vier Wochen dauern könnte, nachher wurden es dann trotz andauernden Nachfragens sage und schreibe sechs (!) Wochen für eine Sache, die in einer Stunde erledigt sein kann. Zu glauben, dass ein entsprechender Beschwerdebrief überhaupt beantwortet würde, ist reichlich naiv. Natürlich kann man auch Beispiele finden, bei denen Reparaturen schnell und zuverlässig durchgeführt werden, aber ich bin geneigt den Rat zu geben, sich zwei PCs zu kaufen und dafür zu sorgen, dass die Daten des ersten PCs gesichert sind, damit sie auf dem zweiten PC benutzt werden können.

Im Gegensatz zu professioneller Hardware für den Betrieb sind PCs sehr störanfällig. Es ist ja eh so, dass spätestens mit der Einführung des nächsten Windows die Geräte veraltet sind und erneuert werden sollten. Es kommt noch hinzu, dass PCs von sich aus immer langsamer werden und dadurch beim Kunden schnell der Wunsch entsteht, ein neues Gerät anzuschaffen. Was nutzt da schon eine lange Lebensdauer?

Die wenigsten wissen, dass die Hersteller bei einem PC nur sehr geringe Gewinnmargen haben und kein Raum für eine höhere Qualität bleibt.

Eine Erfahrung eher befremdlicher Natur, wenngleich genau so sehr ein Anzeichen dafür, wie der Kunde allein gelassen wird, kann man erleben, wenn man sich das *iPhone* von Apple kauft. In einigen Ländern (im Gegensatz zu Deutschland) wurde es nach einem entsprechenden Richterspruch möglich, das Gerät ohne Bindung an einen vorgegebenen Mobilfunkanbieter zu kaufen und zu benutzen (wobei die Tatsache, dass es ursprünglich die Pflicht dieser Bindung gab, ja schon zweifelhaft genug ist). Wenn Sie nun ein solches Gerät erworben haben und Ihre alte SIM-Karte einfügen, dann haben Sie hervorragende Chancen, dass nichts funktioniert. *ITunes* teilt Ihnen mit, dass Ihre Musik nicht geladen werden kann, da die SIM-Karte nicht autorisiert ist und vor allem: Sie können nicht telefonieren. Der alte Witz, dass es einen Handy-Konstrukteur gab, der ein neues Modell mit dermaßen viel Funktionalität entwickelte, dass er am Ende vergaß, die Funktion des Telefonierens einzubauen, wurde endlich Realität! Wenn Sie nun genug Forscherdrang entwickeln, dann finden Sie im Internet ein sogenanntes *Jailbreak*-Programm (natürlich nicht von Apple!), welches Sie für ein paar Dollar downloaden können (Augen zu und durch – wird schon kein Virus oder Trojaner sein) und dann knacken Sie die eingebaute Sperre und dann können Sie telefonieren. Allein die Bezeichnung *Jailbreak* (Gefängnisausbruch) erklärt zur Genüge, welche Meinung generell zu dieser Apple-Sperre besteht. Wenn Sie aber glauben, die Kontakte Ihres alten Nokia-Handys wären jetzt auch auf dem *iPhone*, dann haben Sie sich getäuscht. Sie müssen schon wieder ins Internet und versuchen herauszufinden, wie Sie das nun bewerkstelligen können. Wenn Sie diese Hürde auch genommen haben, dann stellen Sie fest, dass den Telefonnummern das + Zeichen der Landesvorwahl am Anfang fehlt und dass die deutschen Umlaute in Hieroglyphen umgewandelt wurden. Wenn aber Apple sich hohe Verkaufsziele setzt und seinen Konkurrenten mit seinem schicken Gerät Kunden abwerben möchte, dann sollte der Weg möglichst einfach sein und sich doch bitte mal in die Situation des Kunden versetzt werden. Aber der Kunde wird hoffnungslos allein gelassen. Wenn Sie nun trotz aller Widrigkeiten alles geschafft haben, dann werden Sie bei der nächsten Aktualisierung Ihres *iPhones* das Spiel von Neuem beginnen müssen, denn Ihre SIM-Karte ist wieder gesperrt. Dieses Katz-und-Maus-Spiel ist für jeden an der Technik Interessierten ausgesprochen unterhaltsam und vergnüglich. Dass sich aber ein Laie mit solchen Fragen herumschlagen muss, ist nicht in Ordnung. Bei aller hier angebrachten Kritik will ich aber nicht vergessen zu erwähnen, dass die Software in diesem Gerät zukunftsweisend ist: Die Benutzung ist kinderleicht und intuitiv, das heißt, es bedarf keiner Schulung oder keines Studiums von Handbüchern. So sollte es sein.

Aber zurück zum Kauf eines neuen PCs. Wenn Sie ein Auto kaufen, wissen Sie in etwa, dass »je teurer« »umso leistungsfähiger« bedeutet und die Optionen erklären sich meistens von selbst (wenn nicht, bekommen Sie fachkundigen Rat beim Verkäufer, der sich gerne die Zeit nimmt, Ihnen alles zu erklären). Bei der Anschaffung eines PCs sieht es anders aus. Auf die Hilfe des Verkäufers können Sie nur in den wenigsten Fällen zählen, da auch hier die geringen Gewinnmargen es nicht erlauben, geschultes Personal einzustellen.

Fragen Sie jemanden in Ihrem Bekanntenkreis, der Ihnen bei der Auswahl hilft. Sie können auch gerne bei Ihrer IT-Abteilung nachfragen; sehr oft wird den Mitarbeitern ein derartiger Service angeboten. Vielleicht bekommen Sie sogar noch die gleichen Rabatte wie Ihre Firma. Wenn auch das nicht hilft, dann besuchen Sie die Webseite eines Online-PC-Händlers wie beispielsweise Dell. Da werden Ihnen alle Features bei der Konfigurierung erklärt. Sie müssen natürlich nicht dort kaufen, aber zumindest bekommen Sie eine Vorstellung davon, welche Leistungsmerkmale heute üblich sind, und Sie können entscheiden, ob Sie das überhaupt benötigen.

Komplett allein sind Sie dann jedoch später, wenn Sie Ihren Rechner aufrüsten wollen: Eine zweite Festplatte oder einen Blu-Ray-Brenner zu installieren, wenn Sie bis jetzt nur einen DVD-Leser hatten, ist eine echte Herausforderung. Versuchen Sie von ISDN auf DSL upzugraden? Dann werden Sie höchstwahrscheinlich feststellen, dass Sie in Ihrem Haus neue Leitungen verlegen, den PC auf Funkverbindung umrüsten oder einen *Ethernet Adapter* kaufen müssen.

Und warum muss ich mich eigentlich damit beschäftigen, ob mein PC jetzt DVD+R oder DVD-R brennen kann, nur um es auf einem DVD-Leser wieder abspielen zu können? Warum kann mich die Industrie mit solchem Firlefanz nicht in Ruhe lassen?

Für Nichttechniker eine endlose Aneinanderreihung von unlösbaren Herausforderungen, Höllenmaschinen eben. Wenn Sie diese Dinge selbst nicht beherrschen, dann hilft Ihnen ein *PC-Doktor* oder jemand aus Ihrem Freundeskreis. Üblicherweise wird Ihre IT-Abteilung hier nicht weiterhelfen, es sei denn, jemand tut Ihnen auf privater Basis einen Gefallen.

PCs und Software sind ohne jede Frage enorm leistungsstark, aber sie sind zu kompliziert, zu technikorientiert und nicht ausreichend zuverlässig. Und die schlechte Nachricht ist, dass dies in absehbarer Zukunft auch nicht besser wird.

Allerdings weiß auch jeder, dass die junge Generation mit Computern auf ganz natürliche Art und Weise aufwächst und keinerlei Berührungsängste kennt. Jemand hat das einmal so formuliert, dass die Älteren unter uns »Einwanderer im digitalen Land« sind, wogegen die jüngeren »Eingeborene« sind. Demnach wird sich das Problem wohl irgendwann ganz von selbst lösen. Vieles deutet darauf hin, dass die Industrie genau darauf spekuliert.

Zu bemerken gibt es in diesem Zusammenhang auch, dass die Jüngeren zwar viel bedenkenloser, aber dafür nicht zwingend besser mit der Technologie umgehen können: Hinweisfenster mit Warnungen werden nicht gelesen und einfach weggeklickt. So ist das Abräumen von Bankkonten junger Leute keine Seltenheit. Kaum jemand nimmt wahr, wenn er auf einer Phishing-Seite gelandet ist. E-Mails von der Bank werden beantwortet, selbst dann, wenn man bei der (angeblichen) Bank kein Konto hat.

Wie soll man es anstellen, eine Software auszusuchen?

Der Software-Dschungel ist riesengroß und er wächst von Tag zu Tag. Hier eine Auswahl zu treffen, ist gar nicht einfach. Es ist manchmal ein digitales Abenteuer, die Beschreibung der Funktionalität eines Softwareproduktes auf der Webpage des Herstellers zu verstehen; ich gewinne manchmal den Eindruck, dass der Hersteller bei seinen Erklärungen davon ausgeht, dass der Käufer das Produkt bereits kennt. Man kann sich Rat im Freundes- und Bekanntenkreis einholen oder, besser noch, via Google, über Käuferbewertungen bei amazon und in diversen spezialisierten Benutzerforen die Erfahrungsberichte anderer Anwender einsehen. IT-Abteilungen sind hier wahrscheinlich nicht die richtigen Ansprechpartner, da in einem Betrieb nicht die gleiche Software wie im privaten Bereich eingesetzt wird.

Wie kann man an die Benutzung von Software herangeführt werden?

Haben Sie schon einmal auf einem Airport beobachtet, was passiert, wenn sich jemand an einem Automaten selbst einchecken will? Haben Sie die Verzweiflung im Gesicht des Reisenden gesehen, wenn das Ding seine unklaren Anweisungen gab oder den Vorgang unter mysteriösen Umständen irgendwann abgebrochen hat? Und wenn der Reisende dann nicht wusste, ob er jetzt eingecheckt ist oder nicht? Dieser Vorgang ist softwaretechnisch ja nicht extrem kompliziert und dennoch generiert er reichlich Ärger. Von Software verursachte Frustration passiert weltweit millionenfach in jedem Augenblick. Das, was Software leistet, ist zwar gigantisch, die Benutzung von Software bleibt allerdings nach heutigem Stand ein oftmals hochgradig unerfreuliches Unterfangen.

In einem Betrieb ist es unvorstellbar, eine Software einzuführen, ohne die Benutzer dieser Software ausreichend zu schulen. Die Konsequenz wären nämlich eine völlige

Nichtakzeptanz und riesige Probleme im laufenden Betrieb. Große Firmen haben eigene Schulungszentren dafür eingerichtet, kleinere Firmen beauftragen Externe und arbeiten mit professionellen Schulungszentren zusammen, sobald Schulungsbedarf entsteht. Dies ist richtig und notwendig.

Für die Schulung von (künftigen) IT-Experten gibt es ein Meer an Angeboten und diese Schulung ist teuer. Die Mitarbeiter fallen in dieser Zeit für ihre sonstigen Aufgaben aus, die Schulungsgebühren müssen bezahlt werden und vielleicht fallen auch noch Reisekosten an. Die reinen Schulungsgebühren sind sehr unterschiedlich, da sie von der Komplexität des Themas abhängen. Sie übersteigen spielend die Grenze von EUR 2.000 für eine (für IT-ler übliche) 5-tägige Maßnahme. Für eine Spezialisierung in einem Gebiet (wie Unix oder Windows 2003 Administration) reicht aber eine Woche Schulung nicht aus, es müssen mehrere Wochen (allerdings nicht hintereinander) organisiert werden. Einen Mitarbeiter eine Woche lang auf Schulung zu schicken, hat einen direkten Einfluss auf die sonstige zu verrichtende Arbeit. Es ist nicht immer einfach, einen Zeitraum von 5 Tagen am Stück zu finden, bei dem man auf seine Anwesenheit verzichten kann. Es gibt KPIs (*Key Performance Indicators*, das sind allgemein anerkannte Zielwerte, mit denen man sich gegenüber der Konkurrenz vergleichen kann), die besagen, dass ein IT-Mitarbeiter pro Jahr im Schnitt 8 Arbeitstage auf Schulung gehen sollte, um den technologischen Anschluss nicht zu verpassen. Wenn der Mitarbeiter sich zusätzlich in seiner Freizeit mit dem Thema beschäftigt, ist es natürlich einfacher.

Schulung ist ein absolutes Muss, jedoch weiß man nie, ob und wie sie sich rentiert. Glücklicherweise kann in Luxemburg eine Firma ihre Ausgaben für Schulung bis zu einem gewissen Grad steuerlich geltend machen.

Im privaten Bereich sieht es leider völlig anders aus. Software kauft man im Supermarkt, in einem PC-Shop oder lädt sie im Internet. Die Installation kann schon unüberwindbare Hindernisse bereitstellen, aber wenn diese Klippe erst einmal umschifft ist, dann gehen die Probleme erst richtig los.

Moderne Software für den Privatgebrauch ist enorm umfangreich, und es werden kaum 10 Prozent der angebotenen Funktionen überhaupt benutzt. Die restlichen 90 wurden aber mitbezahlt.

Wenn Sie nun eine Software auf Ihrem PC installiert haben, dann wissen Sie noch nicht, wie sie funktioniert. Sie haben keine Ahnung, was sie alles kann oder eben auch nicht kann. Sie wissen nicht, ob es eventuelle Schwachpunkte gibt oder ob Sie auf bestimmte Dinge ganz besonders Acht geben müssen. Niemand sagt Ihnen, wie Sie die Daten mit diesem Programm am besten erstellen und verwalten. Und was bedeuten all die vielen Einstellungsparameter, die lediglich mit einer viel zu vagen technischen

Bezeichnung angezeigt werden (wie zum Beispiel in Word: *Zufallszahl zur Verbesserung der Zusammenführungsgenauigkeit speichern*) und bei dem die Hilfe-Funktion auch kaum weitere Aufschlüsse gibt?

Haben Sie nicht schon mal aus Frustration eine gekaufte Software wieder deinstalliert oder einfach nicht mehr benutzt? Und wie sieht es aus, wenn Sie die Software über einen längeren Zeitraum nicht mehr benutzt haben und Sie das meiste wieder vergessen haben? In einer Firma würde der Mitarbeiter auf seine Schulungsunterlagen zurückgreifen.

Sie wurden auch nicht darauf hingewiesen, dass Sie nach jeder Änderung Ihrer Daten eine Datensicherung durchführen müssen. Sie wissen es nicht, da Sie das in Ihrem Betrieb ja auch nicht machen müssen - das macht ja die IT.

Wer erklärt Ihnen, welche Sicherheitsvorkehrungen (Firewall, Antivirus, …) Sie treffen müssen und wie Sie diese auf dem letzten Stand halten?

Mit der Problematik der Benutzung der Computer durch Privatanwender befasst sich eine Organisation mit dem Namen ECDL (European Computer Driving Licence), bei der Sie eine standardisierte PC-Führerscheinprüfung für die Bedienung von Computern machen können. Aufgrund der Schwierigkeiten, die mit der Benutzung eines PCs verbunden sind, wäre es sinnvoll, wenn jeder eine solche Prüfung ablegen würde. Leider ist diese Organisation viel zu diskret und in der Öffentlichkeit wenig bekannt.

Die Anbieter von Systemen – und dies beinhaltet Hardware und Software – sollten auch bei diesem Thema erwachsen werden und dafür sorgen, dass ihre Benutzer geschult sind. Ich sehe drei Optionen, wie dies geschehen kann:

- Kurse anbieten und diese mit professionellen Partnern organisieren. In vielen Städten in Deutschland gibt es Volkshochschulen, die für die gebräuchlichsten Softwareprogramme sowie für die allgemeine Computernutzung Kurse anbieten. Allerdings ist sehr viel Software auf dem Markt, für die es keine Schulungsangebote gibt. Alternativ zu Kursen könnten auch Schulungen via Internet angeboten werden.

- Jedes Produkt sollte eine von Pädagogen entwickelte interaktive Lernsoftware enthalten. Dies wird heute schon gelegentlich gemacht, das Angebot reicht aber bei Weitem nicht aus. Gelegentlich sieht man ein sogenanntes *Tutorials*, das ist eine mehr oder weniger statische Software, die die wichtigsten Funktionen wie in einem Film abspielt; nur selten ersetzt dies eine detaillierte Schulung, es wendet sich eigentlich eher an erfahrene Benutzer.

- Ein nach didaktischen Kriterien erstelltes Benutzerhandbuch sollte automatisch mit dazugegeben werden. Es sollte dem Käufer nicht überlassen bleiben, sich durch den Dschungel der Fachliteratur hindurchzukämpfen. Jedes technische Produkt kommt mit einer Anleitung daher, jedoch für Software und Computer scheint diese Regel fast nie zu gelten. Männern kommt das wahrscheinlich entgegen – das Klischee stimmt schon, wonach Männer erst mal wild ausprobieren, bevor sie sich eine Gebrauchsanweisung antun. Frauen sind da etwas anders und lesen erst mal die Beschreibung, um sicher zu gehen, dass sie alles richtig machen.

Wenn Ihnen das alles zu mühsam erscheint und Sie dazu die Möglichkeit haben, dann können Sie immer noch eine(n) IT-Experten(in) heiraten. Es gab einmal eine Zeit, da hieß es, man sollte einen Arzt in der Familie haben. Später dann sagte man, es wäre gut, einen Arzt und einen Anwalt zu kennen. Heute ist es optimal, wenn man einen Arzt, einen Anwalt und einen Informatiker zu seinem Freundes- oder Bekanntenkreis zählen darf.

Dann wäre es auch sinnvoll, Produkte aus der Sicht des einfachen Benutzers heraus zu entwickeln und sie nicht ausschließlich auf zusätzliche Funktionalität zu fokussieren. Navigationsunterstützung, wie in einem der vorangegangenen Kapitel beschrieben, sollte in der Software enthalten sein. Neue Produkte müssten von Laien auf Bedienungsfreundlichkeit geprüft werden, bevor sie auf den Markt kommen. Software sollte in der Lage sein zu erahnen, was der Anwender als Nächstes tun möchte. Hier gibt es bereits gute Ansätze in einigen Programmen, aber es ist noch ein sehr weiter Weg.

Dann könnte Software so geschrieben sein, dass sie sich am Kenntnisstand ihres Benutzers orientiert, so wie dies bei Computerspielen der Fall ist. Je nach Niveau (Anfänger, Fortgeschrittener, Experte) gibt es eine unterschiedliche Benutzerführung. Software sollte in der Lage sein, ein Benutzungsmuster des Anwenders zu erkennen und dieses auch zu respektieren und flexibel anzupassen. Dieser Vorschlag ist alles andere als revolutionär; bereits 1995 hat Bill Gates in seinem Buch *Der Weg nach vorn* gefordert, dass Software die Funktion eines Assistenten haben sollte. Dieser Software-Assistent würde erkennen, was für einen Benutzer wichtig ist und ihm manche Arbeit abnehmen. Nun, Herr Gates ist ein Visionär und er sitzt auch noch an der Quelle, aber er hat in den letzten 13 Jahren nur halbherzige Versuche unternommen, die in den neuesten Programmen auch noch zurückgefahren werden. Bleiben wir optimistisch und hoffen wir, dass es 2015 so weit sein wird.

Mit den oben aufgeführten Vorschlägen müsste Software nicht zwangsläufig teurer werden, denn wir haben bereits gesehen, welche gigantischen Gewinnmargen diese Branche generiert.

Es wäre an der Zeit, der Computerindustrie Dampf zu machen und diese Dinge einzufordern; von selbst passiert gar nichts.

Es mangelt aber auch am Bewusstsein bei den Käufern, dass Schulungen unerlässlich sind, um ein System erfolgreich nutzen zu können. Schulung ist unabdingbar in den Betrieben, und im Privatbereich sollte es genauso sein. Letztendlich ist die Flut der auf dem Markt zur Verfügung stehenden Fachbücher und Zeitschriften dadurch zu erklären, dass die Anbieter von Systemen dieses Thema vernachlässigen. Mein Rat kann nur lauten: Wenn möglich, besuchen Sie Kurse und kaufen Sie Bücher und Fachzeitschriften. Bei Problemen bei der Benutzung helfen auch spezialisierte Foren im Internet.

Bei Fachsoftware ist das Bild sehr gemischt. Viele Anbieter von großen und wichtigen Systemen haben eine ganze Palette von maßgeschneiderten Schulungen im Angebot, sowohl für die IT-Experten als auch für die Benutzer. Aber es gibt auch zu viele Anbieter, die sich bei diesem Thema keine große Mühe geben und sich auf den Verkauf und die Installation beschränken. Es ist leider wahr, dass bei der Auswahl eines Systems in einem Betrieb viel zu oft übersehen wird, dass die Schulung eine wichtige Grundvoraussetzung für die erfolgreiche Installation eines Systems ist.

Es wird auch sehr oft vergessen, dass Schulung im Betrieb ein fortlaufender Prozess ist. Es reicht eben nicht, die Anwender bei der Einführung zu schulen und dann zu glauben, es wäre für alle Zeiten damit getan. Die Systeme ändern sich permanent, demnach muss auch Schulung immer wieder neu aufgesetzt werden. Darüber hinaus vergessen Anwender recht schnell, welche zusätzlichen Möglichkeiten ein System bietet, da sie sich bei ihrer täglichen Arbeit auf die routinemäßig genutzten Funktionen beschränken.

Ein sehr bekanntes Beispiel ist Excel: Die wenigsten Benutzer haben eine Vorstellung von der Fülle der angebotenen Funktionalität. Als CIO erlebt man immer wieder, dass neue Funktionen angefragt werden, die bereits bestehen. Die Anwender wurden entweder nie informiert, dass es diese bereits gibt, oder sie hatten es seit der letzten Schulung vergessen, da sie die bisher nie benötigten. Wiederholte Schulung eröffnet neue Perspektiven und bewirkt, dass ohne zusätzliche Softwareentwicklung die Effizienz im Betrieb steigt. Es ist eine gute Praxis, falls möglich zu überwachen, welche Funktionen wie oft und von wem benutzt werden. Wenn man feststellt, dass etwas speziell entwickelt wurde und kaum benutzt wird, dann kann man entsprechend reagieren und die Anwender darauf hinweisen. Anfragen aus dem Help-Desk kann man auswerten um herauszufinden, bei welchen Systemen der Schuh am meisten drückt.

Eine allgemeine Erfahrung ist die, dass Mitarbeiter sich nicht von selbst melden, wenn sie Schulungsbedarf haben. Sie leiden und schimpfen. Allein schon aus diesem Grund ist ein konstanter Dialog mit den Anwendern im Betrieb sehr wichtig.

Vor jeder Schulungsmaßnahme muss zuerst entschieden werden, in welcher Form diese stattfinden soll. Interaktiv als Workshop oder lieber, indem man einem Vortragenden zuhört? Eine Alternative bietet Microsoft für Office-Produkte an: interaktive Online-Schulungen (*Webcasts*). Erfahrene Referenten erläutern die Einsatz- und Lösungsmöglichkeiten und vermitteln wertvolle Tipps und Tricks. Diese sind kostenlos und erfordern keine Installation von Software. Die Schulungsteilnehmer verbinden sich über das Internet und können live die Präsentation eines Microsoft-Experten verfolgen. Haben die Teilnehmer Fragen zur Präsentation, können sie die Referate kommentieren oder bereits während des *Webcasts* über eine Fragenverwaltung Feedback an den Präsentator senden. Nach der Liveübertragung steht die Online-Schulung zum Download zur Verfügung.

Nach jeder Schulungsmaßnahme im Betrieb muss eine Rückmeldung abgefragt werden: War der Kurs zu lang oder zu kurz? Wie war das Niveau? Ging es zu schnell oder zu langsam? Wie kompetent war der Kursleiter? Daraus kann man Schlüsse für die nächsten Schulungen ziehen.

Dann wird in den Firmen auch gerne vergessen, neu eingestellte Mitarbeiter auf die für sie neuen Systeme ausreichend zu schulen, und dann passiert eine Geschichte wie die nun folgende.

Es war Ende der 80er-Jahre, als wir in der IT immer wieder mit einem kompletten Systemabsturz konfrontiert waren. Der Computer schaltete sich eigenständig aus, und wir mussten ihn wieder hochfahren. Dies passierte mehrmals in der Woche, aber das System gab keinen Anhaltspunkt, woran es liegen könnte. Wir suchten weiter, aber es blieb uns nichts anderes übrig, als vorerst damit zu leben. Die Verärgerung der Anwender in den Abteilungen stieg unablässig.

Durch Zufall fanden wir dann die Ursache.

In der Abteilung »Geschäftsabwicklung« war eine neue Mitarbeiterin eingestellt worden, die kein Wissen aus dem Finanzwesen hatte. Ihre Aufgabe bestand darin, Geschäftsbelege zu erfassen, die aus der Handelsabteilung kamen. Nach einer sehr kurzen Einführung durfte sie alleine arbeiten. Wegen einer Umzugsaktion sollte diese Dame für ein paar Tage in den Büros der IT sitzen. Gleich am ersten Tag auf ihrem Platz bei uns stürzte wieder der Computer ab. Dabei war einem meiner Mitarbeiter aufgefallen, dass just zu diesem Zeitpunkt die Dame ihren Bildschirm (PCs hatten wir damals noch nicht) ausgeschaltet hatte.

Wir hatten die Quelle des Problems. Zu der Zeit hatten Computer erhebliche Probleme damit, wenn angeschlossene Geräte plötzlich den Dienst versagten. (Heute ist dies kein Problem mehr. Moderne Systeme verkraften dies ohne Weiteres.)

Aber warum machte sie das? Wir gingen der Sache auf den Grund und es stellte sich heraus, dass in dem Formular, das sie gerade als Basis für ihre Eingabe benutzte, in dem Feld *Currency* (Währung) der Wert handschriftlich eingetragen war. Als sie ihren Bildschirm ausschaltete, stand auf dem gerade bearbeiteten Formular DEN; der Devisenhändler hatte sich verschrieben und DEM gemeint. Den Wert DEN wollte das System natürlich nicht annehmen. Da sie den Sinn des Formulars nicht verstanden hatte, sich auch nicht traute nachzufragen und auch bei der Eingabe nicht weiterkam, sah sie lediglich die Möglichkeit, den Bildschirm auszuschalten und das entsprechende Formular einer anderen Kollegin ins Fach zu legen.

Als wir ihr erklärt hatten, wie sie künftig in einer solchen Situation verfahren sollte, gab es keine Abstürze mehr.

Ein paar Tage später allerdings rief die Leiterin ihrer Abteilung bei mir an und behauptete, wir hätten die Dame angewiesen, bei allen nicht lesbaren Werten im Feld *Currency* den Wert DEM einzugeben und dadurch wäre jetzt ein großer finanzieller Schaden entstanden! Verständlicherweise überstand die Dame die Probezeit nicht.

Es hätte auch nicht erstaunt, wenn sie Tipp-Ex benutzt hätte, um Fehler am Bildschirm zu korrigieren.

Ein anderes, viel aktuelleres Beispiel für die Art der Probleme, die Anwender bei der Benutzung und dem Verständnis eines Systems haben können, ereignete sich mit einem Kollegen in einer Führungsposition. Er sollte in ein anderes Büro umziehen und bei dieser Gelegenheit einen neuen PC bekommen. Er weigerte sich aber entschieden umzuziehen, obwohl das neue Büro schöner und angenehmer als das alte war. Wir versuchten ihn zu überzeugen, aber es war nichts zu machen. Sein maximales Zugeständnis bestand darin, dass er auf jeden Fall seinen alten PC behalten wollte. Dies verstanden wir erst recht nicht, da es ein altes Gerät war und ausgemustert werden sollte. Die Sache eskalierte und die Geschäftsleitung wurde informiert. Dort wurde entschieden, dass er ohne Frage umziehen müsste und dass er auch einen neuen PC bekäme. Die Geschäftsleitung machte deutlich, dass sie kein Verständnis für diese Haltung hätte. Daraufhin brach es aus dem Mann heraus und er sagte, dass niemand von ihm erwarten könne, alle seine Dokumente neu im PC einzugeben. Er hatte tatsächlich geglaubt, dass seine Daten lokal auf seinem PC gespeichert und bei einem neuen PC nicht mehr vorhanden wären. Dies ist ein Beispiel eines Missverständnisses, wie man es in der IT regelmäßig erlebt. Selbstverständlich waren seine Daten nicht verloren, da sie zentral auf dem Server gespeichert waren und nicht lokal auf der Festplatte des PCs.

Manchmal scheitert die ganze Chose an absolut banalen Dingen: Der Ausdruck der Kundenbestätigungen erfolgte auf einem Drucker in der Abwicklungsabteilung.

Systemseitig verlief alles normal. Der Drucker meldete an die Steuerungseinheit, dass der Job korrekt erledigt wurde. Daraufhin wurde die Datei ins Archivierungssystem gestellt und im Hauptsystem gelöscht. Wenig später meldete sich ein Anwender bei der IT und teilte zerknirscht mit, dass das Papier verkehrt herum eingelegt worden war und das Logo der Bank auf dem Kopf und unten auf dem Papier stand. Ob die IT noch mal drucken könnte? Die IT verneinte, da die Datei ja bereits gelöscht war, und einen solchen Massenausdruck aus dem Archivsystem heraus gab es nicht. Ein Mitarbeiter wurde also von seiner aktuellen Aufgabe abgezogen und verbrachte daraufhin einen kompletten Tag damit, die Ausdruckdatei zu rekonstruieren und neu zu drucken.

10 Arbeiten wie in Deutschland – Leben wie in Frankreich

Und im Übrigen ist Luxemburg kein Steuerparadies.

(Jean-Claude Juncker, Ministerpräsident des Landes)

Arbeiten wie in Deutschland – Leben wie in Frankreich

Ein bisschen Werbung für Luxemburg

Seit der ersten Auflage dieses Buches sind zwei Jahre vergangen und es hat sich in Bezug auf die IT in Luxemburg enorm viel getan. Damals stand Luxemburg nicht im Ruf, ein internationales Zentrum für IT-Dienstleistungen zu sein. Dies hat sich grundlegend geändert. Software für den weltweiten Markt wird zwar nach wie vor nicht hier entwickelt, aber vielleicht ändert sich das in Zukunft. Die Regierung war jedoch bislang äußerst erfolgreich mit der Akquisition von international renommierten Firmen im Bereich e-commerce, die sich entschieden haben, IT-Dienstleistungen in Luxemburg zu bündeln. Herausragende Beispiele sind:

- Amazon
- E-bay
- Skype, jetzt Teil von e-bay, war von Anfang an eine luxemburgische Firma
- paypal
- Apple's itunes
- Im Laufe des Jahres 2008 kommt die japanische Rakuten mit ihrer e-commerce-Plattform nach Luxemburg.

Die komplette Liste dieser «Success Stories» sowie weiterführende Informationen lassen sich auf www.mediaport.lu finden.

Als Vorbereitung auf weitere Projekte dieser Art laufen zurzeit große Maßnahmen, um neue Rechenzentren in Luxemburg hochzuziehen. Es ist ein regelrechter Boom in diesem Segment entstanden. Auch die Datentransportkapazitäten werden ständig vergrößert.

Seit Beginn 2008 besteht das *Intellectual Property*-Gesetz, welches eine 80prozentige Steuerbefreiung auf Gewinnen, die auf Software-Copyrigths, Patenten und Ähnlichem erzielt werden, ermöglicht. Das Potential dieses Gesetzes ist enorm.

Viele Banken haben sich in jüngster Zeit entschieden, ihre europäischen IT-Dienste des Konzerns in sogenannten *Hubs* in Luxemburg zu bündeln. Eine deutsche Bank hat sogar ihren Hauptsitz von Deutschland nach Luxemburg verlagert.

All dies hat gute Gründe, da entsprechende technische und rechtliche Rahmenbedingungen dafür geschaffen wurden. Dazu noch einmal einen Auszug aus der Rede *Deklaration der politischen Prioritäten der Regierung* unseres Ministerpräsidenten, Herrn Jean-Claude Juncker am 12. Oktober 2005:

«Wir beabsichtigen, Luxemburg zu einer Hauptadresse der E-Technologie in der Welt und in Europa zu machen. Große Namen wie AOL und AMAZON sind heute schon Flaggschiffe dieser Politik. (...) Der Hauptsitz von SKYPE, dem größten internationalen Internet-Telephonie-Provider (...), hat seinen Sitz hier und wird ihn auch hier behalten. Mit anderen großen, internationalen Players laufen vielversprechende Kontakte. Diese zukunftsträchtige Aktivität findet, wenn auch nicht ausschließlich, in einem günstigen steuerlichen Umfeld statt, welches wir hier in Luxemburg geschaffen haben. Dieses Umfeld wollen wir erhalten und deshalb sind wir auch gegen die vorgeschlagene EU-Direktive, welche die indirekten steuerlichen Regeln im E-Bereich ändern will. Aber das reicht nicht: In den nächsten Monaten werden wir unsere Datenschutzgesetzgebung ändern, wir werden die Defizite in der Kommunikationsinfrastruktur beheben und wir werden uns um die Verbesserung der Preisstruktur kümmern. Wir möchten uns intensiv und offensiv als Exzellenzzentrum für Informations- und Kommunikationstechnologie weltweit profilieren.»

Man muss erwähnen, dass es speziell für Banken Regularien zum Outsourcing und Insourcing gibt, die in dieser Form einzigartig sind.

Dann besteht die Möglichkeit, für innerhalb des gleichen Konzerns getätigte Dienstleistungen keine Mehrwertsteuer berechnen zu müssen: Das macht die gleiche Dienstleistung auf Anhieb um den Mehrwertsteuersatz günstiger, wenn sie in Luxemburg geleistet wird.

Sehr hilfreich in diesem Zusammenhang ist die Tatsache, dass IT zunehmend komplexer wird, und die Zeiten, in denen jede Firma oder jede Filiale einer Firma ihre eigene IT mit vollem Leistungsumfang stemmen konnte, gehen rapide zu Ende. Die Bündelung von Dienstleistungen in *Hubs* ist der große Trend und hier ist Luxemburg nun perfekt positioniert.

Zusätzlich gibt es mit Ausnahme der Schweiz kein anderes Land in Europa, in dem Mehrsprachigkeit so im täglichen Leben verankert ist wie in Luxemburg.

Der Erfolg ist da und man stellt bereits eine reale Knappheit an Experten auf dem Arbeitsmarkt fest. Der Radius, in dem neue Mitarbeiter gesucht werden, weitet sich ständig aus. Wenn Sie als Leser mit dem Gedanken spielen, in Luxemburg arbeiten zu wollen, dann werden Sie die folgenden Zeilen mit Interesse lesen. Wer aber ausschließlich etwas über IT erfahren möchte, der kann guten Gewissens zum nächsten Kapitel weiterblättern.

Es ist kaum bekannt, aber Luxemburg ist ein sehr schönes Land, das in den letzten Jahrzehnten einen außerordentlich positiven Wandel erlebt hat. Die Generation meiner Großeltern war größtenteils noch Bauern und nach heutigen Maßstäben arm. Der nächsten Generation ging es wegen der boomenden Stahlindustrie bereits bedeutend besser.

In den 80er-Jahren wurde die Stahlindustrie als Wohlstandsgenerator vom Finanzplatz abgelöst. Als nächster Schritt käme dann das Aufstellen Luxemburgs als IT-Kompetenzzentrum. Der aktuelle Wohlstand ist sehr hoch und kaum noch steigerungsfähig.

Der Finanzplatz hat einen fundamentalen Wandel in der Bevölkerungsstruktur mit sich gebracht. Fast vierzig Prozent der Einwohner sind mittlerweile Ausländer, aber die Integration stellt kaum Probleme dar. Ganz im Gegenteil: Die Mehrheit der Luxemburger empfindet die Ausländer als Bereicherung. Vor allem auch deshalb, weil sie durch ihre Arbeit entscheidend zum Wohlstand beitragen. Die luxemburgische Mentalität ist eher von ruhiger und abwartender Natur, aber dafür nach einer gewissen Zeit unkompliziert und umso herzlicher.

Wenn Sie mit dem Auto über Land fahren, nehmen Sie sich etwas Zeit und fahren Sie in den Dörfern in die Nebenstraßen, in denen die Neubauten stehen. Es gibt wohl nirgendwo eine solche Vielfalt an Baustilen auf engstem Raum. Neben einem skandinavischen Holzhaus können Sie ein einem mittelalterlichen Schloss nachempfundenes Haus finden. Das Bautenreglement der Gemeinden definiert nur die Basisregeln wie den Abstand zum Nachbarn, Höhe des Hauses und ähnliche. Ansonsten sind Sie frei, den Stil zu bauen, den Sie möchten. Es lohnt sich also, ein bisschen Häusertourismus zu betreiben.

Luxemburg befindet sich geographisch im Herzen Europas und wurde in der Vergangenheit (und auch heute noch) stark von den Kulturen der Nachbarländer Deutschland, Frankreich und Belgien beeinflusst. Dabei hat sich herausgestellt, dass es eine gute Strategie ist, sich das Beste aus den anderen Kulturen herauszupicken. Das ist auch der Grund, warum Luxemburg nicht jedem Hype hinterherhechelt, wie das in New York oder anderen Metropolen der Welt der Fall ist. Wir lieben es, erst mal abzuwarten, um zu sehen, was sich durchsetzt. Ein *bon-mot* besagt, dass wir so arbeiten wie die Deutschen und so leben wie die Franzosen. In den vielen guten Restaurants kann man das am besten beobachten: Es gibt französische Küche mit deutschen Portionen.

Die Einheimischen sind in der Regel viersprachig: Luxemburgisch, Deutsch, Französisch und Englisch gehören zur allgemeinen Grundausbildung. Dazu kommt ein hoher Prozentsatz von ausländischen Einwohnern, die in der mindestens zweiten Generation im Land leben und selbstverständlich zusätzlich noch ihre Muttersprache wie Portugiesisch oder Italienisch sprechen. Luxemburgisch ist eine eigene Sprache. Sie ist versetzt mit Segmenten vieler anderer Sprachen, hat aber ihre Eigenheiten, die es so woanders nicht gibt. Selbst wenn einige es nicht gerne hören, so kommt sie doch der deutschen Sprache am nächsten. Darauf angesprochen antworten wir gerne, dass das Luxemburgische kein deutscher Dialekt, sondern dass das Deutsche ein luxemburgischer Dialekt sei. Wie auch immer, auf unsere Sprache sind wir schon stolz und pflegen sie auch mit Liebe.

Die Luxemburger sind wohl die Einzigen, die sowohl die Eigenheiten und kulturellen Finessen der Deutschen als auch die der Franzosen kennen und verstehen. Dies ist nicht nur in der Politik ein großer Vorteil, und nicht zuletzt aus diesem Grund sind sie bei internationalen Konferenzen gesuchte Ansprechpartner. Da die Franzosen meistens kein Deutsch sprechen und die Deutschen kein Französisch, ist die sprachliche Kompetenz der Luxemburger und die damit verbundene Vermittlerrolle zwischen den Kulturen von unschätzbarem Wert.

Die Lebensqualität in Luxemburg – unabhängig vom materiellen Wohlstand – ist außergewöhnlich hoch. Die soziale Stabilität ist exemplarisch. Änderungen werden hier im Dialog mit allen Beteiligten entschieden, und es gibt keine Boulevardzeitungen, die jeden Änderungsansatz auf der Titelseite totschießen. Das Land ist mit seinen 440.000 Einwohnern nicht überbevölkert, die Hauptstadt ist mit 83.000 Einwohnern eher klein. Das Land hat sehr viel Natur und allein ein Drittel der Fläche besteht aus Wald. Auch die Infrastruktur ist hochklassisch.

Die Behörden zeigen große Flexibilität und passen, wenn nötig, die Gesetzgebung sehr schnell an. Es ist eher einfach, wenn Firmen sich hier niederlassen und mit der Regierung darüber verhandeln wollen.

Als kleines Land haben wir nur begrenzte Möglichkeiten, was den Sport angeht. In einigen Disziplinen wie Radsport oder Tennis haben wir Profis, die international gute Leistungen bringen, ansonsten aber liegt der letzte große internationale Erfolg

Jahrzehnte zurück. Mit Ausländern reden wir daher nicht so gerne über den Luxemburger Sport.

Die Stadt Luxemburg ist ein wahrer touristischer Geheimtipp. Die Altstadt mit ihren über tausend Jahre alten Festungsmauern wurde 1994 als UNESCO *World Heritage* klassifiziert. Sie ist in der Tat einzigartig und ohne Zweifel eine Reise wert. Luxemburg ist eine der schönsten Städte Europas, was kaum bekannt ist. Jedoch durch das europäische Kulturjahr 2007 rückte Luxemburg stärker in das öffentliche Interesse und unsere Tourismusverantwortlichen nutzen die phantastische Möglichkeit, Werbung für die Stadt zu machen. Auch außerhalb der Stadt gibt es viel Sehenswertes: Die kleine Schweiz mit ihren wild romantischen Bächen, die sich durch Felsen schlängeln, ist allein schon einen Besuch wert. Der Norden glänzt mit Burgen, alten Mühlen und Natur pur und die kleinen Städte wie Clervaux und Vianden sind touristische Kleinode.

Vergessen darf man auf keinen Fall die an der Sauer gelegene pittoreske Stadt Echternach und natürlich die Gegend an der Mosel.

Luxemburger Küche? Nun, sie ist selbst unter Einheimischen umstritten und es ist schwer, aber nicht unmöglich, die typisch luxemburgischen Gerichte in einem Restaurant zu finden. Versuchen Sie es bei Ihrem nächsten Besuch in Luxemburg und machen Sie sich ein eigenes Bild bei *Gromperekichelcher, Huesenziwi, Kuddelfleck, Rieslingspaschteit, Fierkelsgelli, Feierstengszalot, Kachkeis, Kwetschekraut, Bouneschlupp* oder *Judd mat Gaardebounen* und einem ausgezeichneten Glas Moselwein.

Wer jedoch ein Nachtleben wie in Paris sucht, wird es in Luxemburg schwerer haben.

11 Nach ersten Schätzungen geht der Schaden in die Millionen

Wenn einem das Wasser bis zum Hals steht, darf man den Kopf nicht hängen lassen.

(Ingrid Matthäus-Maier)

Nach ersten Schätzungen geht der Schaden in die Millionen

Die Schwierigkeiten einer Notfallplanung

Im August 2007 fiel Skype während mehrerer Tage aus. Grund dafür war, dass Millionen von PC-Benutzern ihr Windows zum gleichen Zeitpunkt automatisch aktualisierten und den PC neu starteten. Dadurch wurde zeitgleich eine enorme Masse an Verbindungsanfragen an Skype gerichtet – eine Situation, die so nicht vorgesehen war und mit der der Server nicht klarkam. Er verabschiedete sich. Es dauerte mehrere Tage, bis die Ursache des Problems erkannt war und eine Korrektur vorgenommen werden konnte. Wie hoch der Schaden für Skype am Ende war, ist unbekannt, er dürfte aber sehr erklecklich gewesen sein. Das Interessante an diesem Beispiel ist vor allem die Tatsache, dass Skype als außerordentlich robust gilt, und trotzdem konnte ein solches Desaster passieren. Im Grunde belegt dieser Fall wie wenig, generell gesehen, die heutige Technik als stabil betrachtet werden kann. Denn solche Dinge passieren andauernd und manchmal schaffen es solche Ausfälle bis in die Nachrichten. Und das hört sich dann in etwa so an: «Guten Abend meine Damen und Herren. Wegen einer Panne sind heute bei der … alle Computersysteme ausgefallen. Nach ersten Schätzungen geht der Schaden in die Millionen.«

Wenn man im Internet unterwegs ist, erlebt man immer mal wieder, dass eine Seite nicht erreichbar ist. Höchstwahrscheinlich ist der betreffende Server ausgefallen, und am nächsten Tag funktioniert die Seite dann wieder. Ärgerlich für den Benutzer ist ein Abbruch des Servers, wenn er mitten in einem Vorgang, wie zum Beispiel der Buchung eines Fluges passiert; nachher können Sie nicht wissen, ob das Programm die Buchung noch durchgeführt hat oder nicht.

Jeder, der in einem Betrieb arbeitet, erlebt regelmäßig, dass ein oder mehrere Systeme (wenn nicht sogar die komplette Infrastruktur) unplanmäßig über einen mehr oder minder langen Zeitraum nicht zur Verfügung stehen. Wenn das bei Ihnen noch nie passiert ist, dann haben Sie allerdings unsagbares Glück. Solche Ausfallsituationen sind gar nicht zu vermeiden. Für die zuständigen Systemadministratoren bedeuten solche Situationen höchsten Stress. Auf der einen Seite wissen sie nicht unbedingt, wie lange der Ausfall dauern wird, auf der anderen Seite nerven die frustrierten Anwender, weil sie umdisponieren müssen. Wie informiert man die Anwender über den Status des Problems? Am besten natürlich über E-Mail; wenn E-Mail ausgefallen ist, dann über Intranet; wenn das auch nicht geht, dann mit einer Windows-Unterbrechungsmeldung. Wenn das auch nicht möglich ist, gibt es Spezialsoftware, um ein Informationsband über den PC laufen zu lassen. Was Software nicht alles kann.

Wer hatte nicht schon mal eine freundliche Dame am Telefon, die uns den Hinweis gab, leider sei »unser Computer ausgefallen«, man möge bitte später noch einmal anrufen. Oder diejenge, man habe ein Problem in der IT und daher zurzeit »keine Informationen zu Ihrer Bestellung«. (Die Aussage »wir haben ein IT-Problem« wird auch gerne als Ausrede genommen, um einen Kunden am Telefon abzuwimmeln. Schließlich weiß die Öffentlichkeit, dass »Computer« und »Problem« Synonyme sind, und deshalb werden derartige Aussagen gerne geglaubt.)

Nur sehr wenige Computerpannen sind öffentlich, aber sie passieren massenhaft jeden Tag weltweit. Es gibt keine verlässlichen Zahlen darüber, wie oft und aus welchem Grund Systeme ausfallen, da keine Firma solche Informationen an die große Glocke hängt. Ein wichtiges System, welches ein oder zwei Tage lang ausgefallen ist, kann schnell Schäden in Millionenhöhe verursachen. Wenn eine Firma nicht mehr weiß, welche Aufträge sie wann zu erledigen hat oder die Rechnungen verspätet bezahlt, sind Schäden sehr schnell entstanden.

Ich habe in einem vorherigen Kapitel geschrieben, dass Hardware heute enorm stabil ist und kaum noch ausfällt. Daher mag es auf den ersten Blick erstaunen, dass dies überhaupt passiert. Wenn man weiß, dass jede Firma, die etwas auf sich hält, enorme Budgets aufwendet, um ausfallsichere Infrastrukturen (von Ersatzmaschinen bis Notrechenzentren) aufzubauen, dann wird die Sache sogar noch erstaunlicher. Die Schwierigkeit bei diesem Thema liegt darin, dass es sehr viele unterschiedliche Auslöser für einen Ausfall geben kann und jeder ein anderes Schutzkonzept benötigt. Um das zu veranschaulichen, hier nun die wichtigsten Ausfallszenarien. Sie sind geordnet nach dem zu betreibenden Aufwand, der nötig ist, um ihnen zu begegnen.

Softwarefehler

Gleich zweimal innerhalb eines Jahres gab es einen Totalausfall bei der Firma RIM, welche die Blackberry-Dienste anbietet. Zuerst sah es so aus, als ob Hardwareprobleme in der Infrastruktur die Ursache für das Problem gewesen wären, aber es stellte sich heraus, dass es sich auch hier um ein Softwareproblem handelte.

Die überwältigende Mehrheit der Ausfälle in den IT-Biotopen wird nämlich durch Software verursacht und es bringt der Firma in einem solchen Fall nichts, zu einem Notrechenzentrum zu schalten.

Denn wenn ein Softwarefehler auftritt, dann wird er auch im Notrechenzentrum auftreten. Wenn zum Beispiel Ihre Bank Ihnen bei einer Überweisung das Geld gutschreibt, anstatt abzubuchen, dann wird die Kopie der Software genau das Gleiche tun. Demnach wäre ein Umschalten auf den Notbetrieb bei Softwarefehlern völliger Quatsch.

Diese Tatsache wird jedoch nur selten vermittelt. Ich hatte einen Fall, bei dem ein Kollege aus der Kundenabteilung dies nicht akzeptieren wollte. Er fragte uns, ob wir nicht eine zweite Software anschaffen könnten, welche dann bei Problemen die Kundenbuchungen übernimmt. Er war von seiner Idee überzeugt und es bedurfte einiger Anstrengungen, ihm zu vermitteln, dass dies nicht möglich wäre. Einmal von der reinen Kostenfrage einer derartigen Lösung abgesehen ist dies deshalb unmöglich, weil jede Software den Zugriff auf die Daten nach eigenen Regeln durchführt.

Computersysteme speichern ihre Daten so, wie der Softwarehersteller es will. Es gibt keine Standards, an die sich ein System generell halten müsste. Deshalb können Daten von einem System auch nur mit großem Aufwand von einem anderen System gelesen werden. Zumindest in der Welt der Office-Produkte (Textverarbeitung, Tabellenkalkulation, …) ändert sich dies zurzeit, da das Abspeichern der Dokumente auf dem XML-Standard aus dem Bereich OpenSource aufbaut. (Allerdings wollte Microsoft ursprünglich das Format nicht offen legen, was aber mittlerweile, wenn auch mit wichtigen Einschränkungen, der Fall ist.) In der aktuell letzten Version werden Daten aus Excel und Word dadurch für andere Programme, die diese Formate unterstützen, ebenfalls zugänglich.

Außerhalb der Welt der Office-Produkte und besonders bei Fachsoftware wie Buchungsprogrammen gibt es keinerlei Standards, wie Daten gespeichert werden. Jeder Anbieter kocht hier sein eigenes Süppchen; nicht zuletzt auch deshalb, um sein Produkt gegenüber der Konkurrenz abzuschotten. Für professionelle Benutzer ist dies ein Missstand, der zur Folge hat, dass die Realisierung von Interfaces eine echte Herausforderung bleibt. Aktuell wird zwar in der Fachwelt versucht, serviceorientierte Architekturen zu implementieren, die diesem Missstand entgegenwirken sollen. Ich denke aber nicht, dass das wirklich helfen wird. Über die Gründe hierfür habe ich mich bereits an anderer Stelle in diesem Buch ausgelassen.

Nehmen wir zur besseren Veranschaulichung ein einfaches Beispiel aus dem Privatbereich: Sie haben zu Hause auf Ihrem PC ein kommerzielles Programm installiert, welches Ihren Weinkeller verwaltet. Eines Tages gelingt es Ihnen nicht mehr, das Programm zu starten, da eine Fehlermeldung in der Art »DLL inkompatibel« oder sonst etwas Chinesisches erscheint. Sie gehen ins Internet und kaufen dort eine neue Software, um Ihren Weinkeller zu verwalten. Sie installieren sie und rufen sie auf. Was wird Ihnen diese Software anzeigen? Richtig! Nichts, da es die von Ihrem alten Programm verwalteten Daten nicht kennt.

Sie müssten jetzt eine sogenannte Migration der Daten vornehmen, von der Sie aber nicht wissen, wie Sie das bewerkstelligen sollen oder bei der Ihnen niemand hilft. Es ist also nicht sinnvoll, eine zweite Software zu installieren, wenn die Daten nicht so ohne Weiteres transferierbar sind.

Wenn man also Software nicht gegen Ausfälle absichern kann, dann versteht man auch, wie Situationen wie die am Anfang geschilderten auftauchen können. In diesen Fällen, die wie gesagt die überwältigende Mehrheit der Ursachen für Ausfälle sind, kann man nur abwarten, bis die IT das Problem behoben hat. (Natürlich ist es den Fachbereichen nicht verboten, sich Mechanismen auszudenken, um den Ausfall eines Systems mit manuellen Prozessen zu überbrücken.) Generell gilt, dass Provider von Software erst dann Programmverbesserungen an den Kunden schicken, wenn Letzterer sich meldet; selbst dann, wenn die Verbesserung schon zur Verfügung steht. Mit präventiver Wartung könnten viele Ausfälle vermieden werden. Ich erwähnte bereits, dass der heutige Stand der ist, dass es dieses Prinzip auf genereller Basis nur bei technischer Software gibt (Windows XP, Datenbanksysteme usw.). Bei Fachsoftware passiert dies jedoch nur bei einem Versionswechsel der Software (vielleicht ein- oder zweimal pro Jahr) und außerhalb wird dieser Versionswechsel nur von sehr wenigen Providern praktiziert. Einer der Gründe dafür ist, dass die Installation solcher Programmkorrekturen viel aufwendiger und riskanter als bei technischer Software ist und daher gerne abgewartet wird, bis das Kind in den Brunnen gefallen ist.

Hardwarepannen

Hardware kann durchaus kaputt gehen, wie viele PC-Benutzer wissen. Jedoch ist professionelle Hardware heute extrem zuverlässig und wenn sie dennoch ausfällt, ist das oft lediglich ein Fehler in der Steuerungssoftware der Maschine, womit man beim vorigen Szenario wäre.

Um einer Hardwarepanne zu begegnen, braucht man ein Notfallkonzept in seiner einfachsten Form (der meist benutzte Fachbegriff lautet *Disaster Recovery*). Wenn dieser Fall eintritt, kann man relativ problemlos auf eine Ersatzmaschine umschalten. Es gibt verschiedene Techniken, um dies zu bewerkstelligen. Letzten Endes ist es eine Frage des Geldes, das man investieren will, um mehr oder weniger schnell den Betrieb auf der Ersatzmaschine aufnehmen zu können. Eine IT-Abteilung kann bei der Realisierung dieses Konzeptes durchaus Fehler begehen, etwa, wenn sie die Ersatzmaschine zu klein konfiguriert hat – eine Piper fliegt auch nicht so schnell wie ein Airbus.

Es ist durchaus möglich, eine Infrastruktur aufzubauen, bei der die Ersatzmaschine im fliegenden Wechsel ohne Unterbrechung den Betrieb übernimmt, ohne dass der Anwender überhaupt merkt, dass der Server, auf dem er arbeitet, ausgefallen ist. In diesem Szenario ist es unerheblich, ob die Ersatzmaschine im gleichen Haus steht oder in einem Notrechenzentrum auf der grünen Wiese.

Katastrophe im Rechenzentrum

So langsam wird das Szenario dramatischer. Wenn das Rechenzentrum wegen Feuer, Wasser oder Sonstigem nicht mehr zur Verfügung steht, dann hilft auch eine im gleichen Rechenzentrum installierte Ersatzmaschine nicht mehr, und ein zweites Rechenzentrum auf der grünen Wiese ist Pflicht. Ob eine Firma so etwas benötigt, hängt im Wesentlichen von der Art ihres Geschäftes ab. Wenn der CEO der Überzeugung ist, dass schon nach ein paar Stunden oder Tagen Computerausfall der Fortbestand der Firma gefährdet ist, dann muss er Geld (viel Geld!) auf den Tisch legen, um ein zweites Rechenzentrum zu betreiben.

Um das IT-Notbiotop parallel zum IT-Hauptbiotop zu halten, hat die IT die Wahl zwischen verschiedenen Techniken. Abhängig von der Art und Größe des Betriebs werden dann unterschiedliche Entscheidungen getroffen:

Datensicherung und -wiederherstellung

Im Katastrophenfall werden die zuletzt gesicherten Daten (meistens vom Vortag) im Notrechenzentrum zurückgeladen. Dieses Szenario ist am günstigsten, funktioniert aber in der Wirklichkeit nur bei kleinen Betrieben mit einfachen Abläufen. Sehr schnell kommt man zum Schluss, dass man eine

Datenkopie (Cluster/Replikation)

installieren muss. Bei dieser Lösung werden die Daten vollautomatisch via Datenleitung vom Hauptrechenzentrum zum Notrechenzentrum kopiert. Dies ist enorm teuer und technisch hochkomplex.

Um bei der Kopie des IT-Biotops etwas Geld zu sparen, wird oft entschieden, für das Notrechenzentrum ein kleineres Biotop anzulegen. Dies ist ein großer Fehler, denn kaum wächst das Geschäft, ist die Notlösung völlig unbrauchbar. Man hätte das Geld genausogut ganz sparen können. Daher sollte darauf geachtet werden, dass sich beide Biotope so weit wie möglich ähneln.

Eine weitere Methode, Geld zu sparen, besteht darin, ein Notrechenzentrum nicht für alle, sondern nur für firmenkritische Anwendungen zu installieren. Doch da liegt der Hund begraben: Was ist für wen wann kritisch? Und wer soll das definieren? Also, nicht unbedingt empfehlenswert.

Für den Fall, dass sich die IT für das oben beschriebene Konzept der Datensicherung und -wiederherstellung entschieden hat, steht sie vor dem Dilemma, wie sie die Änderungen des Hauptbiotops im Notbiotop nachvollziehen soll:

- Vorher? In diesem Fall ist das Notbiotop der Realität voraus und es besteht die Gefahr, dass eine kurzfristige Änderung des Plans beim Hauptbiotop im Notbiotop nicht abgebildet ist.

- Nachher? Wie Sie durch die Lektüre dieses Buches bereits wissen, gibt es nach jeder Änderung im Hauptbiotop Probleme im Produktionsbetrieb. Das Nachführen des Notbiotops wird sich also in einem nicht akzeptablen Maße verzögern.

- Gleichzeitig? Da Veränderungen an den Systemen oft unter großem Zeitdruck durchgeführt werden, ist schlicht keine Zeit vorhanden, um beide Arbeiten gleichzeitig durchzuführen. Dennoch ist diese Vorgehensweise die einzig akzeptable.

Fazit also: Wenn man ein wirklich funktionierendes Notfallkonzept haben will, dann sollte man sich nicht für die Option der Datensicherung / Datenherstellung entscheiden, sondern für die Datenkopie.

Bei den beiden letzten Szenarien bleibt die Arbeitsweise im Betrieb im Prinzip unangetastet. Wenn die IT einen guten Job gemacht hat, dann fällt es den Geschäftsbereichen möglicherweise noch nicht einmal auf, dass ein Systemausfall stattgefunden hat.

Das Gebäude ist zerstört oder unzugänglich

Dieses Szenario beinhaltet Fälle, bei denen nicht nur das Rechenzentrum betroffen ist, sondern das ganze Gebäude oder Firmengelände. Es sind Fälle wie Feuer, Explosion, Blockierung des Gebäudes durch Geiselnahme, Streik oder sonstige unvorhersehbare

Vorfälle. Diese Dinge landen mit großer Wahrscheinlichkeit in den Nachrichten, da sie doch recht selten vorkommen und spektakulär sind. Allerdings wird dann in den Medien meistens vom Gebäudeschaden berichtet und weniger von der daraus resultierenden IT-Problematik.

Ein Fall, der besondere öffentliche Aufmerksamkeit erlangte, passierte am 5. Mai 1996 bei der Bank Crédit Lyonnais in Paris. Durch ein Feuer wurde der komplette Handelsraum mit dazu gehörender IT-Infrastruktur zerstört. Zum Glück passierte es an einem Sonntag und es kamen keine Personen zu Schaden. Durch ein sehr gutes Notfallkonzept, welches vorgesehen hatte, alle Daten kontinuierlich in einem zweiten Rechenzentrum als Kopie vorzuhalten, konnte bis zum Montagmorgen ein gut funktionierender Notbetrieb hergestellt werden. In einer Bank ist der Handel von enormer Bedeutung und wenn dieser ausfällt, können extrem hohe Verluste anfallen. Es ist sehr in Mode, über die Technik und ihre Protagonisten zu schimpfen. Eine IT hat nur selten Gelegenheit, zum Helden zu werden. In dieser Situation jedoch war sie es.

Dieses Szenario ist ungleich schwieriger zu meistern, als die vorher geschilderten, da die Problematik des auf unabsehbare Zeit nicht mehr zur Verfügung stehenden Gebäudes hinzukommt. Disaster Recovery-Konzepte reichen hier nicht mehr aus und es muss ein sogenanntes BCP-Konzept (ein Business Continuity Plan) her. Solche Konzepte müssen sich mit Fragen beschäftigen, wie den folgenden:

- Ein Notrechenzentrum allein reicht ja nicht aus, es müssen auch Arbeitsplätze für die Mitarbeiter eingerichtet werden. Wohin und in welches Gebäude sollen diese denn? Wie viel Büroplatz und wie viele Arbeitsplätze sollten dort bereitstehen?

- Da Katastrophen nicht zwingend in der Nacht oder am Wochenende passieren, muss damit gerechnet werden, dass auch Mitarbeiter zu Schaden kommen können. Der Betrieb muss aber trotzdem weiterfunktionieren.

- Welche Mitarbeiter werden im Krisenstab benötigt und wie können diese erreicht werden, wenn sie im Urlaub sind?

- Wie kommen die Mitarbeiter zur Arbeit? Kann man dort parken, gibt es Busverbindungen? Und vieles mehr.

- Um effektiv weiterarbeiten zu können, müssen die Geschäftsprozesse kopiert sein. Dies ist möglicherweise noch komplizierter als die bereits sehr komplexe Computertechnik. Akten mit wichtigen Verträgen befinden sich in verkohlten Schränken und wurden möglicherweise gar nicht eingescannt oder kopiert. (Selbst wenn dies regelmäßig getan wurde, so gibt es doch immer eine Zeitverzögerung zwischen dem Scannen und der Katastrophe.) Selbst in einer perfekten Organisation, die es so gar nicht gibt, bestehen undokumentierte Prozesse, die sich zwischen Mitarbeitern und Kunden/Lieferanten etabliert haben und die sehr kritisch für eine Firma sein können. Je größer eine Firma, umso mehr Prozesse (dokumentierte und nicht dokumentierte) gibt es.

- Im realen Betrieb gibt es eine Empfangsinfrastruktur für Kunden und Lieferanten (Rezeption, Besprechungszimmer, Lagerhallen, ...), die so im Notfall nicht vorhanden ist.

- Eine Firma hat auch elektronischen Datenverkehr, der umgeleitet werden muss. Die Telefonnummern der Firma funktionieren nicht mehr; daher muss daran gedacht werden, beim Telefonprovider eine Umleitung zu veranlassen.

- Was wird der Öffentlichkeit und den Kunden mitgeteilt? Wie werden sie auf dem Laufenden gehalten und wie findet ihre Betreuung statt?

- Wie kommen Broschüren, Formulare und Computerpapier rechtzeitig dahin?

- Besonders in Frankreich, einem Land, welches regelmäßig pestartig von Streiks heimgesucht wird, ist die Frage der Geheimhaltung des Ortes, an dem sich das Notrechenzentrum befindet, von großer Wichtigkeit. Eine Streikaktion könnte sowohl beim Hauptsitz als auch gleichzeitig beim Notrechenzentrum durchgeführt werden. Die Möglichkeit des Wechsels des Standortes, nachdem dieser allgemein bekannt geworden ist (mit den damit verbundenen Kosten), muss in diesem Land ebenfalls ins Auge gefasst werden. Spätestens seit dem 11. September 2001 ist die Frage der Geheimhaltung des Notrechenzentrums nicht nur in Frankreich ein aktuelles Thema.

- Es muss sichergestellt werden, dass die BCP-Konzepte permanent auf dem Laufenden sind. Deshalb sollten mindestens einmal pro Jahr Tests durchgeführt werden. Bei diesen Tests stellt man eigentlich immer fest, dass sich entscheidende Dinge seit dem letzten Mal verändert haben und das Konzept (und möglicherweise auch die technische Infrastruktur) angepasst werden muss. Erschreckt bemerkt man dann: Wäre die Katastrophe eingetreten, so hätte der Plan nicht voll funktioniert.

Dieses Szenario abzudecken, ist außerordentlich teuer und kompliziert.

Zusätzlich kann man Betriebsausfallversicherungen abschließen, die aber letztendlich sehr teuer sind und nur einen kurzen Zeitraum abdecken können.

Höhere Gewalt

Irgendwann ist aber die Grenze dessen erreicht, was man mit Notfallkonzepten absichern kann.

- Stromausfälle über einen überschaubaren Zeitraum sind durchaus zu managen. Sogenannte UPS-Systeme (Uninterrupted Power Supply) können eine gewisse Zeit überbrücken, indem sie eine Batterie und einen Dieselgenerator zur Stromerzeugung benutzen. Aber irgendwann ist die Grenze erreicht, ab der wieder Strom aus dem öffentlichen Netz kommen muss. In New York fiel der Strom am 14. August 2003 für mehr als 12 Stunden aus und dieser Zeitraum konnte bei den meisten Firmen gerade noch durch die UPS-Systeme aufgefangen werden; eine längere Panne hätte Vielen Schwierigkeiten gebracht. Näher bei uns gab es im Sommer 2005 einen Stromausfall bei der Schweizer Eisenbahn, bei dem während Stunden viele Züge ausfielen. Ein Notfallkonzept für solche Extremsituationen kann lediglich versuchen, die Auswirkungen des Vorfalls auf die Kunden abzumindern; eine Notfalllösung mit einer autarken Stromversorgung in dieser Größenordnung ist natürlich unvorstellbar.

- Am 11. September 2001 gab es Fälle, bei denen eine Firma ihr Hauptrechenzentrum in einem der beiden Türme hatte, und das Notrechenzentrum sich in dem zweiten Turm befand.

- Das Notzentrum muss genügend weit weg sein, damit es von einer lokalen Katastrophe nicht betroffen ist. Aber, was ist weit genug? Dies kann gar nicht beantwortet werden. Im kleinen Luxemburg ist dies ebenfalls eine wichtige Frage, da man schnell an die Landesgrenzen stößt und der Gesetzgeber den Banken nicht erlaubt, ein zweites Rechenzentrum im Ausland aufzubauen.

- Massive Naturkatastrophen zeigen die Grenzen des Machbaren auf. Beim Wirbelsturm Katrina in New Orleans hatten betroffene Firmen ihr Notzentrum zwar mehrere Kilometer weit entfernt, jedoch immer noch im Stadtgebiet.

- Wenn alle IT-Experten und Schlüsselpersonen in den Fachbereichen bei der Katastrophe verletzt wurden oder gar ihr Leben verloren, dann funktioniert auch das beste Konzept nicht mehr.

Dann bleibt noch eine Frage, die bis dahin nicht gestellt wurde: Wie bekommen wir, wenn die Katastrophe überwunden ist, wieder alle Daten aus dem Notbiotop zurück ins Hauptbiotop? Derartiges ist im Voraus nicht wirklich planbar und muss projektmäßig angegangen werden, wenn die Situation eintrifft. Alle IT-Experten hoffen, dass sie einer solchen Situation niemals ausgesetzt sein werden.

Man kann es aber auch übertreiben. Mein Kollege Mike, ein geschätzter Kollege aus der Filiale in New York war von der Notfallplanung derart besessen, dass das Ziel dabei etwas aus den Augen verloren ging. Alle seine Aktivitäten wurden nur noch mit Blick auf Ausfallsicherheit geplant, wobei der normale Betrieb gelegentlich ins Hintertreffen geriet.

Bei jeder internationalen IT-Konferenz zum Thema Notfallplanung überraschte er uns mit einer hochprofessionellen Präsentation, für die er ohne Frage einen enormen Zeitaufwand betrieben hatte. Wir beneideten ihn um seine Begabung, sich astronomische Budgets bewilligen zu lassen. Sofern meine Erinnerung mich nicht im Stich lässt, konnte er pro Jahr für die Notfallplanung mehr als eine Million Dollar ausgeben und dies für eine Einheit, die lediglich etwas mehr als 100 Mitarbeiter hatte. Dabei hatte er ein interessantes Konzept entwickelt, etwas, das ich weder vorher noch nachher je wieder gesehen habe: Er setzte nicht nur durch, dass alle Computersysteme doppelt, sowohl in New York als auch auf der grünen Wiese, installiert wurden. Nein, er hatte auch erreicht, dass alle Abteilungen die eine Hälfte ihrer Mitarbeiter in New York hatten und die andere außerhalb! Im Notfall hätte der Betrieb normal weiterlaufen können. Allerdings war die Auswirkung auf die normalen Tagesabläufe sehr problematisch, da sich die Mitarbeiter aus einer Abteilung fast nie begegneten.

Mikes Einsatz wurde dann auch belohnt. Er wurde in die *Business Continuity Hall of Fame* (jawohl, so etwas gab es!) gewählt und er durfte Colin Powell die Hand schütteln.

Einmal gelang es mir, ihn aufs Glatteis zu führen. Nachdem er seine Präsentation gehalten hatte, fragte ich ihn, wie denn seine Notfallplanung aussähe, wenn das Mutterhaus in Europa völlig zerstört würde. Immerhin gab es jeden Tag regen Geschäftsaustausch zwischen Mutter und Filiale. Mike wurde kreidebleich und ich merkte ihm an, dass er dies tatsächlich noch nicht bedacht hatte. Seine Unsicherheit dauerte jedoch nur kurz. Dann antwortete er: »Dies ist ein guter Punkt. Wir müssen die Notfallplanung konzernweit vereinheitlichen und das Mutterhaus mit einschließen. Ich bin gerne bereit, diese Aufgabe zu übernehmen.« Von den Vertretern des Mutterhauses verzog niemand eine Miene und keiner ging auf seinen Vorschlag ein.

12

Mein Mann hat einen PC

Die einzigen Gegner, die nicht immer eine Ausrede auf Lager haben, wenn sie gegen mich verlieren, sind Computer.

Robert James «Bobby» Fischer

Mein Mann hat einen PC

Vorstellungsgespräche in der IT

Dieses Kapitel gehört sicherlich nicht zur Kategorie «Pflichtlektüre». Es wendet sich eher an junge Menschen, die eine Karriere in der IT anstreben. Gegenüber der ersten Auflage ist dieses Kapitel stark verkürzt.

Auszug aus einem Bewerbungsschreiben, das ich erhielt:

«Leonardo da Vinci bewarb sich 1482 mit 36 verschiedenen Fertigkeiten am Hofe von Ludovico Sforza. Dagegen halte ich fundierte Erfahrungen und Kenntnisse im Umgang mit der Betreuung und Einrichtung von Netzwerken sowie die Nutzerbetreuung und den Bereich der Ausbildung für meine herausragenden Fähigkeiten.»

Erstens bin ich nicht Ludovico Sforza und zweitens glaube ich auch nicht, dass der Kandidat sich mit Leonardo da Vinci vergleichen sollte. Entweder ist er größenwahnsinnig oder er bewirbt sich an falscher Stelle. Oder aber irgendein schlaues Buch hat ihm empfohlen, so etwas zu schreiben.

Wie man sich bewirbt und was von einem Kandidaten in einem Vorstellungsgespräch (Interview) erwartet wird, sind Fragen, die sich jeder stellt, der einen Job sucht oder ihn wechseln möchte. Ich habe mir ein paar Bücher zu diesem Thema angeschaut und ich komme zu der Erkenntnis, dass die jeweiligen Autoren selber kaum Vorstellungsgespräche geführt haben können, sonst würden sie nicht so oft einen solchen Quatsch schreiben.

Es gibt durchaus kulturelle Unterschiede bei unseren Nachbarn in Bezug darauf, wie eine Bewerbung geschrieben wird. Die Deutschen machen es sehr aufwendig als Mappe mit viel Text und allen, wirklich allen Zertifikaten (angefangen beim Abschlusszeugnis der Grundschule). Dies ist genauso übertrieben, wie es die Franzosen untertreiben. Deren Bewerbungen sind äußerst knapp gehalten (eine oder 2 DIN A4-Seiten) und sind sehr dicht gedrängt geschrieben. Manche Luxemburger lieben es, den Einführungsbrief (Motivationsschreiben) per Hand zu schreiben. Das Lesen einer fremden Handschrift ist unangenehm und sollte unterbleiben; eine IT-Abteilung beschäftigt keine Graphologen.

Am besten ist ein kurzes Motivationsschreiben, um einen ersten Eindruck zu vermitteln, und ein Lebenslauf mit den wichtigsten Lebensetappen und Erfahrungen. Falls ein Zertifikat eines vorigen Arbeitgebers besonders positiv ausgefallen ist, darf man das auch gerne hinzufügen, aber bitte nicht alle jemals seit der Geburt erhaltenen Bescheinigungen.

Nicht sehr sinnvoll ist es, besondere Fähigkeiten aufzulisten, wenn sie nicht einen irgendwie gearteten Bezug zu der Stelle haben, um die man sich bewirbt. In einem Beispiel schrieb ein Kandidat, seine größte berufliche Leistung habe darin bestanden, dass er bei einem Fußball-Bankenturnier die Rolle des Kapitäns übernommen hatte. In einem anderen Bewerbungsschreiben konnte ich lesen: «I love spicy food – I have a high resistance level to one of the hottest chilli peppers in the world!» (Ich liebe scharfes Essen – eine der schärfsten Chilischoten der Welt vertrage ich mühelos!)

Via Internet bekommt man heute für jede offene Stelle Hunderte von E-Mails. Ein Bäcker aus Peru bewirbt sich bei uns in der IT-Abteilung oder ein Universitätsabsolvent der Botanik aus Pakistan. Es ist eine ziemlich zeitaufwendige Arbeit, diese Bewerbungen zu filtern. Das Internet kann wirklich eine Plage sein.

Ich kann nur jedem, der sich für die Computerwelt interessiert, raten, auch ein Informatikstudium zu beginnen und abzuschließen. Es wird in den Medien viel über die Zukunftsaussichten der IT-Branche geschrieben: Einmal gibt es eine Informatikerschwemme, sechs Monate später fehlen wieder Tausende. Vor 30 Jahren musste ich noch jedem erklären, was ein Informatikstudium überhaupt ist. Damals lag der Schwerpunkt vor allem auf der reinen Elektronik und der Programmierung; Management war unbekannt als Lehrfach. Mittlerweile gibt es so viele unterschiedliche IT-Berufe, dass man wirklich die Qual der Wahl hat. Welche davon in ein paar Jahren mehr oder weniger gefragt sein werden, vermag ich auch nicht vorauszusehen. Aber die Computerindustrie ist noch extrem jung und hat ein enormes Entwicklungspotential.

In meiner Karriere dürfte ich zwischen 200 und 300 Vorstellungsgespräche geführt haben und werde hier auf einige Dinge hinweisen. Im Laufe der Zeit hat sich einiges geändert, und zwar nicht nur zum Guten. Es ist nach wie vor möglich, gute Kandidaten für ein Interview zu finden, die hervorragend ausgebildet, sichtlich motiviert sind und nachher gut in den Betrieb passen. Aber in der Gesamttendenz sieht es anders aus. Die Auswahl ist mühsamer geworden. Ein Grund dafür dürfte auch die Tatsache sein, dass es (zumindest in Luxemburg) einen Mangel an Experten gibt und es dadurch auch unterqualifizierte Bewerber bis ins Interview schaffen. Es passiert heute wesentlich öfter als noch vor zehn Jahren, dass ein Kandidat im Interview kläglich scheitert oder keinerlei Interesse zeigt. Er sitzt auf seinem Stuhl und versucht, die ihm gestellten Fragen zu beantworten. Dabei merkt man sehr schnell, dass er auf diese Situation nicht vorbereitet ist, und die Antworten kommen nur sehr knapp. Er stellt nicht eine einzige Frage bezüglich der Stelle und dann ist er auch noch enttäuscht, wenn er nicht genommen wird.

An dieser Stelle schrieb ich in der ersten Auflage dieses Buches über die Probleme des luxemburgischen Bildungssystems. Ich stehe nach wie vor zu dem, was ich da geschrieben habe, jedoch ist es sicher nicht falsch zu behaupten, dass diese Problematik eigentlich nicht zum Thema des Buches gehört. Aus diesem Grund habe ich den entsprechenden Abschnitt nun entfernt; wer ihn jedoch lesen will, kann das komplette ursprüngliche Kapitel auf der zum Buch gehörenden Webpage finden: www.einemillionodereinjahr.info\Auflage1\Kapitel14.pdf.

Ein anderes, vollkommen neues Phänomen ist die Tatsache, dass in manchen Bewerbungsschreiben gelogen wird. Ich habe keine Erklärung dafür, was sich ein Kandidat davon verspricht, aber es passiert in letzter Zeit immer öfter. Fachkenntnisse über beispielsweise MS-Access werden angegeben und dann stellt sich heraus, dass der Kandidat maximal weiß, dass es MS-Access gibt, aber er hat keine Ahnung, wie man es bedient oder installiert. Windows XP-Experte zu sein bedeutet dann, dass das Programm auf dem eigenen PC ist und lediglich benutzt wird. Bei der ersten einfachen Frage bricht das Konstrukt zusammen und das Gespräch wird abgebrochen. Meistens versucht der Kandidat dann noch, sich irgendwie herauszureden und verstrickt sich dabei immer tiefer in Widersprüche.

Dann muss man auch feststellen, dass manche spezialisierte technische Schulungsprogramme mit ausgegebenem Zertifikat teilweise völlig wertlos geworden sind. Ich treffe immer wieder auf Kandidaten, die eine MSCE–Ausbildung (Microsoft Certified Engineer) gemacht haben, aber die einfachsten Fragen nicht beantworten können. Da bei dieser Ausbildung die Tests im Multiple-Choice-Verfahren durchgeführt werden, kann man sich die Antworten auch antrainieren und den Abschlusstest bestehen, ohne das Thema verstanden zu haben. Das ist zwar nicht direkt ein Schwindel, aber ehrlich ist es auch nicht.

Wir erleben immer wieder, dass die reale Welt einer IT-Abteilung, mit allen ihren in diesem Buch beschriebenen Eigenheiten und Problemen bei den Berufsanfängern völlig unbekannt ist. In den Schulen und Universitäten wird das nicht vermittelt. Ein geschätzter ehemaliger Kollege formulierte das so, dass die Absolventen sich eine IT-Abteilung in etwa so vorstellen wie ein Silicon-Valley-Forschungslabor. Davon sind wir aber so weit entfernt, wie es nur geht.

Die Geschäftswelt ist enorm schnell und kompliziert geworden. Was in den Betrieben am meisten benötigt wird, sind Mitarbeiter, die sich in diesem Umfeld zurechtfinden.

Welche speziellen Eigenschaften sollten Mitarbeiter in einer IT-Abteilung aufweisen? Hier eine (sicherlich nicht komplette) Liste:

- Mehrsprachigkeit. In einer zunehmend globalisierten Welt (und speziell in Europa) muss man, um erfolgreich zu sein, den Kunden (das kann auch ein betriebsinterner Anwender sein) in seiner Sprache betreuen können. Wer wüsste das nicht besser als die Luxemburger, die dies stets als einen ihrer größten Wettbewerbsvorteile genutzt haben? Englisch ist unerlässlich, jede weitere Fremdsprache ein wichtiger Vorteil.

- Wenn es um einen Betrieb geht, der keine Technik herstellt oder verkauft (wie zum Beispiel eine Bank), dann sollte der Kandidat ein Minimum an Kenntnissen über die Fachthematik in dieser Branche haben und daran interessiert sein, dieses Wissen auszubauen. Reine Technik-Freaks werden hier nur wenige gebraucht.

- In einem vorangegangenen Kapitel habe ich die Mentalität der IT-Experten mit der von Ärzten verglichen. Einige Charaktereigenschaften sind sehr wichtig (natürlich nicht nur in der IT, aber eben auch hier): Respektvoller Umgang mit anderen, offener und eindeutiger Dialog (besonders wichtig bei Projektverzögerungen, die ja in der IT ständig vorkommen, oder bei technischer Nichtmachbarkeit), Versprechen und Vereinbarungen einhalten (nicht immer einfach in der IT, da viele externe Faktoren mitbestimmen, auf die man keinen Einfluss hat und von denen der Anwender nichts weiß).

- Permanente Bereitschaft, etwas Neues zu erlernen und sich in Frage zu stellen. Wegen der kurzen Lebenszyklen von Systemen wird man während einer IT-Karriere viele Male das Betätigungsumfeld wechseln, selbst dann, wenn man im gleichen Betrieb bleibt.

- Etwas erreichen wollen und sich mit den Zielen der Firma identifizieren. Eine Einstellung nach dem Motto »Ist ja bloß ein Job« funktioniert nicht. IT, egal in welcher Position, war nie ein Routinejob und wird auch in den nächsten Jahren keiner werden.

- Man ist manchmal geneigt zu meinen, die Worte »IT« und »Problem« seien Synonyme. Die Probleme werden in ihrer großen Mehrzahl durch Softwarefehler und nicht durch IT-Fachkräfte ausgelöst. Deshalb ist es wichtig, zwischen Person und Problem zu unterscheiden. Derjenige, der sich um ein Problem kümmert, hat es normalerweise nicht verursacht. Da aber viele Anwender dieses Buch nicht gelesen haben, wissen sie es nicht und sind schnell mit Kritik bei der Hand. Ein guter IT-Mitarbeiter muss in der Lage sein, dies wegzustecken und in aller Ruhe dem Benutzer den Sachverhalt zu erklären.

- Fähigkeit zur Analyse, gepaart mit schneller Auffassungsgabe, da unvorhergesehene Situationen jeden Tag passieren.

- Ungewöhnliche Situationen erfordern ungewöhnliche Maßnahmen. Manche dieser Maßnahmen sind naturgemäß nicht immer so, wie das in Prozeduren festgehalten ist. Ein Fingerspitzengefühl für die Gratwanderung zwischen Improvisieren und dem Respektieren von Regeln ist außerordentlich wichtig.

- Stressresistenz. Variable Arbeitszeiten inklusive spät abends und Wochenendarbeit gehören einfach dazu. Wer das nicht will, sollte sich nicht in der IT bewerben.

- Niemand kann alles tun oder wissen. IT ist immer Teamwork; Vertrauen in andere ist eine Mindestanforderung.

Man kann viele Fehler in einem Vorstellungsgespräch begehen, aber man kann auch Vieles richtig machen. Meine besten Tipps sind folgende:

- Bevor es zu einer Einladung zu einem Gespräch kommt, kann ein entscheidender Fehler passieren, nämlich dann, wenn Sie unangemeldet zur Firma gehen und nach dem Abteilungsleiter fragen, um Ihre Bewerbungsmappe persönlich zu überreichen oder ihn nach seinem ersten Eindruck Ihrer Bewerbung zu fragen. Normalerweise hat ein Abteilungsleiter hundert Dinge gleichzeitig zu tun. Die Annahme, er könne sofort zu einem unangemeldeten Gespräch mit Ihnen erscheinen, ist ziemlich arrogant und weltfremd. Derjenige, der einstellt, muss jederzeit in der aktiven Rolle bleiben; drängen Sie ihn nicht dazu, etwas zu tun, was nicht vereinbart ist.

- Eine neue Stelle zu beginnen, ist eine einschneidende Entscheidung. Sie will wohl überlegt sein, denn man wird, wenn es normal läuft, nicht oft den Arbeitsplatz wechseln. Es ist mehr als in Ordnung, beim ersten Gespräch ein wenig nervös zu sein; beim ersten Rendez-vous, ein ebenso gravierendes Erlebnis, ist man es zu Recht auch. Ein völlig cool daherkommender Kandidat ist unangenehm und unglaubwürdig.

- Im Gespräch muss Interesse, wenn nicht sogar Begeisterung spürbar sein. Der Interviewer muss erkennen, dass diese Person diesen Job wirklich will und auch überzeugt ist, die Aufgabe bewältigen zu können. Der Kandidat muss Fragen stellen: Er muss wissen, wie seine konkrete Aufgabe ist, mit welchen Mitarbeitern er es zu tun bekommt, welche speziellen Herausforderungen es gibt und so weiter.

- Ganz schlecht ist es, sofort nach dem Gehalt zu fragen. Dies sollte man ganz am Ende tun und auch nur dann, wenn das Gespräch insgesamt positiv verlaufen ist. Sehr unbeliebt sind auch zu rasche Fragen nach Parkplatz, Essensgutscheinen und dergleichen. Es zeigt nur, dass der Kandidat sich mehr für die Details der persönlichen Vorteile interessiert als für seine Aufgabe.

- Da Sie möglicherweise nach Ihren Gehaltsvorstellungen gefragt werden, ist es sinnvoll, sich vorher informiert zu haben, was Sie mit Ihrer Erfahrung verlangen können. Wenn Sie keine genaue Vorstellung haben, ist »nach den üblichen Marktkonditionen« sicherlich eine gute Antwort. Wenn Sie von einer anderen Stelle wechseln, geben Sie Ihr aktuelles Gehalt an und, sofern Sie das wünschen, sagen Sie, dass Sie gegen eine moderate Steigerung nichts einzuwenden hätten. Wenn Sie allerdings massiv unterbezahlt sind, können Sie auch anders antworten.

- Wenn Sie sich auf eine Stelle bewerben, die von den Anforderungen her unter dem liegt, was Sie bisher gemacht haben, müssen Sie davon ausgehen, dass ein gewisses Misstrauen beim Interviewer vorhanden ist. Sie sollten eine gute und ehrliche Antwort parat haben, um zu erklären, warum Sie sich verschlechtern wollen.

- Wenn Sie sich auf eine Stelle bewerben, deren Anforderungen über dem alten Niveau liegen, müssen Sie glaubhaft darlegen, warum Sie glauben, der größeren Herausforderung gewachsen zu sein.

- Vermeiden Sie, zu sehr über technische Details aus Ihrer vorigen Stelle zu reden. IT ist so vielfältig, dass der Fragesteller gute Chancen hat, die Materie nicht zu kennen. Erklären Sie Ihre alte Arbeit in Worten, die ein IT-Experte verstehen kann, ohne Details aus dem spezifischen Bereich zu kennen. Wenn aber der Interviewer genaue technische Kenntnisse besitzt und nachhakt, dann müssen Sie auf dem gleichen Niveau antworten.

- Etwas, das mich immer wieder erstaunt, ist die aufkommende Frage nach einer Karriereplanung. Interessanterweise stellen nur Deutsche diese Frage, von einem Franzosen, Belgier oder Luxemburger habe ich so etwas noch nicht gehört. Ich vermute, es steht in einem dieser schlauen Bücher, dass man das fragen soll. Lassen Sie es. Das Leben ist so vielfältig und neue Möglichkeiten bieten sich immer wieder. Eine derartige Frage lässt darauf schließen, dass der Kandidat jetzt schon wissen will, womit er in Rente gehen kann. Ein guter Mitarbeiter bekommt immer seine Chance und falls es doch nicht so sein sollte, dann wird er seine Chance woanders suchen und wahrnehmen. Es ist nicht möglich, jemanden, der den Willen und die Fähigkeit hat voranzukommen, auf Dauer zu blockieren. Allerdings sollten Sie eine ungefähre Vorstellung davon haben, wo Sie in 3 bis 5 Jahren sein wollen.

Wenn Sie diese Frage gestellt bekommen, sollten Sie eine plausible Antwort darauf haben. Wenn Sie ein Experte auf einem Gebiet sind und dies weiterhin bleiben wollen, dann ist es auch in Ordnung zu sagen, dass Sie in Zukunft unverändert das Gleiche machen möchten.

- Von herausragender Bedeutung ist, dass der »Strom fließt und die Chemie stimmt«. Wenn beide Seiten miteinander können, dann ist die Ernte halb eingefahren.
- Seien Sie einfach Sie selbst und versuchen Sie sich nicht in einer Rolle, die Sie nicht beherrschen. Über kurz oder lang würden Sie entlarvt.
- Machen Sie sich Gedanken über Ihre größten Stärken und Schwächen. Wenn Sie danach gefragt werden, ist es sehr beeindruckend, wenn Sie darauf ohne zu zögern antworten können.
- Stehen Sie zu Ihren Schwächen: Niemand ist perfekt und es ist peinlich, wenn Sie sich nach der Einstellung anders benehmen, als Sie es im Gespräch beschrieben haben. Wenn Sie eine Frage nicht beantworten können, dann geben Sie zu, dass Sie die Antwort nicht wissen. Vermeiden Sie zu improvisieren; ein erfahrener Interviewer merkt dies sofort.
- Sie sollten auch eine Vorstellung davon haben, was Sie von Ihrem Vorgesetzten im täglichen Umgang miteinander erwarten. Es gibt dem Interviewer die Möglichkeit zu sehen, wie Sie funktionieren. Antworten Sie ehrlich, aber antworten Sie.
- Wenn Sie nach Ihren Hobbys gefragt werden, antworten Sie kurz und informativ. Wenn der Interviewer darauf eingeht, weil er vielleicht das gleiche Hobby hat, lassen Sie ihn nicht spüren, dass Sie das bessere Handicap haben oder den größeren Fisch gefangen haben.
- Geben Sie bereits im Bewerbungsschreiben Referenzen an. Wenn einer Ihrer vorherigen Chefs sehr mit Ihnen zufrieden war, sollten Sie das angeben. Allerdings müssen Sie vorher sein Einverständnis eingeholt haben. Eine solche Referenz ist ein starkes Argument.
- Informieren Sie sich über die Firma, bevor Sie ins Gespräch gehen. Deren Internetseite gibt normalerweise ausreichend Informationen. Diese sollten Sie studiert haben.
- Fragen Sie, ob es sich um eine neue Stelle handelt und wenn ja, dann fragen Sie, ob Sie die Arbeitsplatzbeschreibung einsehen können. Falls es eine solche gibt, ist dies ein gutes Zeichen: Die Firma hat eine präzise Vorstellung davon, was Sie machen

sollen; falls es diese Arbeitsplatzbeschreibung nicht gibt, dann sollte Ihr Interviewer diese zumindest klar im Kopf haben und sie Ihnen mündlich mitteilen.

- Wenn Sie jemanden ersetzen sollen, kann es riskant sein zu fragen, warum Ihr Vorgänger gegangen ist. Es kann ratsam sein, nicht weiter nachzubohren. Eine Frage nach dem generellen Arbeitsklima im Betrieb und nach der generellen Motivation der zukünftigen Kollegen kann Ihnen aber niemand verbieten.

- Wenn Sie das möchten und wenn es zu dem angebotenen Job passt, dürfen Sie (ja Sie müssen!) nach dem Entscheidungsspielraum fragen, der Ihnen zugesprochen wird. Machen Sie es an einem konkreten Beispiel fest. Etwa: Wer entscheidet, welcher PC-Lieferant genommen wird? Welchen Einfluss hat die IT-Abteilung auf die Entscheidung, welche Projekte und Budgets genehmigt werden? Wer entscheidet, wann auf das nächste Windows-Release upgegradet wird? Sie können das, wenn es so der Fall ist, auch auf die Frage nach dem Einfluss des Mutterhauses auf Ihre Arbeit ausdehnen.

- Und ein letzter Rat: Fragen Sie, was von Ihnen erwartet wird. Sie müssen wissen, wo die Herausforderungen liegen (seien es kommende Projekte, aktuelle Probleme mit dem Personal, Kostenreduzierung oder was auch immer).

Auch wenn das Gespräch gut verlief, ist es immer noch möglich, entscheidende Fehler zu begehen.

Rufen Sie nicht am nächsten Tag an, um sich für das Gespräch zu bedanken. Eigentlich wollen Sie ja nur wissen, wie Sie angekommen sind und wie es jetzt weitergeht. Der Chef hat wie gesagt noch andere Dinge zu tun. Außerdem wird er sich noch weitere Kandidaten ansehen wollen. Lassen Sie ihm Zeit und drängen Sie nicht. Eine solche Aktion wird eher negative Folgen für Sie haben. Auch wenn Sie bereits auf seiner Absagenliste stehen sollten, werden Sie dadurch nichts erzwingen können. Sie können per Post oder E-Mail noch zusätzliche Informationen schicken, aber nur, wenn es im Gespräch so vereinbart wurde.

Als ich mich einmal mit einem Berufskollegen, der CIO in einem Krankenhaus ist, über das Thema Interviews unterhielt, sagte er mir, dass er noch ganz andere Kriterien berücksichtigen müsse. Dabei meinte er augenzwinkernd, dass er nicht wisse, ob ich für seinen IT-Help-Desk überhaupt geeignet wäre. Ich zeigte mich erstaunt und er sagte: »Jeden potentiellen Kandidaten fragen wir, ob er Blut sehen kann. Er muss in der Lage sein, während einer Operation zum Beispiel einen ausgefallenen Bildschirm unter höchstem Zeitdruck und unter dem Anblick von Blut und geöffneten Körpern auszutauschen. Würde er in Ohnmacht fallen, hätten die Ärzte zwei Patienten, aber noch immer keinen funktionierenden Bildschirm.« Nun, für diesen Job bin ich wohl wirklich nicht geeignet.

Richtig lustig sind Interviews eigentlich nie. Doch einmal gab es eine solche Situation, allerdings durften wir erst lachen, nachdem sich die Kandidatin verabschiedet hatte. Wir suchten einen Berufsanfänger, der auf Teilzeitbasis einfache Arbeiten am Computer ausführen sollte. Eine Dame hatte sich beworben und wir luden sie zum Gespräch ein. Fachliche Fragen konnten wir ihr natürlich nicht stellen, da sie in der Tat Berufsanfängerin war. Um aber eine Idee zu bekommen, welche Basiskenntnisse bereits vorhanden waren und ob sie ein allgemeines Verständnis für IT und technische Dinge besaß, fragten wir sie, wo ihr Interesse für diesen Job herrührte und welche Erfahrungen sie bereits mit Computern gesammelt habe.

»Mein Mann hat einen PC«, war ihre Antwort.

13

IT-Sicherheit

IT-Sicherheit

Wie sich Privatleute und Firmen gegen Computerrisiken schützen müssen

Dass die Benutzung eines Computers Risiken mit sich bringt, dürfte mittlerweile hinlänglich bekannt sein. Die Öffentlichkeit wird laufend informiert, wenn auch nur punktuell immer dann, wenn ein Thema plötzlich Aktualität erhält, wie zum Beispiel die Affäre Liechtenstein Anfang 2008. Die IT-Sicherheit in einem Betrieb ist dagegen nicht Gegenstand öffentlicher Diskussion und dürfte für Sie als Leser, sofern Sie nicht beruflich mit diesem Thema zu tun haben, Neufeld sein.

IT-Sicherheit ist ein weites und kompliziertes Feld. Die dafür Verantwortlichen haben die Aufgabe, Wege zu finden, um Systeme gegen Risiken aller Art wie Ausfälle, unerlaubte Datenzugriffe oder Angriffe von außen zu schützen. Es ist ein Thema, dessen Wichtigkeit in den letzten Jahren explosionsartig gewachsen ist.

Das Thema besteht seit den 80er-Jahren und drang durch die Arbeit des Chaos Computer Club in die Öffentlichkeit, allerdings wurde dieser auch immer wieder angefeindet und nicht immer ernst genommen. In den meisten Fällen beschränkte sich Gefahr für Betriebe bis Mitte der 90er-Jahre im Wesentlichen auf die physische Sicherheit, das heißt, es musste sichergestellt sein, dass Rechenzentren für Unbefugte unzugänglich waren. Ansonsten bestand die größte Gefahr darin, dass jemand seine Tastatur ruinierte, wenn er seinen Kaffee verschüttete. Erst mit der Popularisierung der PCs und des Internets sowie der Nutzung durch die Firmen entstanden neue, externe Bedrohungen und wurden die Betriebe gezwungen, ihre passive Haltung aufzugeben. Mittlerweile ist diese Thematik so umfangreich und komplex geworden, dass eine ganze Industrie für diesen Bereich entstanden ist.

Allerdings hinken die Sicherheitsmaßnahmen immer der Technik hinterher: Das war früher so und es ist heute so. Der Markt verlangt zuerst nach neuer Funktionalität und erst nach und nach werden - sobald genug Schaden entstanden ist - entsprechende Sicherheitsvorkehrungen getroffen. Wir werden uns dies später in diesem Kapitel beim Thema *Wireless* etwas genauer ansehen.

Zur Einführung in die Materie der IT-Sicherheit ein kleines Beispiel:

Was Push-Mail-Technologie ist, braucht man heute wahrscheinlich nicht mehr zu erklären. (Falls doch: Das sind Handys wie zum Beispiel von der Firma Blackberry, die es erlauben, seine E-Mails automatisch auf dem Gerät angezeigt zu bekommen). Für Manager, die viel unterwegs sind, ist dies ohne Frage eine interessante Sache. (Es gibt doch nichts Schöneres, als auf der Skipiste mit einem lauten Warnton darüber informiert zu werden, dass zu Hause ein Server ausgefallen ist ...). Als die ersten Blackberrys auf den Markt kamen, war es für jeden Manager, der etwas auf sich hielt, Pflicht, ein solches Gerät zu besitzen. Da wir aber bereits wissen, dass zuerst die technische Möglichkeit und dann erst die Sicherheit kommt, war diese Technologie zu Beginn ein wahres offenes Scheunentor, um unberechtigt an Informationen heran zu kommen. Für IT-Sicherheitsexperten sah die Lage damals düster aus, aber wer kann schon seinem obersten Chef »Nein« sagen, wenn der etwas wirklich haben will? Nach wiederholten Sicherheitsvorfällen gibt es heute sicherere Alternativen im Vergleich zu der ursprünglichen Lösung. Allerdings wird oft vergessen, dass niemand garantieren kann, ob nicht doch Unbefugte diese E-Mails mitlesen. Bevor man eine neue Technik einsetzt, ist es von außerordentlicher Wichtigkeit, sich Gedanken über die Sicherheitsaspekte zu machen. Viel profaner noch als die eben beschriebene Problematik ist die, wie man mit der Situation eines gestohlenen oder verloren gegangenen Gerätes umgeht. Für diese Fälle muss sichergestellt sein, dass sich das Ding nach wenigen Minuten selber sperrt und zur Entsperrung ein unmöglich zu erratendes Passwort verlangt – was dann aber wieder zu einem sehr verminderten Komfort bei der normalen Benutzung führt.

Die Aufgabe eines IT-Sicherheitsbeauftragten besteht also darin, einen Weg zu finden, wie ein System oder eine Technik benutzt werden kann, ohne dass die Firma ein inakzeptables Risiko eingeht.

Es gibt unterschiedliche Risiken, je nachdem, ob es sich um den privaten Bereich handelt oder um die Sicherheitsanforderungen in einer Firma. Deshalb ist das nun Folgende in zwei Kategorien aufgeteilt.

Zu Hause

Es ist sicherlich nicht repräsentativ, aber im privaten Bereich habe ich noch niemanden angetroffen, der sich in ausreichendem Maße der Risiken, denen er bei der Benutzung seines PCs ausgesetzt ist, wirklich voll bewusst ist. Geschweige denn, dass er wüsste, wie er sich schützen soll. Wenn Sie mit Ihrem PC ins Internet gehen, ist es eine Frage von Minuten, bis er zum ersten Mal angegriffen wird.

In den Medien wird auf ziemlich willkürliche Art und Weise immer mal wieder über Gefahren berichtet. Dabei wird ein einzelnes Risiko (zum Beispiel Phishing oder Spam) besonders hervorgehoben, um es dann ein paar Tage später wieder zu vergessen. Dies verunsichert und ist wenig hilfreich.

Welches sind also die Gefahren?

Internet

Welch tolle Möglichkeiten das Internet bietet, überrascht jeden Tag aufs Neue. Selbst alten Hasen ist es noch möglich, zu staunen. Es ist sicherlich keine revolutionäre Aussage, zu schreiben, dass im Internet auch sehr reale Gefahren lauern. Alles, was in der realen Welt verboten ist, ist im Prinzip auch im Internet verboten; allerdings gibt es länderspezifische Unterschiede, auf die ich hier nicht eingehen möchte. Sehr zweifelhaft sind die aktuellen Versuche Chinas, eine gigantische digitale Firewall aufzubauen (die neue Chinesische Mauer), oder der Versuch Indiens, die Internettelephonie via Skype zu verbieten.

Was man auf jeden Fall wissen muss, ist, dass man im Internet recht problemlos an alle Informationen (also auch an verbotene Inhalte) herankommt. Es wird geschätzt, dass etwa die Hälfte des Internets böse ist. Internet ist im Jahr 2008 immer noch Anarchie und ein Raum, in dem das geltende Recht nur schwer oder überhaupt nicht greift. Wie bereits gesagt, zuerst kommt die Technik und dann später erst die Sicherheit und die Gesetze. Es ist eine Frage der Zeit, bis im Internet die Gesetze so greifen werden wie in der realen Welt. Nur wie lange das noch dauert, vermag niemand zu sagen; internationale Koordination zwischen den Regierungen ist hier notwendig, um dies zu erreichen, und das ist – wen wird's überraschen? – ein sehr langwieriger Prozess. Wer also will, hat keine Mühe, zu tun und zu lassen, was er für richtig hält. Hier eine bei Weitem nicht vollständige Liste:

- Alle sexuellen Spielarten, die der Mensch im Laufe der Zeit je gefunden hat, inklusive aller denkbaren und unerlaubten Perversitäten kann man sehr schnell schön ordentlich alphabetisch sortiert mit anschaulichem Bild- und Videomaterial finden.

- Kontaktaufnahme von Pädophilen mit Kindern oder Zuhältern, die Kinder offerieren steht im öffentlichen Fokus und bei diesem Thema schauen die Behörden bereits genauer hin. Verhaftungen sind lobenswerterweise an der Tagesordnung. Generell ist es jedoch einfacher, Opfer im Internet zu finden als auf der Strasse. Das »Steige nicht in ein fremdes Auto« unserer Kindheit entspricht heute dem »Treffe Dich nicht mit unbekannten Chat-Freunden«.

- Kauf und Verkauf von verbotenem Material ist leicht zu organisieren.

- Anleitungen zum Bombenbau sind nur ein paar Klicks entfernt.

- Schlimmste Hetzschriften aller Art sind online.

- Copyright-geschützte Inhalte wie Musik oder Literatur können von irgendwelchen Servern irgendwo in der Welt frei heruntergeladen werden. An diesem Thema ist die Branche sehr stark interessiert, allerdings nicht, um Jugendliche vor für sie ungeeigneten Inhalten zu schützen, sondern um zu verhindern, dass Kopien erstellt werden, ohne dass dafür bezahlt wird. Das Thema heißt *DRM* (Digital Rights Management) und es nimmt gerade jetzt, Anfang 2008, eine sehr interessante Kehrtwendung. Vermehrt gehen die großen Konzerne dazu über, Kopierschutzmechanismen wieder zu entfernen. Es ist wirklich sehr spannend, die Entwicklung dieser Frage zu beobachten. – Es ist noch nicht klar, wie die Technik hierfür aussehen soll und wohin der Weg führt. In diesem Zusammenhang wird auch geforscht, wie man sicherstellen kann, dass bei der Erstellung eines Dokuments (Word oder Excel beispielsweise) definiert werden kann, wer diese Dokumente lesen, bearbeiten oder drucken kann und bis wann sie Gültigkeit haben. Zurzeit ein ziemlich spannendes Thema, bei dem noch nicht klar ist, was am Ende genau dabei herauskommt.

- Jugendschutz
  Es ist längst keine Frage mehr, ob Eltern die Möglichkeit haben sollten, zu kontrollieren, was sich ihre Sprösslinge im Internet anschauen. Die Frage lautet jetzt, wie sie dies am besten tun können. In der ersten Auflage widmete ich diesem Thema noch ein ganzes Kapitel. Hier möchte ich es nun bei einer kurzen Bestandsaufnahme der aktuellen Situation belassen. (Wer jedoch das ursprüngliche Kapitel nachlesen will, kann dies unter www.einemillionodereinjahr.info/Auflage1/Kapitel21.pdf machen.) Es gibt heute Software, um Kinder- und Jugendschutz zu aktivieren, aber sie funktioniert nicht wirklich. Wenn man dies unter Windows XP aktivieren möchte, dann bedarf es schon ein wenig Forscherdrang, um dies zu erreichen, und dann funktionieren manche einschlägigen Seiten trotzdem weiterhin. Bei Nachfrage auf der zur Kontrollsoftware gehörenden Webpage erfährt man dann, warum dies so ist: »*There is a problem with the structure of the HTML on this site that may cause some clients not to recognise the label*«. Und das, obwohl die Antwort einem gleichzeitig mitteilt, dass diese Webpage »*Nackte Brüste, Nackte Gesäße, Sichtbare Genitalien, (…)*« enthält.

  Wer sich mit dieser Situation nicht zufrieden gibt, hat die Möglichkeit, die *Parental Control* als *add-on* bei einem renommierten Antivirenprovider downzuloaden. Dort werden die einschlägigen Seiten zwar besser blockiert, aber es rutschen weiterhin viele Seiten durch. Um sich ein Unschuldsmäntelchen umzulegen oder um möglichen juristischen Problemen aus dem Weg zu gehen, kann auch schon mal auf einer Webseite folgende Meldung erscheinen: »Kinderschutz ist uns wichtig. Falls du älter als 13 bist, dann klicke auf OK. Andernfalls CANCEL.« Aha. Selbst die Webpage zum Film *Hostel*, einem extrem sadistischen Folterfilm, ab 17 freigegeben und auch für Erwachsene nur schwer bis gar nicht zu ertragen, kann erreicht werden, selbst dann, wenn die Rubrik »Gewalt« im *Parental Control* gesperrt ist. Es ist wirklich ein Trauerspiel; das Sperren und Filtern von Webseiten funktioniert nur sehr mäßig. Das Problem ist aber noch gravierender, denn das Internet besteht ja nicht nur aus Webseiten, sondern es gibt darüber hinaus viele Wege, wie Daten auf einen PC kommen können. Alles, was der Mensch je gemacht hat, kann völlig mühelos, ohne Kontrolle und meistens sogar gratis mit sogenannten P*eer-to-Peer*-Programmen heruntergeladen werden; bei diesen Programmen greift kein Schutzmechanismus. Ebenso finden Daten, die per E-Mail hereinkommen oder via USB-Port als Kopie eines Freundes, sofern sie nicht ein Virus enthalten, unbemerkt ihren Weg auf die Festplatte. Es kann nur eine Schlussfolgerung geben: »Es gibt keine Kinder- und Jugendschutzsoftware, die diesen Namen verdient hätte.« Ich hege jedoch Hoffnung: Ich vermute, dass dieses Problem spätestens in der nächsten Generation gelöst sein wird, da die heutige Jugend vielleicht später als Erwachsene nicht akzeptieren wird, dass ihre Kinder freien Zugang zu allem haben sollen, so wie sie es hatten. Für Firmen sieht es bereits heute besser aus: Es gibt durchaus Software, die hoch effizient Inhalte filtern kann. Hier ist wohl mehr Geld zu verdienen als bei kleinen Kunden.

Wireless Lan (WLAN)

Drahtloser Internetzugang ist eine phantastische Sache und hat sich in den letzten Monaten auf breiter Front durchgesetzt. Wie immer bei neuen Entwicklungen steht auch hier die Begeisterung über die Möglichkeiten vor den Risiken. Wenn Sie ein WLAN für zu Hause kaufen, dann bekommen Sie ein Gerät, welches für den völlig offenen Zugang konfiguriert ist, das heißt, jeder in dessen Nähe kann diesen Zugangspunkt benutzen. Wenn Sie in einem Einfamilienhaus leben, sind die Gefahren etwas geringer, da der nächste Nachbar vielleicht zu weit weg ist, um das Signal zu empfangen. Wenn Sie aber in einer Mietwohnung leben, dann haben Sie gute Chancen, dass Ihr Nachbar auf Ihre Kosten im Internet surft. Die Sicherheitssituation bei WLAN ist ein echtes Desaster. Die wichtigsten Risiken, denen Sie (oder Ihr Nachbar) ausgesetzt sind, sind diese:

- Ein fremder PC hört Ihren gesamten Datenverkehr ab und kann dadurch an Ihre Passwörter gelangen.
- Der Datentransfer kann manipuliert werden, dadurch könnte bei einer Geldüberweisung die Kontonummer des Empfängers abgeändert werden oder aber eine wichtige E-Mail kann absichtlich blockiert werden.

- Ein Fremder surft mit Ihrer Internetverbindung und nutzt illegale Angebote. Theoretisch könnte dann passieren, dass eines Morgens die Polizei bei Ihnen klingelt und Sie wissen nicht warum. Zu beweisen, dass nicht Sie eine strafbare Aktion begangen haben, ist ziemlich schwer.

- Einschleusen von Viren, Trojanern, Spionageprogrammen sowie Benutzung Ihres PCs als *Zombie* (was ein *Zombie-PC* ist, wird weiter unten genauer erklärt).

- Es ist möglich, Ihre Internetverbindung massiv zu stören, mit der Konsequenz, dass Sie nur noch sehr langsam oder gar nicht mehr ins Internet kommen.

Auf www.wardriving.ch kann man sehr schön nachlesen, dass im Frühjahr 2006 in Zürich mehr als 15.000 WLAN-Zugangspunkte gefunden wurden, von denen 4.998 völlig offen waren.

Um die Risiken auszuschließen, müssten Sie erst hingehen und eine Verschlüsselung der Kommunikation zwischen Ihrem Adapter und beispielsweise Ihrem Laptop konfigurieren. Mit großer Wahrscheinlich ist Ihr Gerät dazu auch in der Lage, aber eben nicht vorkonfiguriert, und Sie wissen nicht, wie Sie das anstellen sollen, denn Sie stehen vor einem Wust an technischem Kauderwelsch, und es würde mich nicht überraschen, wenn Sie es nicht verstehen. Sehr gute technische Kenntnisse sind erforderlich. Mein Adapter zu Hause weigerte sich beharrlich, die Verschlüsselung zu aktivieren, wenn ich es so machte, wie es im Handbuch beschrieben war. Nach Reklamation beim Hersteller bekam ich dann die korrekte Anweisung (hier leicht modifiziert, um keinen Hinweis auf den Hersteller zu geben):

1. Konfigurieren Sie als Erstes den Adapter über einen der bereits vorhandenen Ethernet- oder USB-Adapter, um die Verbindung zwischen diesen Geräten sicherzustellen.

2. Stellen Sie sicher, dass der PC/Laptop, von dem aus Sie konfigurieren möchten, im selben IP-Bereich liegt wie der Wireless-Adapter. Dieser hat bei Auslieferung die IP 192.168.0.252 und die Subnetzmaske 255.255.255.0 eingestellt.

3. Ändern Sie die Einstellungen der Funkkarte Ihres PC/Laptop dahingehend, dass die SSID geändert wird zu »xxxxxx« und die Verschlüsselung deaktiviert wird.

4. Öffnen Sie einen Browser, um die Adresse des Wireless-Adapters anzusteuern. Hierbei ist es unwichtig, ob Sie direkt über Funk oder über einen angeschlossenen Ethernet/USB-Adapter verbinden. Wichtig ist allerdings, dass Sie nicht gleichzeitig eine Funk- und Kabel-Verbindung hergestellt haben.

5. Sofern Sie einen oder mehrere weitere Access Point (AP) verwenden, sollten Sie den Kanal des Wireless so einstellen, dass ein möglichst weiter Abstand zwischen den eingestellten Kanälen aller verwendeter AP entsteht.

6. Sofern Sie die IP des Wireless-Adapters umgestellt haben, um diese an das bestehende Netzwerk anzupassen, sollten Sie nun auch die IP des PC/Laptop wieder anpassen.

Noch Fragen? Für jemanden, der nicht auf Anhieb den Unterschied zwischen Bit und Byte erklären kann, wohl eine unlösbare Aufgabe. Aber selbst wenn Sie diese Hürde geschafft haben, ist es so, dass das Verschlüsselungspasswort ganz leicht innerhalb von wenigen Stunden geknackt werden kann, falls die WEP-Methode eingesetzt wird; nur die WAP-Methode würde wirklich schützen. Technik ohne komplizierte Sicherheit ist billiger zu produzieren und sie verkauft sich besser. Und die Anbieter möchten ihren Kunden zuviel Arbeit mit komplizierter Sicherheit ersparen; aber das ist der falsche Weg. Ich schätze, erst wenn massive Betrugsfälle publik werden, die aus dieser Situation resultieren, wird auch die Sicherheit ein öffentliches Thema werden und die Geräte werden die notwendige Sicherheit bereits bei der Auslieferung mit drin haben. Bis dahin tragen Sie als Kunde das volle Risiko.

Datensicherung (Backup)

Das Risiko, Daten zu verlieren, ist sehr real. PCs können abstürzen und dadurch gehen Daten unwiederbringlich verloren. Wie schnell hat man eine Datei gelöscht und sie dann auch noch aus dem Papierkorb entfernt? Und wie oft wollten Sie ein Dokument auf den Stand von voriger Woche wiederherstellen, weil sich alle Änderungen als falsch erwiesen haben?

Daten müssen regelmäßig gesichert werden. Diesen Punkt kann man nicht oft genug wiederholen.

Auch bei diesem Thema beweist sich mal wieder die Unreife der Computerindustrie: Es ist völlig inakzeptabel, dass dieses Thema nach wie vor nicht im Betriebssystem eines PCs abgedeckt ist. Auch Vista als Nachfolger von Windows XP hat sich dieses Themas nicht angenommen. Der Anwender muss sich selbst darüber Gedanken machen und ein Produkt auf dem Markt kaufen. Aber das kann ja wohl nicht angehen, oder? Einige PC-Hersteller springen in die Bresche und bieten standardmäßig ein Backupprogramm im Lieferumfang mit an. Immerhin. Selbst wenn Sie nach einer gewissen Frist dafür eine Lizenzgebühr zahlen müssen, machen Sie es.

Führen Sie Datensicherungen durch, und zwar jedes Mal, wenn Sie in Ihren Dokumenten irgendetwas verändert haben. Machen Sie sich von Anfang an Gedanken darüber, wie Sie Ihre Daten auf dem PC strukturieren. Gehen Sie dabei systematisch vor und organisieren Sie sich so, wie Sie es auch mit normalen Aktenordnern tun würden. Nur seien Sie sich bewusst, dass Aktenordner normalerweise nicht zerstört werden und deshalb keine Datensicherung benötigen. Daten auf dem PC können morgen verloren sein (PC-Crash) und dann sollten Sie besser eine Datensicherung haben.

Legen Sie sich einen Zyklus von 5 USB-Memorysticks an (beschreibbare DVDs gehen auch, sind aber wegen möglicher Kratzer störanfälliger), auf denen Sie die Datensicherung vornehmen. Die erste Sicherung kommt auf den Stick 1, die zweite Sicherung auf Stick 2 usw. Die sechste Sicherung überschreibt wieder Stick 1. Ein guter Rat wäre auch, jede Datensicherung zweimal durchzuführen. Es kann durchaus sein, dass ein Stick unlesbar wird. Nehmen Sie dieses Thema bitte ernst!

Und noch etwas sollte man beachten: Wenn man einen neuen PC gekauft hat, ist es nicht möglich, die alten Programme (wie Excel oder Word) auf den neuen Rechner zu kopieren. Eine Datensicherung vom Ordner *Programme* bringt gar nichts. Auf dem neuen Rechner müssen die Installationen alle mühselig noch einmal vorgenommen werden. Deshalb ist es sinnvoll, die Original-CDs oder die heruntergeladenen Installationsdateien für eine Neuinstallation aufzuheben. PCs haben ja die ärgerliche Tendenz, ihr Leben völlig unmotiviert schlagartig zu beenden; aber jedes Installationsprogramm geht davon aus, dass diese Installation für alle Zeiten gültig sein wird und ein Übertrag auf ein neues Gerät auch nicht nur im Entferntesten im Bereich des Möglichen liegen könnte.

Virenschutz

Was sind Viren eigentlich? Die Bezeichnung ist irreführend, da sie einen biologischen Begriff benutzt. Computer-Viren (inklusive Varianten wie Würmer und Trojaner) sind jedoch Programme, die von einem Menschen in der Absicht entwickelt wurden, Schaden zuzufügen. Sie basieren auf der Erkenntnis, dass Computer ungesicherte Einfallstore (fehlerhafte Software) haben und dass der Mensch am Computer diese Tore offen stehen lässt.

Viren sind wie Einbrecher in Ihrem Haus. Wenn Sie eine offene Tür oder ein Fenster haben, kann der Einbrecher eindringen. Vielleicht verwüstet er das Haus nur oder aber er stiehlt Ihre Wertgegenstände. Viren können allerdings nur materiellen Schaden anrichten, ein Einbrecher könnte Sie auch noch körperlich verletzen.

Aktivieren Sie unbedingt den Virenschutz. Wenn Sie einen PC kaufen, bekommen Sie oft ein Virenschutzprogramm als Versuchsversion (Trial) mitgeliefert. Vor Ablauf der Versuchsperiode sollten Sie unbedingt ein Abonnement kaufen (sofern Sie nicht einen Anbieter gewählt haben, der dies kostenlos macht) und die Software so aktivieren, dass sie sich automatisch auf dem letzten Stand hält. Wenn Sie besonders sensible Daten auf Ihrem PC haben, empfehle ich den Kauf einer zusätzlichen Virenschutzsoftware von einem anderen Hersteller. Sie müssen auch unbedingt regelmäßig alle Ihre Dateien komplett neu prüfen, da manche Viren schlafen, das heißt, sie aktivieren sich erst nach einiger Zeit. Dadurch versucht der Entwickler des Virus zu verhindern, dass die Antivirenprogramme diese bereits beim Laden auf den PC erkennen.

Man sollte eigentlich davon ausgehen, dass Anbieter von Virenschutzprogrammen eine gesteigerte Sensibilität in Bezug auf Sicherheit haben. Leider kann man sich darauf nicht verlassen. Es kann vorkommen, dass Sie bei einem Update eine Fehlermeldung bekommen, die Sie zwingt das Programm zu deinstallieren und dann komplett neu zu installieren. Dies ist gar nicht so ungewöhnlich. Dabei ist es nur so, dass Sie keinen Hinweis darauf bekommen, dass Sie die Internetverbindung unbedingt kappen müssen, bevor Sie dies tun; immerhin hat ein Antivirusprogramm ja auch oft die Funktion einer Firewall. Aber selbst wenn Sie von sich aus auf diese Idee kommen, fordert das Installationsprogramm Sie nach einiger Zeit auf, die Internetverbindung wieder zu öffnen. Während längerer Zeit (das kann durchaus 30 Minuten dauern) ist dann der PC komplett ungeschützt. Es gibt keinerlei Möglichkeit, dieses Risiko zu umgehen, da das Installationsprogramm sich hartnäckig weigert, ohne Internetverbindung weiterzufahren. Eine solche Situation ist hochgradig gefährlich und geradezu fahrlässig vom Anbieter. Ich könnte mir vorstellen, dass in einem solchen Fall ein Richter bei aufgetretenem Schaden für den Kläger urteilen würde.

Ein funktionierendes und regelmäßig gepflegtes Antivirenprogramm sollte fester Bestandteil des Betriebssystems im PC sein. Ist es aber nicht. Es ist ein weiteres Zeichen der Unreife der Computerindustrie, dass der Käufer sich mit der Frage befassen muss, welches Programm er kaufen soll. Es ist in etwa so, als wenn Sie bei einem Autokauf daran denken müssten, welche Gurte sie bei welchem Hersteller bestellen sollen.

Man sollte auch wissen, dass die Anbieter von derartiger Schutzsoftware immer hinterherhinken. Sie reagieren immer dann, wenn eine neue Sicherheitslücke bekannt wird; es handelt sich also um eine defensive Strategie. Einen proaktiven Schutz zu entwickeln, ist natürlich extrem aufwendig und benötigt eine enge Kooperation mit allen möglichen anderen Softwareanbietern. Vermutlich haben diese Firmen daher gar keine andere Wahl, als defensiv zu agieren.

Firewall

Was ist eine Firewall? Sie ist ein Programm (entweder als reine Software oder als Bestandteil einer Kommunikationshardware wie zum Beispiel einem Router), das die Aufgabe hat, Angreifer abzuwehren und sie ist vergleichbar mit einer Feuertür, die verhindert, dass sich das Feuer auf zu schützende Bereiche ausweitet.

Im Gegensatz zum Virenschutz, bei dem der Angriff normalerweise per E-Mail erfolgt, hat die Firewall die Aufgabe, direkte Angriffe über die offene Internetverbindung abzuwehren. Um zu sehen, wie oft Sie angegriffen werden, können Sie die Firewall so konfigurieren, dass abgeblockte Angriffe angezeigt werden. Sie werden sehen, dass dies oft der Fall und dazu noch gefährlicher ist, als Ihren Geldbeutel in einem Restaurant unbeaufsichtigt liegen zu lassen.

Nach im *US Organisation Consumer Reports* veröffentlichten Analysen im Jahr 2006 wurde Privatleuten in den USA innerhalb der letzten 2 Jahre durch Internetkriminalität ein Gesamtschaden von 8 Milliarden Dollar zugefügt. Des Weiteren wird dort geschätzt, dass etwa jeder dritte Internetbenutzer Opfer eines Angriffs wurde.

Ich zitiere Eugene Kaspersky, Chef der nach ihm benannten russischen Antivirenschmiede: »Das Problem der Internet- und Virengefahren ist noch lange nicht gelöst.« Sein Beleg: »Die Security-Industrie machte 15 Milliarden Dollar Umsatz im vergangenen Jahr (2007), und zugleich entstanden durch Schäden Infrastrukturkosten von 13,3 Milliarden. Und da sind die Kosten durch gestohlene Daten noch gar nicht mitgezählt.«

Das Thema Sicherheit im Internet sollte also jeden allein schon aus egoistischen Gründen interessieren.

Wenn Sie im Internet surfen, sollten Sie eine Firewall installiert haben. Durch die Verbreitung von flat rates (feste monatliche Gebühr unabhängig von der Dauer der Nutzung) halten viele ihre Internetverbindung andauernd offen, wodurch die Angreifer unbegrenzte Zeit für ihren Angriffsversuch haben.

Halten Sie unbedingt die Firewall auf dem neuesten Stand. Nicht selten werden Firewall und Virenschutz in einem Paket verkauft. Falls Ihr Betriebssystem bereits eine Firewall besitzt, so aktivieren Sie diese unbedingt. Je nach Schutzbedarf Ihrer Daten kann sich eine Überprüfung anbieten, ob die existierende Firewall für Ihre Bedürfnisse ausreichend ist. Überlegenswert ist auch die Frage, ob man zwei unterschiedliche Firewalls hintereinander schaltet. Dies kann notwendig sein bei besonders schützenswerten Daten. Für einen Laien ist die Einrichtung zweier Firewalls allerdings keinesfalls einfach. Zeitlich betrachtet sollten Sie auch wissen, dass es zuerst die Sicherheitslücke auf Ihrem PC gibt. Dann wird das Virusprogramm geschrieben und erst dann wird die Virus- und Firewallsoftware vom Hersteller angepasst, um die Angriffe zu blockieren. Sie sollten niemals im Glauben sein, dass Sie hundertprozentig geschützt sind, wenn Ihre Virus- und Firewallsoftware auf dem letzten Stand sind. Wichtig zu wissen ist auch, dass ein Virenprogramm auch nur ein Stück Software ist und ebenfalls Fehler beinhalten kann. Die gute Nachricht ist, dass es für Angreifer zunehmend schwieriger wird, in Ihren PC einzudringen, sofern Sie aktuell bleiben. Das Sicherheitsniveau auf den PCs wird laufend höher, wodurch sich für Angreifer der Aufwand stetig erhöht und es am Ende nur noch hoch spezialisierte Hacker schaffen können. Was aber wiederum eine schlechte Nachricht ist.

Software-Updates ('patching')

Mit Software-Updates werden Fehler korrigiert und Sicherheitslücken in Programmen geschlossen. Es ist aus Gründen der Stabilität und der Sicherheit enorm wichtig, Ihr Betriebssystem (Microsoft Windows, Linux, Mac OS X, ...) auf dem letzten Stand zu halten. Ihre Firewall wird möglicherweise nicht funktionieren, wenn Sie das Betriebssystem nicht kontinuierlich pflegen. Beachten Sie unbedingt, dass in Zukunft diese Software-Updates wahrscheinlich nur noch dann zur Verfügung stehen, wenn Sie eine regulär erworbene Lizenz auf Ihrem PC installiert haben. Seien Sie auch auf technisches Kauderwelsch gefasst, wenn Sie die Software-Updates durchführen. Die folgende Meldung kann angezeigt werden: »Die Website verwendet ActiveX-Steuerelemente, um zu ermitteln, welche Version der Software auf Ihrem Computer ausgeführt wird. Wenn eine ActiveX-Warnung eingeblendet wird, sollten Sie sicherstellen, dass das Steuerelement von Microsoft digital signiert ist, bevor Sie es installieren oder ausführen.« Viel Glück!

Seit Januar 2007 ist es auch so, dass die Hersteller von Handys Software-Updates zur Verfügung stellen; auch diese sollte man durchführen. Allerdings funktioniert das noch nicht automatisch wie beim PC; Sie müssen sich dem Thema schon mit Forscherdrang widmen.

Browserschutz

Die am meisten benutzten Internetbrowser sind Microsofts Internet Explorer und Firefox. Funktionen wie JavaScript, Java, ActiveX und so weiter ermöglichen es, dass Programme von Dritten auf Ihrem PC ausgeführt werden. Über die Sicherheitseinstellungen des Browsers können Sie definieren, welche Funktionen Sie zulassen möchten und welche nicht. Gehen Sie zu *Extras* | *Internet Optionen* | *Sicherheit* (beim Internet-Explorer) bzw. *Extras* | *Einstellungen* | *Sicherheit* (bei Firefox) und konfigurieren Sie das gewünschte Sicherheitsniveau (am besten so hoch wie möglich). Alle möglichen Einstellungen zu beschreiben, würde den Rahmen dieses Kapitels sprengen. Machen Sie sich auf jeden Fall mit den Optionen *Sicherheit, Datenschutz, Inhalte* und *Erweitert* vertraut. Suchen Sie notfalls nach Büchern zu diesem Thema oder fragen Sie einen Bekannten.

Zugriffsschutz

Sie sollten Ihren PC auch vor dem Zugriff Dritter in Ihrem Umfeld schützen. Definieren Sie Ihr eigenes passwortgeschütztes Benutzerkonto und vermeiden Sie es, mit dem Benutzer »Administrator« zu arbeiten. Deaktivieren Sie den Benutzer »Gast« - was Sie unter *Systemsteuerung* | *Benutzerkonten* tun können.

Überlassen Sie Ihren PC oder Laptop auch nicht Ihren Kindern, sondern kaufen Sie denen besser ein eigenes Gerät. Speziell wenn Sie Ihren Rechner für berufliche Zwecke nutzen oder sensible Daten darauf gespeichert haben, dann sollten Sie das besonders beherzigen. Kinder sind neugierig und probieren alles aus. Das Internet beinhaltet Tsunamis an schädlicher Software, und es ist keine gute Idee, blind drauflos zu surfen und neue Programme gutgläubig downzuloaden. Schädliche Software gibt sich meistens sehr harmlos und ist auf den ersten Blick als solche nicht zu erkennen.

Phishing

Phishing ist eines der sehr wenigen Sicherheitsthemen, die in den Medien sehr große Beachtung finden. Deshalb möchte ich die Problematik an dieser Stelle nicht zu sehr erläutern – nur soviel zur Erklärung: Es ist der (viel zu oft erfolgreiche) Versuch Krimineller, an Ihre sensiblen Daten wie beispielsweise den Zugangscode Ihres Online-Bankkontos zu kommen. Dies kann unter anderem über täuschend ähnlich gestaltete Internetseiten oder gefälschte E-Mails erfolgen. Trotz dieses medialen Interesses und des großen potentiellen individuellen Schadens wird die Gefahr nicht durchweg ernst genommen. Den Sicherheitsempfehlungen Ihrer Bank (oder denen der Auktionshäuser) sollte man unbedingt Folge leisten. Sehr positiv entwickelt hat sich in den letzten Monaten auch die Tatsache, dass die rezenten Versionen der Browser Warnhinweise geben, wenn Sie auf eine solche Seite gelangen. Der Rat kann nur heißen: Die Seite sofort verlassen, wenn der Browser Sie warnt. Generell gilt: Anfragen sensibler Daten über das Internet finden in der Regel nicht statt.

Download und Spiele

Bei einem Download aus dem Internet laden Sie sich fremde Daten und Programme auf Ihren PC. Seien Sie äußerst vorsichtig, wenn Sie dies tun, und vergewissern Sie sich, dass der Anbieter vertrauenswürdig ist. Das ist allerdings keine leichte Aufgabe, denn Sie müssen sich eventuell in Fachzeitschriften oder in Newsgroups im Internet informieren. Seien Sie auch sehr misstrauisch bei Onlinespielen und geben Sie nicht Ihren richtigen Namen und Adresse an.

Chatten

Chatten ist eine tolle Sache, denn Sie können mit Gleichgesinnten direkt kommunizieren. Aber wenn Sie unbedingt vermeiden wollen, dass man Sie identifiziert, dann lassen Sie die Finger davon. Es ist in den meisten Fällen möglich, Sie zurückzuverfolgen.

Handys

Neuerdings tauchen auch Viren für Handys auf. Mit Einführung der Bluetooth-Technik (kabellose Datenübertragung) ist es für Hacker einfacher geworden, Daten auf Ihrem Handy auszuspähen. Wenn Sie sensible Daten auf Ihrem Handy haben (zum Beispiel Geheimnummern von Prominenten oder Kunden), ist es sicherlich sinnvoll, Bluetooth nicht zu aktivieren und die Sicherheitseinstellungen genau zu prüfen. Jemand in Ihrer Nähe könnte sich, ohne dass Sie es merken, Zugang zu diesen Daten auf Ihrem Handy verschaffen oder auf Ihre Kosten im Internet surfen.

Geräteausmusterung oder Verkauf

Es ist kaum bis gar nicht bekannt, dass die Daten, die Sie auf Ihrem PC, einem USB-Memorystick, einer DVD oder Ihrem Handy haben, selbst dann noch gelesen werden können, wenn Sie diese gelöscht haben. Bei einer Löschung wird lediglich der Eintrag im Inhaltsverzeichnis entfernt – die Daten selbst bleiben aber im Speicher. Selbst nach einer Formatierung (komplette Löschung des Speichermediums) haben spezialisierte Firmen oft die Möglichkeit, die Daten zu rekonstruieren. Wenn Sie sensible Daten haben, dann nehmen Sie nach dem Löschen bei der Ausmusterung auch eine physische Zerstörung vor (mit dem Hammer kräftig auf die Festplatte schlagen, DVDs brechen und Ähnliches). Gegebenenfalls gibt es in Ihrer Firma die Möglichkeit, diese Geräte und Medien zur professionellen Entsorgung abzugeben. Aus Sicherheitsgründen sollten nämlich ausgemusterte Geräte von einer spezialisierten Firma abgeholt und fachgeregt zerstört werden. Manchmal allerdings entfällt diese Ausmusterungsaktion, denn das Schöne an der IT ist, dass es viele Mitarbeiter gibt, die ihr Hobby zum Beruf machen und dem Betrieb mit Freude die alten Server abnehmen. Diese werden dann - oft zum Leidwesen des jeweiligen Partners – zu Hause im Keller wieder aufgebaut, um darauf zu experimentieren. Server benötigten enorm viel Strom und deshalb muss man einfach in Kauf nehmen, dass dabei gelegentlich die komplette Stromversorgung im Viertel zusammenbricht.

Kreditkarten

Geben Sie Ihre Kreditkartennummer prinzipiell nicht im Internet ein. Wenn Sie eine Buchung bestätigen oder etwas bezahlen möchten, schicken Sie am besten ein Fax hinterher. Sie sollten nur dann im Internet mit Kreditkarte bezahlen, wenn es wirklich keinen anderen Weg gibt und Sie dem Anbieter vertrauen können. Achten Sie dann auf das zusätzliche »s« in der Protokollbezeichnung (https://) der Internetadresse. Das »s« steht für Secure (https = sicheres Hypertext-Übertragungsprotokoll) und sorgt für eine zusätzliche Schicht in der Netzwerkübertragung.

Diebstahl oder Reparatur

PCs müssen manchmal zur Reparatur und Laptops werden gerne gestohlen. Sie haben recht gute Chancen, dass Sie Ihr Gerät eines Tages in fremde Hände geben müssen. Sie können nicht wissen, wer in diesem Fall Ihre Daten lesen kann. Ich kann nur dringend dazu raten, ein Produkt zur Verschlüsselung der Festplatte zu kaufen.

Geiselnahme

Geiselnahme? In letzter Zeit gibt es Fälle, bei denen es externen Angreifern gelingt, Daten von Ihrem PC (oder auch vom Server in einer Firma) zu kopieren und diese dann zu löschen oder aber zu verschlüsseln. Gegen Bezahlung eines Obolus gibt man Ihnen Ihre Daten wieder zurück.

Spam

Es mag überraschen, dass Spam erst am Ende dieser Gefahrenliste auftaucht, da das Thema in aller Munde ist. Bei Spam wird Ihr E-Mail-Postfach mit Werbematerial überflutet. Spam ist eigentlich nur eine Belästigung und nicht direkt eine Gefahr.

In der ersten Auflage schrieb ich noch: »*Ich denke, Spam wird in naher Zukunft rapide abnehmen. Die ersten Spammer sitzen bereits im Gefängnis und ihr komplettes Hab und Gut wurde beschlagnahmt. AOL und Microsoft haben im August 2005 die konfiszierten Güter eines solchen Spammers durch eine Lotterie an ihre Kunden verschenkt. Nachwuchsspammer werden sich die Sache also zweimal überlegen.*«

Da lag ich wohl ziemlich daneben. Nach einer Information des Messaging-Experten Retarus stieg das Spam-Volumen im Jahr 2007 um 165 Prozent. Dies entspricht 95,4 Prozent aller E-Mails. Allerdings sind die Spamfilter viel besser geworden und der Anteil an Spam, der als normale Mail in Ihrem Postfach landet, ist sicherlich nicht gestiegen.

Gemäß dem Security-Dienstleister *Postini* registriert man einen dramatischen Anstieg sogenannter *Direct Harvest Attacks*, bei denen Firmenserver angegriffen werden, um an E-Mail Adressen zu kommen.

Beantworten Sie auf keinen Fall Spam-Mails – es ist lediglich die Bestätigung für den Versender, dass Ihre E-Mail-Adresse effektiv besteht. Auch eine Aufforderung wie »Unsubscribe« (Abonnement stornieren) oder »Remove« (entfernen) sollte unbeantwortet bleiben, es bewirkt nur, dass Sie noch mehr Spam bekommen.

Gehen Sie mit Ihrer E-Mail-Adresse sehr selektiv um: Geben Sie sie nur Leuten, denen Sie vertrauen und geben Sie sie nicht auf einer Webseite ein. Wenn Sie eine eigene Webseite haben, dann hinterlassen Sie Ihre E-Mail-Adresse nur indirekt (wie das geht, steht in jedem vernünftigen Buch über Webdesign).

Ein neuer Service sind die *alias*-E-Mail-Adressen, welche Sie nur ein Mal für eine bestimmte Aktion verwenden, zum Beispiel für die Buchung eines Mietwagens. Sobald diese Aktion beendet ist, können Sie diese Adresse deaktivieren und schon kann über diesen Weg kein Spam mehr kommen.

Vielleicht haben Sie sich schon gefragt, wieso Spam manchmal nicht als solcher erkannt wird oder warum reguläre Mails als Spam herausgefiltert werden? Spam-Filtering kann keine exakte Wissenschaft sein, da diese Systeme anhand des Inhalts der E-Mail entscheiden müssen, worum es sich handelt – und das ist sehr schwierig. Wenn Sie ein Angebot für ein Produkt per E-Mail bekommen, dann kann es sein, dass Sie das extra angefragt haben, und das kann der Filter nicht wissen. Spammer wissen, wie die Filter arbeiten und gestalten den Text der E-Mail so, dass der Filter sie nicht als Spam erkennen kann. Es ist ein Spiel wie zwischen Hase und Igel.

Im Betrieb

Bevor wir einsteigen, sollte man etwas sehr Wichtiges über die fehlende Automatisierung beim Thema IT-Sicherheit in den Betrieben unbedingt wissen: Generell herrscht in der Wirtschaft ein sehr großer Automatisierungsgrad – im Grunde wird heute alles durch IT-Systeme gesteuert. Aber IT-Abteilungen sind als Letzte informatisiert worden, so ähnlich wie des Schusters Kinder, die die schlechtesten Schuhe haben. Als es vor mehr als dreißig Jahren mit den Computern anfing, programmierte man zuerst einmal Buchungssysteme, dann kamen nach und nach Anwendungen, die die Bereiche an der »Front« unterstützten, bis hin zu extrem komplizierten, vernetzten, interaktiven und über Zeitzonen hinweg operierenden Applikationen, wie sie heute in Gebrauch sind. Erst sehr spät, vielleicht so etwa vor zehn Jahren, fing man damit an, auch die Prozesse in den IT-Abteilungen zu automatisieren. Heute ist das Thema zwar sehr weit avanciert, aber es gibt immer noch einen Bereich in der IT, bei dem es keine Automatisierung gibt, und das ist der Bereich der IT-Sicherheit.

Damit ich nicht missverstanden werde: Es gibt sehr wohl Unmengen an Software, die alles Mögliche überwachen und schützen, wie Firewalls, Unterbindung externer Angriffe und Vieles mehr. Es gibt auch Software, die punktuelle Prüfungen durchführen kann und tolle Berichte schreibt, in denen steht, dass seit Monaten die Passwörter nicht geändert wurden (obwohl dies alle dreißig Tage passieren müsste) oder dass Mitarbeiter, welche die Firma längst verlassen haben, immer noch nicht gelöscht wurden. Es gibt jedoch keine Möglichkeit, die geballte Sammlung aller in einem Sicherheitskonzept definierten Sicherheitsregeln auf einheitliche Art und Weise in einem spezialisierten System so zu managen, dass ein Bruch der Regeln unterbunden wird, bevor er passiert. IT-Sicherheit ist im Jahre 2008 ein Revisionsthema, aber kein Managementthema. Bei dieser Frage sind wir mindestens zehn Jahre hinter anderen IT-Themen zurück.

Grob verallgemeinert muss man festhalten, dass das Management der IT-Sicherheitsprozesse folgendermaßen funktioniert: Eine spezifische Frage taucht auf (oder ein System wird eingeführt) und der Betrieb definiert spezifische Regeln in einem Konzept. Dabei wird das Rad jedes Mal neu erfunden. Es entstehen dann Papierdokumente, die festhalten, wie IT-Sicherheit aufgebaut wird. Sofern es die Technik erlaubt, wird geplant, einige dieser Regeln automatisch zu überwachen (die angesprochenen Firewalls beispielsweise); die Mehrzahl der definierten Regeln jedoch wird manuell (beispielsweise bei der nächsten Revision) im Nachhinein überprüft.

Der Fall der *Société Générale* Anfang 2008, bei dem ein Händler durch unautorisierte Geschäfte mehr als vier Milliarden Euro Schaden anrichtete, ist ein hervorragendes Beispiel. Hier hatte der Mitarbeiter Zugriffsrechte auf zwei Systeme und konnte dadurch Manipulationen durchführen. Eine Überwachungssoftware, die solche Szenarien kennt und das IT-Biotop auf eine derartige Konstellation hin untersucht, gibt es nicht. Auch der Fall der LGT in Liechtenstein ist auf eine nicht vorhandene (und auch nicht mögliche) Automatisierung der Sicherheitsregeln zurückzuführen. Es wird mehr Forensik betrieben als Prävention. Das Besorgniserregende an dieser Tatsache ist, dass weder der Markt nach integrierten Lösungen verlangt noch an solchen Systemen gearbeitet wird. Das Thema befindet sich erst auf der Ebene der Forschung in den Universitäten. Es wird also noch sehr lange Zeit nicht möglich sein, zum Beispiel eine Regel zu automatisieren, die festlegt, dass sensible Daten verschlüsselt sein müssen und nicht in andere Systeme weitergeleitet werden dürfen. Ein Überwachungstool, das beim Bruch einer derartigen Regel Alarm schlägt und diesen auch noch gleich verhindert, gibt es in absehbarer Zeit nicht.

Deshalb nun an dieser Stelle eine Beschreibung der aktuellen, bei Weitem nicht idealen Situation.

Die Probleme fangen bereits damit an, dass zu entscheiden ist, an wen die IT-Sicherheitsexperten in einem Betrieb ihren Bericht weitergeben sollen. Wenn der Sicherheitsexperte dem CIO unterstellt ist und letzterer tendenziell bei Sicherheitsfragen eher beide Augen zudrückt, dann ist das eine sehr schlechte Lösung. Wenn der Sicherheitsbeauftragte jedoch außerhalb der IT angesiedelt ist, dann ist er meistens zu weit von den Themen entfernt und wird von den IT-Mitarbeitern leicht als Polizist und Kontrolleur wahrgenommen, dem man tunlichst nicht alles auf die Nase binden sollte. Ein klassisches Dilemma, für das es keine allgemein gültige Lösung gibt.

Risikoanalyse

Um eine Begriffsverirrung zu vermeiden, verstehe ich an dieser Stelle unter »Risiko« allein die Aspekte, die unter die Rubrik der IT-»Sicherheit« fallen. Es gibt nämlich darüber hinaus auch noch das in diesem Buch nicht betrachtete Thema des »Risikomanagements«, welches ein eigenes Gebiet ist, bei dem sich um Fragen gekümmert wird wie diese: »Welches Geschäftsrisiko haben wir, wenn unsere Hauptsoftwareprovider bankrott gehen?« Oder: »Welchen Schadensersatz müssen wir bezahlen, wenn das Netzwerk über längere Zeit ausfällt?« Oder: »Wie sind unsere Risiken, wenn mehr als 10 Prozent der Mitarbeiter der IT innerhalb von zwölf Monaten kündigen?« Mehrere hundert dieser Fragen müssen beantwortet werden.

Es ist noch gar nicht so lange her, da war das Wort Risikoanalyse in der IT ein Fremdwort. In den 80er-Jahren gab es in den Betrieben einen großen Computer (Mainframe), kein Netzwerk und keine PCs. Der Mainframe kommunizierte über direkte Kabelverbindung mit sogenannten Terminals, die selbst keine Rechen- und keine

Speicherkapazität besaßen. Die Einführung einer Software war eher unkompliziert und ein Risiko bestand kaum.

Dies ist heute dramatisch anders. Es ist ein durchaus realistisches Szenario, dass bei der Installation eines neuen Druckers das Netzwerk zusammenbricht, wenn dieser Drucker eine neuere Version seines Kontrollprogramms (Treiber) benötigt als die bisherigen Drucker. Aus Sicherheitsgründen müsste dieser Treiber ausgiebig getestet werden, bevor er installiert wird.

Eine Risikoanalyse muss prinzipiell für alles und jedes gemacht werden. Bei jedem neuen Projekt muss eine Einschätzung des Sicherheitsbedarfes gemacht werden und je nach Ergebnis muss ein Sicherheitskonzept erstellt werden, bei dem alle Elemente jeder Risikokategorie betrachtet werden. Und davon gibt es eine ganze Menge. Bei jeder Risikokategorie muss bewertet werden, wie wahrscheinlich das Eintreten ist: Wie oft brennt es im Rechenzentrum? Wie stabil ist das System? Wie oft greifen Hacker an? Welche Daten werden verändert oder gelöscht? Und so weiter. Und es muss bewertet werden, wie hoch der Schaden dann sein wird (finanzieller Verlust, Imageschaden, Bankrott).

Solche Analysen sind nicht einfach zu realisieren, benötigen sehr spezielle Fachkenntnisse und werden daher oft von externen Firmen durchgeführt. Anschließend wird für jedes gefundene und inakzeptable Risiko entschieden, mit welchen Maßnahmen der Gefahr begegnet wird. Am Ende dieses Prozesses wird eine Gesamtbeurteilung vorgenommen und die Entscheidungsträger bestimmen dann, ob sie die dokumentierten Risiken tragen wollen oder nicht (Risikoappetit). Man kann auf jeden Fall sagen, dass es kein IT-Projekt und keine IT-Maßnahme ohne Risiko gibt.

In den meisten Fällen entscheiden die eingesetzten Mittel, inwieweit die Risiken beherrscht werden können.

Es kommt aber auch vor, dass es für manche Fragestellungen überhaupt keine ideale Lösung gibt. So ist zum Beispiel das Thema *Single-Sign-On* (man hat das gleiche Passwort für alle Systeme und braucht es nur ein Mal einzugeben) ein Bereich, bei dem sich die Gemüter scheiden. Jeder Mitarbeiter in einem Betrieb muss sich eine Fülle von Passwörtern merken, und weil das niemand wirklich kann, schreiben sich die Leute die Passwörter auf. Daher muss man manchmal nur die Tastatur hochheben, um an die Post-its mit den Passwörtern zu gelangen. Falls man dann auf die Idee kommt, *Single Sign-On* einzuführen, verschwinden zwar die Post-its, dafür reicht es dann aber, einem Mitarbeiter nur einmal über die Schulter zu schauen, um Zugang zu allen Systeme zu erhalten.

Jede Firma, die sensible Daten verwaltet, beschäftigt einen oder mehrere IT-Sicherheitsbeauftragte. Diese müssen permanent überwachen, was sich in der Szene tut und welche neuen Gefahren lauern. Hierfür kann man sich auf darin spezialisierte Dienste abonnieren. Bei sicherheitsrelevanten Vorkommnissen gibt es heute forensische Experten, die ähnlich wie bei Kriminalermittlungen feinste Datenspuren verfolgen können. Jedes System führt heute sogenannte Logfiles, die Rückschlüsse auf die Aktivitäten des Benutzers zulassen. So ist zum Beispiel jedes Word-Dokument eine echte Fundgrube an Spuren, die für Laien unsichtbar sind.

Niemand braucht Sicherheitsstandards zu erfinden. Es gibt den ISO27001/2- (früher ISO17799) Standard, auf den man seine eigenen Sicherheitsregeln aufbauen kann. Dieser Standard ist in einem recht sperrigen Dokument beschrieben, aber man kann für die eigene Umsetzung auch wieder externe Spezialisten beauftragen.

Wo Geld ist, ist das Verbrechen nicht weit und die IT-Sicherheit bekommt zentrale Bedeutung. Gleichzeitig ist sie jedoch auch eine Bremse, da sie per natura jedes Projekt verlangsamt und verteuert. Sie verringert auch den Komfort. Die Balance zwischen Sicherheit und Funktionalität zu finden, ist gar nicht einfach.

Schauen wir uns verschiedene Kategorien der IT-Sicherheit in einem Betrieb an:

Physische Sicherheit

Dies ist der klassische Bereich, den es schon immer gab. Gegen Wasser schützt man sich, indem im Rechenzentrum ein Abfluss eingebaut wird. Bei Feuer kommt Argonit zum Einsatz (früher setzte man Halon ein, dies war aber für die Mitarbeiter extrem gefährlich, da hierdurch dem Raum der Sauerstoff entzogen wurde und der Erstickungstod drohte; Halon ist heute verboten). Leistungsstarke Klimaanlagen sichern gegen Hitze. Zugang zu Rechenzentren bekommt man nur durch entsprechend programmierte Karten. Kontrolllisten, die aufzeigen, wer wann Zugang zum Rechenzentrum hatte, werden regelmäßig geprüft.

Netzwerkschutz

Computersysteme werden über ihre Anbindungen an externe Netzwerke angegriffen. Es bestehen in der Regel sehr viele Verbindungen nach außen (an Kunden, Lieferanten, an das Internet, an ein zweites Rechenzentrum) und somit muss verstärktes Augenmerk auf diesen Bereich gelegt werden. Netzwerke werden durch Firewalls geschützt. Über Firewalls wurde bereits geschrieben; das Prinzip im Betrieb unterscheidet sich nicht wesentlich vom Prinzip auf dem heimischen PC, nur dass man mehrere

Firewalls von unterschiedlichen Herstellern hintereinander schalten kann. Dadurch wird erreicht, dass, sollte es einem Angreifer gelingen, die erste Hürde zu nehmen, er sich vor einer zweiten mit anderen Herausforderungen befindet.

Darüber hinaus gibt es verschiedenste Verschlüsselungstechniken, die sehr kompliziert sind und die garantieren, dass ein abgehörter Datentransfer nicht verstanden werden kann. Vor der Einführung des Internet waren diese Verbindungen meistens Standleitungen von Punkt zu Punkt, und um eine solche Leitung abzuhören, hätte man sich physisch in die Leitung einschalten, also quasi den Verteilerkasten bei der Post aufbrechen und sich auf die Leitung klemmen müssen. Deshalb war diese Gefahr eher theoretischer Natur.

Durch das Internet sind Firmen und Privatleute zum ersten Mal gleichzeitig im selben Netz, und dieses Netz wird nicht von den Firmen kontrolliert. Um dem zu begegnen, führte man im Internet sogenannte Tunnels (VPN) ein, das heißt, das Internet wird zwar benutzt, aber man definiert einen eigenen Bereich, der von außen nicht eingesehen werden kann. Dieser Bereich der Netzwerksicherheit ist sehr dynamisch und erfordert hoch qualifizierte Experten.

Netzwerküberwachung

Es reicht nicht, die eben beschriebenen Sicherheitsmaßnahmen zu ergreifen, sondern man muss die Sicherheit auch konstant im 24-Stunden-Betrieb überwachen und sicherstellen, dass alle Mechanismen korrekt greifen. Um dies zu erreichen, wird hochkomplexe Software (Intrusion Detection Systems) eingesetzt. Diese hat die Aufgabe, Alarm zu schlagen, wenn es einem Angreifer gelungen ist, illegalen Zugang zum internen Netzwerk zu erlangen.

Wenn ein solcher Alarm losgeht, wird ein Interventionsteam benachrichtigt (auch nachts!) und es werden üblicherweise alle Verbindungen nach außen sofort gekappt (dadurch hat der Angreifer keine Möglichkeit, seinen Angriff fortzusetzen – eine schnelle Reaktion ist also unerlässlich). Das Interventionsteam muss dann die Situation analysieren und entscheiden, wie dem Angriff begegnet werden kann; man muss ja davon ausgehen, dass der Angreifer seinen Angriff fortsetzen wird, sobald die Leitungen wieder geöffnet werden. Das Interventionsteam hat aber nicht nur eine passive Rolle. Es stellt auch absichtlich Fallen. Dabei wird einem externen Angreifer vorgespielt, dass er in einem bestimmten Netzwerkbereich besonders interessante Informationen vorfinden könne (*honey pot*), und die Sicherheit wird für diesen Bereich absichtlich geringer gehalten als für den Rest (allerdings auch nicht zu gering, sonst fällt die Falle auf).

Sind die Angreifer darauf hereingefallen, kann man nachverfolgen, woher der Angriff kam, und eventuell juristische Schritte einleiten. In regelmäßigen Abständen werden spezialisierte Firmen beauftragt, die Sicherheitsinfrastruktur zu hacken. Gelingt das Hacken, dann weiß man um die Schwachstellen und kann sie beheben.

Regelmäßig müssen auch sogenannte Health-Checks durchgeführt werden, bei denen geprüft wird, ob nicht Aktivitäten über das Netz laufen, über die man besser Bescheid wüsste. Hierzu gibt es spezielle Tools, die einem diese Aufgabe ermöglichen.

Externe Anmeldung im Netzwerk

Bei aller Sicherheit muss das Netzwerk trotzdem zwischen nicht autorisierten und autorisierten Verbindungen unterscheiden können. Um dies zu realisieren, gibt es, wen überrascht es, Spezialsysteme, die prüfen, ob eine Anmeldung erlaubt ist oder nicht. Vielleicht kennen Sie die kleinen Geräte (Tokens), auf denen jede Minute eine neue Zahl erscheint und die zum Beispiel beim Homebanking benutzt werden? Die Anmeldung ist nur erfolgreich, wenn der Computer im Betrieb genau weiß, welche Nummer gerade auf Ihrem Token ist. Vielleicht haben Sie sich gefragt, wie der Computer das wissen kann? Nun, er weiß es, da er die gleiche Berechnung vornimmt wie Ihr Token. Das klingt leichter, als es ist. Gäbe es beim Token nur eine winzige zeitliche Verzögerung in der Berechnung, dann könnte der Computer in der Firma nicht mehr wissen, welche Nummer auf Ihrem Token angezeigt wird, und Ihre Anmeldung würde fehlschlagen.

Diese Technik kostet richtig gut Geld. Eine oft vergessene Sicherheitslücke öffnet sich in den Fällen, in denen netzwerkfremde Geräte sich in das physische Netzwerk im Gebäude der Firma einschalten, wie zum Beispiel Laptops der eigenen Mitarbeiter oder von Vertretern (für Produktvorführungen) oder die Putzfrau, wenn sie abends allein in den Büros ist. Rein technisch gesehen reicht es aus, sich ein Netzwerkkabel zu beschaffen und einen freien Steckplatz in einem Büro zu finden, um im Firmennetz zu sein. Dies bedeutet ein außerordentlich großes Risiko, das man mit Spezialtechnik verhindern muss.

Diebstahl von Speicher- und Rechenkapazitäten

Große Firmen verfügen über große Rechenzentren mit riesigem elektronischem Speicherplatz. Dieser Speicherplatz ist auch für kriminelle Elemente sehr attraktiv. Es gibt laufend Kriminalfälle, wie zum Beispiel das Anbieten von pädophilem Bildmaterial, bei denen via Internet in die Rechenzentren von Firmen eingedrungen wird, um den fremden Rechner als Lagerort für die illegalen Bilddateien zu benutzen. Aus diesem

Grund müssen die Sicherheitsvorkehrungen ständig überprüft werden, um das Entstehen einer solchen Situation zu verhindern, und die elektronischen Speicher müssen regelmäßig auf ihre Inhalte überprüft werden.

Es kommt auch vor, dass externe Eindringlinge Rechenkapazitäten (CPU-Zeit) klauen, um damit eine teure Ressource einzusparen. Sie verschaffen sich via Internet Zugang zu einem nicht ausreichend gesicherten Computer einer Firma, um mit dessen Rechenkapazitäten zu arbeiten. Dies können Studenten mit »Forscherdrang« sein, aber auch Kriminelle, zum Beispiel Spammer, die die Rechenzeit zum Versenden ihrer Millionen Spam-Mails benutzen. Dies passiert aber auch mit privaten PCs und es ist durchaus möglich, dass auch Ihr Rechner zu Hause, wenn er nicht ausreichend geschützt ist, als sogenannter Zombie-PC zum Versenden von Spam benutzt wird. Dies läuft unsichtbar im Hintergrund ab und Sie merken es noch nicht einmal. Die Anzahl an Zombie-PCs weltweit wird auf mehrere Millionen geschätzt.

Malicious Code

Unter diesen Begriff fallen Viren, Würmer usw., aber auch etwaige Hintertüren in einer Software, die es erlauben, jemandem, der diese Hintertür kennt, an allen Kontrollen vorbei Zugriff auf die Systeme zu gewähren. Bei gekaufter Software ist es kaum bis gar nicht möglich, dies zu überprüfen, denn wer könnte schon sagen, ob eine Netzwerkkomponente nicht eine versteckte Eingangstür für die Geheimdienste enthält? Von einem Provider gelieferte Software kann alle möglichen Funktionen enthalten und da der Quellcode nicht mitgeliefert wird, kann man auch keine hundertprozentige Kenntnis darüber haben, was man da eigentlich ins Biotop hineingeschleppt hat.

Phishing

Dieses Thema wurde bereits behandelt, aber es gibt aus betrieblicher Sicht noch einen zusätzlichen Aspekt: Wenn die Firma Geschäfte im Internet betreibt, muss sie ständig wissen, ob ihr Internetauftritt nicht Opfer einer Phishing-Attacke ist. Es müssen Mitarbeiter dafür definiert werden, permanent das Internet auf derartige Aktivitäten hin zu beobachten. Falls dies passiert, kann eventuell eine Gegenattacke gestartet werden (es gibt Anti-Phishingfirmen, die versuchen, die gefälschte Webseite lahmzulegen), oder es können juristische Schritte eingeleitet werden.

Software Updates (Patching)

Wie bereits für den Privatbereich beschrieben, müssen Software-Updates auch in einem Betrieb durchgeführt werden, um Sicherheitslücken zu schließen. Die Komplexität ist allerdings erheblich größer, da Patching auch für Datenbanksysteme und alle andere Software gemacht werden muss. Durch die generelle Instabilität von IT-Biotopen müsste jedes Software-Update prinzipiell auf Verträglichkeit getestet werden, aber aus Gründen der Dringlichkeit wird meistens darauf verzichtet (und dadurch ein neues Risiko eingegangen!).

Die Sicherheitsverantwortlichen möchten Software-Updates immer sofort einspielen, die Administratoren des Systems möchten jedoch jede Veränderung vermeiden, wenn das System stabil ist. Diskussionen über Entscheidungen dieser Art sind täglich Brot.

Notfallplanung

Dieses Thema wurde im Kapitel *Nach ersten Schätzungen geht der Schaden in die Millionen* beschrieben.

PC-Sicherheit

Da in einem Betrieb die PCs nicht allein funktionieren, sondern in einem Netzwerk, muss gewährleistet sein, dass sie keine Angriffsfläche für die Sicherheit des Netzwerkes bieten. Dies ist nicht einfach zu realisieren und es ist der Bereich, den die Anwender direkt sehen und bei dem sie Einbußen beim Benutzungskomfort sofort spüren. Aus Sicherheitsgründen wird oft kein CD-Laufwerk installiert, USB wird deaktiviert, Softwareinstallation wird verhindert und dergleichen mehr. Es gibt eine große Anzahl von Sicherheitsparametern, die entschieden und eingestellt werden müssen. Hierbei wird das Rad nicht neu erfunden, sondern es wird sich auf die Erfahrungen anderer gestützt (best practice).

Noch ein guter Ratschlag: Speichern Sie im Büro nie Daten auf der lokalen Festplatte (C:\). Wenn Ihr PC crashed, sind diese Daten unwiederbringlich verloren, da die IT diese nicht sichert.

Risiko Verschlüsselung

Netzwerke zu verschlüsseln, ist heute sehr verbreitet und keine besondere Herausforderung mehr. Schwieriger ist es, die Daten in den Datenbanksystemen zu verschlüsseln. Bei Verlust des Schlüssels sind nämlich alle Daten verloren. Deshalb müssen

Sicherheitsvorkehrungen (wie z.B. Hauptschlüssel für Notfälle) getroffen werden, um dies zu verhindern.

Risiko mobile devices / Spionage

Mobile devices sind Laptops, Handys, Organizers, Digitalkameras, MP3-Player, Memorysticks usw. Die besten Sicherheitsvorkehrungen nutzen nichts, wenn ein Mitarbeiter mit seinem Handy in weniger als 3 Sekunden unbemerkt den Bildschirm mit sensiblen Daten fotografieren oder mit einem MP3-Player unbemerkt eine Besprechung aufnehmen kann. Durch den technischen Fortschritt werden manche Phantasien, wie man sie in James Bond-Filmen gesehen hat, Realität. Man kann nie sicher sein, dass ein vertrauliches Gespräch auch wirklich vertraulich ist: Ein harmloser Kugelschreiber kann ein Mikrofon enthalten und das Gespräch in Echtzeit an einen Dritten übermitteln. Gegen diese Sicherheitsprobleme gibt es keine technische Handhabe. Ein weiteres Risiko in diesem Bereich ist der Diebstahl oder Verlust des Laptops. Wenn er sensible Daten enthält, hat die Firma ein sehr reales Problem. Für diesen Fall muss Verschlüsselungstechnik eingesetzt werden. Selbstverständlich müssen auch Laptops mit der letzten Antivirensoftware versehen sein und permanent auf dem letzten Stand gehalten werden. Da Laptops aber außerhalb der Firma vagabundieren, sind eine separate Prozedur und eine eigene Technik notwendig, um dieses Ziel zu erreichen.

Anwendungssicherheit

Es muss sichergestellt sein, dass jedes Programm kontrolliert, welche Werte in einem Datenelement (zum Beispiel Name, Geburtsdatum, ...) erfasst werden dürfen. In früheren Jahren kam es schon mal vor, dass ein Kunde mit Namen Müller so nicht erfasst werden durfte, da er in anderen Systemen wegen des Umlautes (ü) einen Absturz hervorgerufen hatte. Oder ein Datum, das in der Zukunft liegt, würde in der Bearbeitungskette irgendwo zu einem Absturz führen.

Dokumente mit Passwörtern schützen?

In Word und Excel ist es möglich, ein Dokument mit einem Passwort zu schützen. Für den Privatgebrauch sicherlich hervorragend geeignet (solange Sie das Passwort nicht vergessen!), so ist es jedoch für den Betrieb nicht geeignet. Jedes erstellte Dokument gehört dem Betrieb und nicht dem Mitarbeiter. Wenn der Mitarbeiter den Betrieb verlässt, ohne das Passwort mitgeteilt zu haben, so kann dies gravierende Konsequenzen für den Betrieb haben. Von dieser Möglichkeit sollte nur Gebrauch gemacht werden, wenn der Vorgesetzte das Passwort ebenfalls kennt oder wenn eine handschriftliche Kopie des Passwortes an einem sicheren Ort (zum Beispiel einem Safe) aufbewahrt wird.

Wenig bekannt ist die Tatsache, dass Passwörter bei diesen Dokumenten unter gewissen Bedingungen geknackt werden können. Wenn Sie ein Passwort benutzen, das im Wörterbuch zu finden ist, dann ist es ziemlich leicht. Bei konstruierten Passwörtern, wie beispielsweise r5Tg20 wird es schwieriger. Je länger ein solches Passwort, umso kleiner die Chance, es zu knacken. Im Internet gibt es spezialisierte Anbieter, die für ein paar Dollar versuchen, das Passwort zu knacken. Sind sie erfolgreich, hat dieser Anbieter Ihr Dokument in lesbarer Form! Wenn Sie Ihr Passwort vergessen haben, kann Ihnen die IT normalerweise nicht weiterhelfen. Fazit: Nutzen Sie diese Möglichkeit nur nach Absprache mit Ihrem Vorgesetzten.

Ein anderer Aspekt der Passwortnutzung im Internet sollte beachtet werden: Wenn Sie für Ihre Firma Dienste im Internet nutzen, so hinterlegen Sie Ihre User-ID und Ihr Passwort bei Ihrem Vorgesetzten oder einer dafür vorgesehen Stelle. Falls Sie die Firma eines Tages verlassen, würden Sie sonst weiterhin Zugang zu den abonnierten Internetdiensten behalten, ohne dass Ihre alte Firma dies weiß. Dies kann für die Firma ein großes Risiko darstellen.

Passwörter in der IT

Für jedes System gibt es einen Administrator, der die Hoheit über das komplette System hat. Er ist verpflichtet, eine handschriftliche Kopie des Systemadministrator-Passwortes an eine dafür vorgesehene Person oder Abteilung zu übergeben. Es muss sichergestellt sein, dass auch während seines Urlaubs administrative Arbeiten bei Bedarf durchgeführt werden können. Es gibt auch hierfür Spezialsoftware, so dass die handschriftliche Kopie entfallen kann.

Testen der Datensicherung

Mindestens einmal pro Jahr führt die IT pro System einen Test durch, um sicherzustellen, dass bei Datenverlust die Bestände wieder hergestellt werden können. Es ist nämlich gar nicht so selbstverständlich, dass gesicherte Daten auch wieder eingelesen werden können.

So hatte ich einmal vor vielen Jahren die Situation, bei der durch einen Softwarefehler im Buchungsprogramm alle Kredite im System gelöscht worden waren. Beim Zurückladen der Daten stellte sich heraus, dass das Magnetband wegen der gewählten Schreibdichte nicht lesbar war. Der Lieferant der Magnetbänder bestätigte zerknirscht diesen Fehler (der allerdings nirgendwo dokumentiert war), aber das half uns dann auch nicht weiter. Es war nichts zu machen: Alle Kredite mussten neu erfasst werden. Es war die härteste Krisensituation in der IT, die ich je erlebt habe. Die Kundenpositionen stimmten nicht mehr, verärgerte Kunden riefen an, die Kreditabwicklung musste über mehrere Tage hinweg alles neu erfassen und die Handelspositionen der Bank waren komplett falsch.

Es ist also von außerordentlicher Wichtigkeit – auch im privaten Bereich! – zu prüfen, dass Datensicherungen für den Fall der Fälle lesbar sind.

Social Engineering

Die Computersysteme werden laufend sicherer und es wird für Angreifer immer schwieriger, sich in fremde Netze einzuloggen. Wenn es dann doch einmal gelingt, riskieren sie hohe Haftstrafen. Deshalb stellt man immer häufiger fest, dass Leute, die sich Informationen illegal verschaffen wollen, den Faktor Mensch angreifen. Dies kann geschehen, indem sich jemand als eine Person ausgibt, die für ein renommiertes Forschungsinstitut Umfragen durchführt und dann Fragen über die IT-Sicherheit oder Geschäftsgeheimnisse stellt. IT-Mitarbeiter werden sensibilisiert, nicht an derartigen Umfragen teilzunehmen und generell nicht am Telefon auf solche Fragen einzugehen. Eine besonders hinterhältige Variante ist das *Spear Phishing*. Dabei verschicken die Angreifer E-Mails, die so aussehen, als kämen sie aus der eigenen IT. Bei diesen ist es nur auf den zweiten Blick zu erkennen, dass der Absender der E-Mail nicht aus der eigenen IT-Abteilung stammen kann. Der Mitarbeiter wird aufgefordert, vertrauliche Informationen wie Passwörter dem IT-Mitarbeiter zu melden, und antwortet mit gutem Gewissen. Es geht aber auch noch viel einfacher: Es ist nicht schwer, herauszufinden, mit welchem Bus, Zug oder welcher Tram die Mitarbeiter zur Arbeit fahren. Dann reicht es, sich hinzusetzen und zuzuhören, wie sich die Mitarbeiter über vertrauliche Dinge unterhalten.

Anonyme Testdaten

Eine klassische Falle in der IT, bei der die besten Sicherheitsvorkehrungen unwissentlich umgangen werden, ist der Aufbau eines Testsystems. Hierfür wird eine Kopie eines Produktionssystems genommen und auf ein Testsystem kopiert. Das hierfür benutzte Medium (zum Beispiel DVD) liegt anschließend irgendwo herum und vagabundiert. Also muss man hier Sicherheitsschleusen einbauen. Die Sicherheitsinfrastruktur in einem Testsystem ist immer schlechter als im Produktionsbetrieb. Wenn vergessen worden ist, die sensiblen Testdaten zu anonymisieren (zum Beispiel Kontostände von Prominenten), dann ist das Malheur möglicherweise passiert. Ebenso gut kann es passieren, dass ein Testsystem als Produktionssystem freigeschaltet wird, da der Administrator es irrtümlich für ein solches hielt. Dies ist dann besonders schlimm, wenn es sich um eine Internetanwendung handelt. Auf einen Schlag können durch ein einfaches Copy/Paste hochsensible Daten wie zum Beispiel die Kontostände eines prominenten Schlagerstars veröffentlicht werden. Der Fluch des Copy/Paste - passiert immer wieder.

Zugriffsrechte

Zugriffsrechte für Benutzer müssen präzise dokumentiert und regelmäßig überprüft werden. Insbesondere bei Administratoren mit hohen Rechten muss eine permanente Kontrolle vorhanden sein. Allerdings lauern auch hier tückische Fallen: Es nutzt nichts, in einem System korrekte Zugriffsrechte zu definieren, wenn dieses System für andere Aufgaben (zum Beispiel zum Zweck der Archivierung) Kopien der Daten in andere Systeme schickt und in letzteren die Zugriffsrechte dann nicht absolut identisch vergeben wurden. Mitarbeiter mit etwas Forscherdrang finden so etwas schnell heraus und dadurch ist der ursprüngliche Aufbau der Zugriffsrechte nur noch Makulatur.

Daten und Dokumente müssen klassifiziert werden, das heißt, man kann sie beispielsweise einstufen als »öffentlich«, »vertraulich« oder »geheim«. Entsprechend müssen dann die Daten und Dokumente gekennzeichnet und die Zugriffsrechte gewährt werden.

Überwachung der Sicherheitsregeln

Es gibt zurzeit kein umfassendes Softwareprodukt, welches alle möglichen Sicherheitsregeln überwachen könnte. Man findet leicht einzelne Tools, die zu einem bestimmten Zeitpunkt prüfen, ob eine gewisse Regel eingehalten wird. Wird die Regel nur eine Minute später gebrochen, dann bekommt das System das nicht mit. Manche Regeln sind auch nur schwer durch Software zu überwachen. Wenn es heißt: »In einem Testsystem dürfen keine realen Kundendaten vorhanden sein«, dann kann ich das manuell auf einen Blick prüfen. Aber wie erkläre ich einem System, was ein richtiger Kundenname ist und was ein fiktiver? Wir werden hier in den nächsten Jahren neue Sicherheitssoftware bekommen, die in der Lage sein wird, alle Regeln in Echtzeit zu überwachen, dabei Alarm zu schlagen und die laufende Aktivität gegebenenfalls zu unterbrechen, wenn etwas im Begriff ist daneben zu gehen. Solche Software wird hochkomplex und – Sie haben es geahnt – sehr teuer sein.

Datenverlust und Datenklau

Im Februar 2008 berichtete das Weiße Haus von einem Verlust mehrerer Millionen E-Mails wegen einer Umstellung des E-Mail-Systems. Für viele Betriebe sind ihre Daten das wichtigste Gut – für Banken ja allemal. Es gibt immer wieder Berichte in den Medien, wenn Daten entweder einfach verloren gehen oder gezielt entwendet werden. Ein Laptop mit den Namen und Kreditkarten von Millionen von Kunden ist schon öfters abhanden gekommen oder DVDs mit den Namen von Kontoinhabern von Banken in Steueroasen. Die Auswirkungen solcher Vorfälle sind für alle Beteiligten verheerend. Um diese Probleme zu verhindern, müssen komplexe Sicherheitskonzepte erstellt und entsprechende Maßnahmen ergriffen werden. Spezialisierte Anbieter positionieren sich bei diesem Thema und das ist ein rapide wachsender Markt.

Ohne jetzt zu sehr ins Detail gehen zu wollen, so kann man sagen, dass sehr viele Fragen zu klären sind:

- »Wer kann die Daten in welcher Form einsehen, kopieren oder ausdrucken?«
- »Ist der Transport der Daten vom Zentralspeicher zum PC verschlüsselt und abgesichert?«
- »Kann man die Copy/Paste-Funktion und einen Download in Excel unterbinden?«

  Oder

- »Gibt es Schwachstellen im Programm, die eine Hintertür zu den Daten eröffnen?«

Ideal ist es natürlich, wenn man sich diese Fragen bereits bei der Einführung eines Systems gestellt hat und nicht erst ein bestehendes System bewertet. Je komplexer ein Thema ist, umso vereinfachender wird außerhalb der Expertenkreise gerne argumentiert. Vorschläge der Sorte, den Server, der diese Daten enthält, doch in einen Käfig zu sperren, damit niemand ihn entwenden könne (und dadurch den Daten einen maximalen Schutz zukommen zu lassen), laufen einem schon mal im Laufe eines Berufslebens über den Weg.

Mitarbeiterschulung

Die meisten Aspekte der Thematik IT-Sicherheit sind den Mitarbeitern in den Fachbereichen nicht bekannt. Es ist von großer Wichtigkeit, auf regelmäßiger Basis zu informieren und zu sensibilisieren. Bei Nichtbeachtung der Sicherheitsregeln müssen gegebenenfalls disziplinarische Maßnahmen ergriffen werden.

Das Thema Sicherheit ist ohne Frage eines der spannendsten im Bereich der IT. Sie wirkt im Hintergrund und nur wenn sie nicht funktioniert, rückt sie ins Rampenlicht.

Trotz aller ergriffenen Sicherheitsmaßnahmen bleibt es doch am Ende unmöglich, eine absolut verlässliche Sicherheit zu bekommen. Nicht nur weil dies kostenmäßig ins Maßlose wachsen würde, sondern auch deshalb, weil nicht alle Sicherheitslücken bekannt sind. Je höher die Sicherheitsmassnahmen sind, umso größer der Sportsgeist mancher Menschen, einen Weg zu finden, diese zu umgehen. So wurde mir folgender Fall berichtet, der sich vor mehr als zwanzig Jahren ereignete: Die Gehaltsabrechnungen der Mitarbeiter unterlagen der höchsten Geheimstufe und es gab ein spezielles Sicherheitsprozedere:

Der Leiter der Personalabteilung begab sich einmal im Monat höchstpersönlich mit einem Magnetband ins Rechenzentrum, verscheuchte alle dort anwesenden IT-Angestellten von ihren Bedienungspulten und startete das zum Ausdruck der Belege notwendige Programm auf dem Großrechner. Dann stellte er sich vor den Drucker, damit ja niemand rein zufällig im Vorbeigehen einen Blick auf die Gehaltsabrechnungen werfen konnte, und selbst bei Papierstau war er sich nicht zu schade, das Problem eigenhändig zu beheben. Nach getaner Arbeit nahm er sowohl das Magnetband als auch die gedruckten Gehaltsabrechnungen mit. Dies fuchste die IT-Mitarbeiter im Rechenzentrum ungemein – sie sahen sich ansonsten gerne als »Master of the Computer« und in diesem Fall sollten sie außen vor bleiben? Die Jungs grübelten, um einen Weg zu finden, wie sie dennoch an diese Daten heran kommen könnten. Und sie fanden natürlich die Lücke im Sicherheitskonzept. Zu der Zeit hatten die Drucker noch Farbbänder, so wie das bei Schreibmaschinen der Fall war. Die pfiffigen Jungs legten einfach ein neues Farbband in den Drucker ein und entfernten es nach dem Ausdruck sofort. Sie können es sich sicher schon denken: Durch einfaches Zurückdrehen des Farbbandes konnten sie so Zeile für Zeile lesen, was ausgedruckt worden war. Die Sache flog jedoch schnell auf, da nun jeder IT-Mitarbeiter auch die Gehälter seiner Kollegen kannte. Wie die menschliche Natur nun mal so ist, begann sich einer lauthals zu beschweren – natürlich bei der Personalabteilung! Beim nächsten Ausdruck der Gehälter entfernte der Leiter der Personalabteilung dann auch das Farbband und nahm es mit.

Das Hauptproblem liegt darin, dass ohne Unterlass neue Technologie auf den Markt drängt und jedes Mal die Aspekte der Sicherheit erst einmal vernachlässigt werden. Wenn man in einem Betrieb mit hohen Sicherheitsanforderungen arbeitet, muss man auf die neueste Technologie verzichten und erst einmal abwarten, bis eine ausreichende Sicherheit gegeben ist. Speziell im Bankwesen sollte man nie auf eine Technologie setzen, bei der es noch keine ausgereiften Erfahrungswerte in punkto Sicherheit gibt. Dies bedeutet dann, dass mancher an die IT herangetragene Wunsch vorerst nicht realisiert werden kann. Dadurch wird das Enttäuschen von Benutzern zu einer Aufgabe des IT-Sicherheitsbeauftragten.

14

Worst Case

Wahre Manager haben für jedes Problem eine Lösung, richtige Juristen für jede Lösung ein Problem.

(Jean Paul zugeordnet)

Worst Case

Über rechtliche Aspekte und die Zusammenarbeit zwischen der IT und ihrer Aufsicht

Genauso wie bei der Einführung neuer Technologie oder neuer Produkte, bei der erst einmal die Funktionalität interessiert und erst viel später die Sicherheit, so ist es auch bei der Frage nach dem jeweiligen legalen Rahmen. Es dauert lange, bis sich der Gesetzgeber bewusst wird, dass Regulierungsbedarf besteht und bis die entsprechenden Gesetze verabschiedet sind. Beim Internet wird dies extrem deutlich, da es hier sehr schwierig, wenn nicht unmöglich ist, in einem Land Gesetzte durchzusetzen für eine Technologie, die in weltweiten Maßstäben operiert.

Die E-Mail ist ein weiteres gutes Beispiel: Obwohl das System der E-Mails seit Jahren besteht, ist nach wie vor von rechtlicher Seite her nicht wirklich klar, welche Verpflichtungen für einen Betrieb im Umgang damit bestehen. So ist nicht geklärt, ob E-Mails in einer Firma archiviert werden müssen oder ob Mitarbeiter archivierte Mails wieder löschen dürfen. Sind E-Mails so verbindlich wie Verträge oder gelten nur Dokumente, die physisch unterschrieben wurden? Zu bedenken gilt es hier, dass E-Mails gefälscht werden können, gelegentlich im digitalen Datenorkus verloren gehen, irrtümlich an den falschen Empfänger geschickt werden können, keine zweite Unterschrift wie bei einem Vertrag haben und andere Schwierigkeiten mehr. In den meisten Ländern ist auch nicht geregelt, ob ein Mitarbeiter im Betrieb private E-Mails schreiben darf und ob die Firma berechtigt ist, diese zu lesen. Dieses Hinterherhinken der rechtlichen Situation ist seit jeher eine Konstante in der Informationstechnologie. Nach und nach erst werden die notwendigen Gesetzte und Bestimmungen vom Gesetzgeber verabschiedet und eine Umsetzung wird Pflicht. Aus diesem Grund hat jede IT-Abteilung auch regelmäßig Pflichtprojekte am Laufen, die natürlich auf die gleichen Schwierigkeiten stoßen wie die in den vorherigen Kapiteln beschriebenen.

Darüber hinaus, wie alle Bereiche in einem Betrieb, muss sich auch die IT-Abteilung den internen Kontrollmechanismen, unterwerfen und diese Schnittstelle zu Revisoren und Juristen ist nie frei von Schwierigkeiten, knirscht gelegentlich und weist einige Besonderheiten auf.

IT-Mitarbeiter werden dafür bezahlt, dass sie eine Lösung für eine gegebene Problemstellung finden und eine entsprechende Veränderung herbeiführen; der Blick ist also immer nach vorne und auf das Projekt gerichtet. Der dabei von der Geschäftsleitung und den Fachbereichen ausgeübte Druck, Entscheidungen so schnell wie möglich umzusetzen, hat über die Jahre immer nur zugenommen.

Revisoren und Juristen haben eine andere Aufgabe. Man möge mir verzeihen, dass ich beide Bereiche in einen Topf werfe, da sie unterschiedliche Aufgaben haben. Aus IT-Sicht jedoch sind sie so oder so eine Bremse, da sie die laufenden Projekte dadurch verzögern, dass sie zusätzliche Elemente mit hineinbringen.

Juristen schauen auch nach vorne, aber sie haben den *Worst Case*, den schlimmsten Fall, im Blick. Sie müssen sicherstellen, dass nichts unternommen wird, was die Firma vor einem Richter schlecht aussehen lässt.

Revisoren haben die Aufgabe, den Unterschied zu suchen zwischen dem, wie es ist, und dem, wie es sein soll. Die Betrachtungsweise ist also eher rückwärts gewandt, weil sie feststellen müssen, was in der Vergangenheit falsch gelaufen ist. Die Denkweise von Juristen und Revisoren ist IT-lern fremd (und umgekehrt), und deshalb ist die Zusammenarbeit gelegentlich problematisch und manchmal katastrophal.

Aus Erfahrung lernt man, dass Erstere sich eher in Texten zu Hause fühlen, mögen diese auch noch so sperrig und langweilig sein. Grafische Aufbearbeitungen einer IT-Landschaft können sie nicht lesen und geben sich vielmals auch nicht die Mühe, sie zu verstehen. Aus dieser Unverträglichkeit kann durchaus Ärger im zwischenmenschlichen Bereich entstehen, und es bedarf intensiver Arbeit an der psychologischen Schnittstelle. Beide Seiten sollten sich ernsthaft bemühen, die andere Seite zu verstehen und bereit sein, Wasser in ihren Wein zu schütten - so viel sollte man erwarten dürfen.

Persönlich hatte ich meistens das Glück, mit Revisoren und Juristen zusammenzuarbeiten, die dies verstanden, und hatte daher nur einigermaßen akzeptable Probleme mit ihnen.

Ich möchte jedoch an dieser Stelle auch eine Lanze brechen für jene, die für die Aufsicht der IT zuständig sind.

Der Job, den Revisoren und Juristen in Bezug auf die IT verrichten müssen, ist alles andere als leicht. Wir haben bereits gesehen, welche Komplexität die IT heute hat und es ist sicherlich klar geworden, dass nicht einmal der CIO alles wissen kann, was in seinem Bereich passiert. Allein die technischen Fragen sind dermaßen komplex, dass vieles auf Vertrauensbasis funktioniert. Und wie soll ein Außenstehender in einem begrenzten

Zeitrahmen Licht in diesen Dschungel bringen? Er kann sich eigentlich nur auf ein paar wesentliche Punkte beschränken, obwohl das nicht zielführend ist. Dokumente, in denen es von *https, VPN-Tunnels, strong authentication, certificates* oder *Demilitarisierten Zonen* nur so wimmelt, sind sicher schwer verdaulich. Aber letzten Endes haben ein Jurist und ein Revisor keine Wahl und müssen in die Materie einsteigen, sich Hilfe von außen besorgen oder sie müssen schweigen. Wenn die IT die Aussage trifft »die Daten sind verschlüsselt«, dann muss ein Jurist wissen, dass er die Frage stellen muss, welche Mitarbeiter denn den Schlüssel besitzen und ob es vielleicht einen Master-Schlüssel gibt. Ganz ohne Frage ist es für einen IT-Experten leichter, Gesetze und Regeln zu verstehen, als es umgekehrt für Juristen und Revisoren ist, die IT zu verstehen.

Eine Technische Dokumentation wird oft nur von dem verstanden, der sie schreibt. Sein Kollege im gleichen Büro kann schon nicht mehr prüfen, ob alles stimmt. Das ist die eigentliche Herausforderung für Revisoren und Juristen.

Aus dieser Schwierigkeit heraus entsteht die Konsequenz, dass immer wieder die gleichen Schwerpunkte geprüft werden. Jeder CIO bemerkt das irgendwann und er stellt sich darauf ein. Bei allem, was in einer IT schief gehen kann (und das ist ja eine ganze Menge, wie Sie in diesem Buch erfahren), ist es kein realistisches Ziel, einen leeren Revisionsbericht erhalten zu wollen. Und selbst wenn es die perfekte Welt gäbe, so sollten wir uns nichts vormachen: Auch Revisoren erhalten von ihren Vorgesetzten Zielvorgaben und müssen eine gewisse Anzahl von Punkten in ihrem Bericht monieren. Wenn man das weiß, kann man natürlich elegant ein paar Appetithäppchen vorbereiten, damit gewisse Dinge im Bericht auftauchen. Auf dieser Basis wird es anschließend sehr leicht, Budgets zu diesen Themen zu erhalten.

Um die Aufgabe der Revisionsprüfung noch zu erschweren, werden von den externen Prüfungsfirmen fast nur sehr junge Mitarbeiter eingesetzt, die zwar einen guten Schulabschluss haben, jedoch keinerlei praktische Erfahrung mitbringen. Im schlimmsten Fall hatte ich einen Prüfer, der gerade drei Monate zuvor sein Studium abgeschlossen hatte. Solche Situationen sind nicht gesund und ergeben viel Konfliktpotential. Wenn eine Prüfungsgesellschaft ernsthaft daran interessiert ist, korrekte und gehaltvolle IT-Audits durchzuführen, dann muss sie Mitarbeiter einstellen, die einige Jahre an praktischer IT-Erfahrung mitbringen. Ohne diese Erfahrung sind Prüfungen eigentlich nur Alibiveranstaltungen.

IT-Verträge werden zunehmend komplexer und gehören in die Hände von Experten. Deshalb müssen sie prinzipiell einer juristischen Prüfung unterzogen werden. Es ist sicherlich alles andere als einfach, die in diesen Verträgen enthaltenen technischen und fachlichen Details zu verstehen. Selbst wenn er weiß, was unter einer 7*24*2 Serviceklausel zu verstehen ist, kann ein Jurist nicht abschätzen, ob dies ein akzeptables Risiko ist oder nicht.

Mit der Verbreitung von Outsourcing stiegen die Anforderungen an den Inhalt der Verträge. Bei deren Ausarbeitung müssen Juristen von Anfang an mit eingebunden werden, da die Komplexität das juristische Know-how eines IT-Experten übersteigt.

Eine besondere Problematik stellt sich im Internet, weil der Anbieter der Internetseite nicht wissen kann, in welchem Land sich der Internetbenutzer gerade befindet. Manche Dinge sind in manchen Ländern erlaubt und in anderen wieder verboten. Ein Webdesigner muss dem Rechnung tragen und das ist auch der Grund, warum Sie manchmal im Internet ohne erkennbaren Grund aufgefordert werden anzugeben, aus welchem Land Sie stammen. Juristen müssen also nicht nur die Gesetze im eigenen Land kennen, sie müssen außerdem noch international auf dem Laufenden sein.

In den letzten Jahren hat es eine wahre Flut an Regulierungsvorschriften für Computersysteme gegeben und deren Überwachung stellt eine zunehmend wachsende Herausforderung dar. Revisionssichere Softwareentwicklung, Dokumentationsstandards, Sarbanes-Oxley, Archivierungspflichten, Nachvollziehbarkeit und vieles mehr werden immer mehr zu einem einschnürenden Korsett. Berücksichtigt man auch noch die Regulierungsvorschriften aus dem reinen Bankgeschäft, welche alle einen direkten Einfluss auf die IT haben, dann stellt man fest, dass sich die Durchführung von Projekten permanent erschwert. Es wird allgemein angenommen, dass sich die Regulierungswut weiter fortsetzen wird. Aber interessanterweise werden Softwareanbieter keineswegs so intensiv geprüft, wie es beispielsweise IT-Abteilungen erdulden müssen. Wir haben bereits gesehen, dass eine Software, die auf den Markt kommt, keinerlei obligatorischer Kontrolle unterliegt, wobei der Schaden, den eine Software anzurichten in der Lage ist, gigantisch sein kann. Ich bin der Überzeugung, dass sich dies ändern wird, nur wird es wohl noch lange dauern.

Zur Veranschaulichung der Probleme, die die vorhin erwähnten Anforderungen stellen können, kann die Archivierungspflicht herangezogen werden. Hierfür werden spezialisierte Systeme eingesetzt, die es erlauben, Daten wie zum Beispiel Kontoauszüge zu archivieren, ohne dass die Möglichkeit besteht, sie zu löschen. Allein die Prüfung, ob es nicht doch eine Hintertür in der Software gibt, die eine Löschung erlauben könnte, ist nicht einfach. Aber das eigentliche Problem besteht darin, dass niemand garantieren kann, dass ein Archivierungssystem den gesetzlich vorgeschriebenen Archivierungszeitrahmen (zehn Jahre oder mehr) überstehen wird. Geht der Provider in Konkurs oder gibt er das Produkt auf, ist die gesetzliche Pflicht, Dokumente zu archivieren, in höchstem Maße gefährdet. Es funktioniert nicht, das alte System einzufrieren, das heißt, es noch am Laufen zu halten, ohne neue Daten hinzuzufügen und dann gleichzeitig ein neues System anzuschaffen. Es ist nur eine Frage der Zeit, bis das alte System beispielsweise mit der neuesten Windows-Version nicht mehr kompatibel sein wird oder man für die dafür eingesetzte Hardware keine Ersatzteile mehr bekommt. Eine Migration von einem alten Archivierungssystem auf ein neues ist eine Herkulesaufgabe. Mehrere Millionen Dokumente zu konvertieren, kann ein ganzes Team über Wochen, wenn nicht Monate hinweg beschäftigen.

Ein anderes Problem aus diesem Bereich ist die Unmöglichkeit, einmal begangene Fehler zu korrigieren, da ja archivierte Daten nicht mehr gelöscht werden können. Wenn durch einen Softwarefehler Dokumente fehlerhaft archiviert wurden, ist das Archiv für alle Zeiten falsch und es ist nicht mehr möglich, seinen gesetzlichen Pflichten nachzukommen.

Um die Wichtigkeit der Nachvollziehbarkeit zu verdeutlichen, hier ein kleines erlebtes Beispiel: In der Nachtverarbeitung war das Kreditbuchungsprogramm abgestürzt, da es einen Kunden in der Datenbank nicht finden konnte. Ein solcher Fehler sollte in einem vernünftig arbeitenden System erst gar nicht auftreten, aber wie in anderen Kapiteln bereits gesehen, ist dies nur Theorie. Der Help-Desk-Mitarbeiter des Softwareproviders schlug vor, die Kundennummer des Kredites durch einen direkten Eingriff in der Datenbank so zu ändern, dass der Kredit einem anderen bestehenden Kunden zugeordnet werden könnte. Wäre er mit seiner Idee durchgekommen, hätte am nächsten Tag ein ahnungsloser Kunde einen Kredit auf seinem Konto gehabt. Eine solche Situation hätte nur dann zurückverfolgt und berichtigt werden können, wenn die Datenbank ein entsprechendes Logbuch zur Nachvollziehbarkeit geführt hätte.

Eine anders gelagerte Problematik besteht bei alten Datensicherungen. Es ist Pflicht, wichtige Datenbestände mindestens 10 Jahre aufzubewahren und sie bei Anfragen, wie zum Beispiel Kundenreklamationen, wieder einzulesen. Es ist immer wieder schwer, einem Laien zu erklären, dass man zwar die Datensicherung vom Mai 1999 noch hat, dass diese aber völlig wertlos ist. Der Grund ist dennoch einfach: Durch die technische Weiterentwicklung gibt es keine Hardware mehr, die diese Bestände einlesen könnte, geschweige denn die Möglichkeit, die damalige Version der Software wieder zum Laufen zu bekommen. Eine Floppy-Disk (oder deutsch: Diskette), die Sie 1982 auf einem Commodore-64 erstellt haben, können Sie auch nicht mehr in Ihren PC einlegen, da es ein solch spezielles Lesegerät nicht mehr gibt.

15

Weihnachten

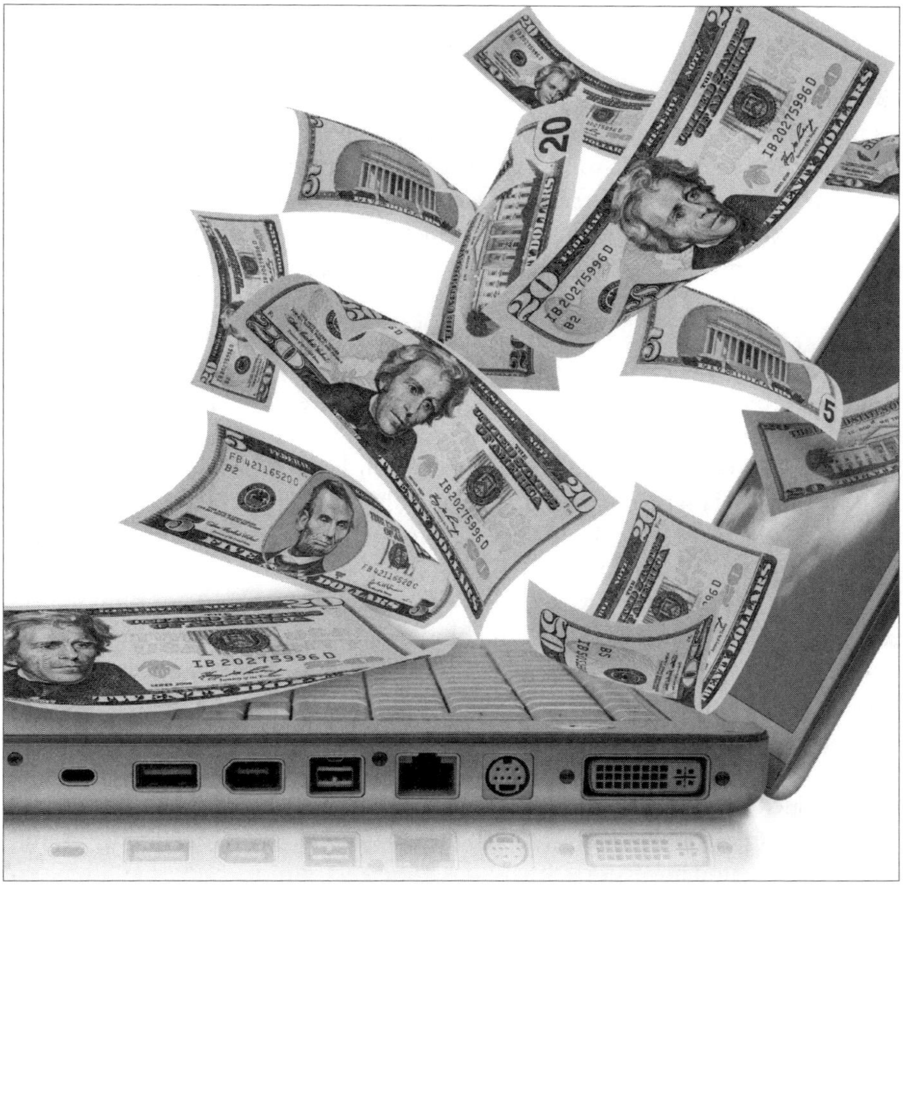

Weihnachten

Es gibt noch einen weiteren, bis jetzt nicht erwähnten Grund, warum Computer abstürzen. Computer bestehen auch aus mechanischen Teilen (zum Beispiel dem Lesearm einer Speichereinheit) und wenn sie im 24-Stunden-Dauerbetrieb sind, hat sich die Mechanik eingelaufen. Sobald sie abgeschaltet werden, kommt es zu einer Störung im normalen Ablauf mit unvorhersehbaren Reaktionen. Bei Ihrem PC zu Hause ist dies weniger dramatisch, da er andauernd aus- und eingeschaltet wird und die Mechanik sich nicht eingewöhnen kann.

Louis, einer der besten Mitarbeiter, den ich je hatte und ansonsten eine Koryphäe auf seinem Gebiet, war sich dieser Tatsache seltsamerweise nicht bewusst. Es war an einem 24. Dezember Mitte der 90er-Jahre. Wie gewöhnlich gingen die Mitarbeiter gegen 12.00 Uhr in die Weihnachtsfeiertage. Auch Louis entschied, dem Computer der Bank einen Gefallen zu tun und ihm ein ruhiges Weihnachtsfest zu gönnen. Irrtümlicherweise, aber Gott sei Dank, hatte er sich geirrt und den Befehl so eingegeben, dass der Computer nach dem Ausschalten sofort wieder hochfahren sollte. Louis bemerkte seinen Irrtum und wartete auf das Hochfahren. Doch dann blinkten plötzlich alle Kontrolllämpchen rot. Es war nicht mehr möglich, das System hochzufahren: Beide angeschlossenen Speichereinheiten waren kaputt. Die Anlage war so ausgelegt, dass sie eine kaputte Speichereinheit verkraftet hätte, aber hier hatten sich beide gleichzeitig für immer verabschiedet.

Nun brach Hektik aus. Beim Help-Desk des Herstellers war nur ein Notdienst über die Feiertage vorgesehen. Weihnachten ist die einzige Zeit des Jahres, an der es immer etwas ruhiger ist, und aus Rücksicht auf das hohe Fest wird Projektarbeit im Normalfall nicht geplant. Beim Hersteller wurde jetzt versucht, einen Techniker zu aktivieren, der bereit war, Heiligabend in der Bank zu verbringen. Nun, einsame Junggesellen finden sich immer im IT-Bereich und am späten Nachmittag war der Techniker vor Ort.

Er versuchte über seine Bestellkanäle Ersatz für die defekten Speichereinheiten zu bekommen. Aber auch da war es Weihnachten. Kurz vor Mitternacht erhielt er die Antwort, dass ein Taxi aus Brüssel am nächsten Tag um 6 Uhr früh neue Speichereinheiten bringen würde.

Louis fuhr nach Hause, um 5 Stunden zu schlafen. Die Kerzen am Weihnachtsbaum waren verlöscht und seine Familie war bereits zu Bett gegangen.

Am nächsten Morgen, dem 25. Dezember, kam das Taxi aus Brüssel mit reichlich Verspätung gegen 10 Uhr an. Die Installation dauerte bis zum späten Nachmittag.

Am Abend war die Anlage dann wieder in Ordnung, aber bevor die Daten zurückgeladen werden konnten, musste zuerst das Betriebssystem (wie Windows auf Ihrem PC) und die Programme (wie Excel und Word auf Ihrem PC) installiert werden. Dies dauerte wieder bis Mitternacht. Für ein paar Stunden Schlaf fuhr Louis nach Hause. Seine Familie sah er wieder nicht.

Am nächsten Morgen, dem 26. Dezember, war er ebenfalls um 6 Uhr an seinem Arbeitsplatz, ebenso der Junggesellen-Techniker, um abschließende Tests durchzuführen.

Das Laden der eigentlichen Daten dauerte bis in den Nachmittag. Louis führte dann bis kurz vor Mitternacht noch einige Tests durch, die dann erfolgreich verliefen. Für ein paar Stunden Schlaf fuhr er nach Hause. Seine Familie schlief bereits.

Der 27. Dezember war ein normaler Arbeitstag. Kein Mitarbeiter in der Bank bemerkte, dass der Computer ausgefallen und repariert sowie die Daten neu geladen worden waren.

Louis, Ehemann und Vater von zwei Töchtern, hatte das ganze Weihnachtsfest in einem Keller ohne Bäumchen, Jingle Bells und Geschenken zusammen mit einem Junggesellen-Techniker verbracht.

Seine Frau war natürlich stinksauer und die Bank hat ihr zur Entschuldigung einen Strauss Blumen geschickt. Ich bin mir nicht so sicher, ob sie das besänftigt hat.

Für den Techniker bezahlten wir ein Vermögen.

Louis hat Lehrgeld bezahlt und die Bank seine Überstunden zu 350 Prozent.

Ohne Absicht war es zumindest finanziell für ihn ein gutes Geschäft.

16

Hundert Jahre Warteschleife

Cory Hamasaki in einem Usenet-Posting am 9.2.99:

Y2K jagt auf uns zu mit der unglaublichen Geschwindigkeit von 3600 Sekunden pro Stunde.

Hundert Jahre Warteschleife

Welche IT-Projekte werden in der Öffentlichkeit wahrgenommen?

Gelegentlich berichten die Medien von Problemen, die aus dem Bereich der IT-Sicherheit stammen, wie beispielsweise vom Datenverlust bei einer renommierten Firma oder einer DVD mit den Kundennamen einer Bank aus Liechtenstein. Schon viel seltener wird von Problemen bei Projekten berichtet – es muss sich dann schon um ein massives Desaster wie beim Projekt der Bundeswehr oder *Toll Collect* handeln. IT-Projekte finden kaum in der öffentlichen Wahrnehmung statt, außer wenn sie zwei Kriterien erfüllen:

Erstens muss die Problematik überschaubar und leicht verständlich sein, zweitens muss das vorliegende Problem Risiken beinhalten, die so groß sind, dass ein Weltuntergang kaum noch zu vermeiden ist.

Das Jahr 2000 war ein solches Projekt. Wie viele Bücher wurden geschrieben, Sondersendungen im Fernsehen gezeigt und Horrorszenarien entworfen? Selten sind IT-Experten einem dermaßen großen öffentlichen Interesse ausgesetzt gewesen. Und dabei war die Problematik recht überschaubar. Da viele Systeme damals bei der Speicherung des Datums für die Jahreszahl nur zwei Stellen benutzten anstatt vier, prophezeite man für den Übergang vom Jahr 1999 (99) auf das Jahr 2000 (00), dass weltweit die Computer abstürzen würden, da sie 00 als 1900 und nicht als 2000 interpretieren würden.

Es wurde vorausgesagt, dass Menschen an einem Tag 100 Jahre jünger würden und die über Hundertjährigen wieder in den Kindergarten gehen müssten. Computer würden Negativzinsen (oder Zinsen für 100 Jahre) berechnen, Verbrecher müssten ihre Strafe hundert Jahre länger absitzen. Ein Vorfall in einem Kernreaktor würde als ein Problem identifiziert werden, das erst in hundert Jahren zu beheben ist und dergleichen Schreckensszenarien mehr.

Für die Medien war dies ein sehr dankbares Thema. Alles, was einfach zu verstehen und schrecklich ist, verkauft sich gut. Für IT-Experten war die ganze Aufregung nur bedingt nachvollziehbar. Dass am 1. Januar 2000 die beiden letzten Jahreszahlen von 99 auf 00 springen würden, war seit Jahren bekannt. Sofern gekaufte und gewartete Standardsoftware eingesetzt wurde, war das Problem überschaubar. Falls hauptsächlich Software im Einsatz war, die über Jahrzehnte hinweg selbst entwickelt worden war, konnte es durchaus ein großes Projekt sein. Alle Provider hatten genügend Zeit, sich darauf vorzubereiten, und Systeme, bei denen es sich nicht mehr lohnte, weil sie ohnehin am Ende ihres Lebenszyklus waren, wurden ersetzt. Wegen der jahrelangen Vorlaufzeit war das Projektmanagement bei diesem Thema gut zu überblicken.

Dieses Wissen konnte die IT nur in seltenen Fällen erfolgreich vermitteln - sofern sie es überhaupt versuchte. Denn schließlich war es auch eine perfekte Gelegenheit, große Budgets bewilligt zu bekommen.

Die Geschäftsleitungen in allen Betrieben hatten Panik (oder ließen sich von der allgemeinen Aufregung anstecken) und betrieben einen horrenden Aufwand mit externen Beratern, die prüfen sollten, ob denn die Umstellung rechtzeitig klappen würde. Jede Firma wurde von den Revisoren gezwungen, einen Brief an alle anderen Firmen, mit denen sie in Geschäftsverbindung stand, zu versenden und diese um eine Bestätigung zu bitten, dass sie ebenfalls rechtzeitig die Umstellung schaffen würden. Ein Wahnsinnsquatsch! Die Post verkaufte Millionen (Milliarden?) von Briefmarken weltweit und die externen Berater schrieben dicke Rechnungen.

Letztendlich passierte bekanntermaßen (und wie von der IT erwartet) fast gar nichts: Der Strom fiel nicht aus, kein Flugzeug fiel vom Himmel und kein Kernreaktor explodierte.

Eine Bank in Luxemburg war darüber anscheinend so erleichtert, dass die Geschäftsleitung sich bei ihren IT-Mitarbeitern in der Tageszeitung mit einem öffentlichen Glückwunschschreiben bedankte. Wahrlich Personalstrategen! Eine solche Glückwunschaktion wäre ein Jahr zuvor sinnvoller gewesen.

Am 1. Januar 1999 wurde in der EU von der jeweiligen Landeswährung in der Buchhaltung auf den Euro umgestellt (das Bargeld kam erst 2002). Dieses Projekt barg entscheidend mehr Risiken als die Jahr 2000-Umstellung. Da die Schwierigkeiten bei diesem Projekt der Öffentlichkeit nicht so leicht zu vermitteln waren, gingen die Medien auch nicht auf die IT-Aspekte ein. Dabei waren die Risiken in den Banken ungleich höher. Ein Kundenguthaben von beispielsweise 1.000.000.000 Lire, das inkorrekt in 1.000.000.000 Euro umgewandelt worden wäre, hätte ernste Konsequenzen für die Bank haben können.

Wenn es gilt, eine Lektion aus alledem zu ziehen, dann ist es die, dass, je einfacher die Problematik ist und je schrecklicher die potentiellen Konsequenzen erscheinen, umso größer der Aufmerksamkeitsfaktor ist.

Wie erwähnt, wurde das Jahr 2000 von manchen CIOs dazu genutzt, riesige Budgets zu bekommen, um damit andere Projekte zu realisieren. Mein Kollege Mike aus New York hatte sich ein 2-Millionen-Dollar-Budget bewilligen lassen für eine Filiale mit etwas mehr als 100 Mitarbeitern. Eine verrückte Summe in Anbetracht der Größe seiner IT. Bei einer internationalen Konferenz im Konzern stellte er - wie immer hochprofessionell – sein Projekt vor. Alle anderen waren platt. Als der Kollege aus Genf mit seiner Präsentation an der Reihe war, nahm er Bezug auf Mikes Budget und sagte: »Wir in der Schweiz haben ein Budget von 50.000 Franken.« Nach einer genüsslichen Pause richtete er den Blick auf Mike und fügte hinzu: »Aber ich glaube, wir werden das Budget nicht ganz brauchen.« Als ich an der Reihe war, konnte ich nicht umhin mitzuteilen, dass wir gar kein gesondertes Budget für dieses Projekt hatten. Alle Änderungen in der Software waren durch laufende Wartungsverträge bereits abgedeckt und den internen Aufwand haben wir nicht separat berechnet.

Wir versuchten, Mike aufs Glatteis zu führen, aber es gelang uns auch diesmal nicht. »Du, Mike, was passiert, wenn ich dir am 1. Januar kurz nach Mitternacht aus Luxemburg eine E-Mail schicke? Wir sind ja dann bereits im neuen Millennium und in New York seid ihr noch im alten. Glaubst du nicht, dass dein E-Mail-System dann abstürzen wird?«

Mit einer unglaublichen Ruhe antwortete er: »Nein, sicher nicht, ich habe das getestet.«

Wieso jemand für eine solche Bagatelle wertvolle Ressourcen verschwenden konnte, blieb uns schleierhaft.

Am nächsten Tag auf der gleichen Konferenz mussten wir Bericht darüber erstatten, welchen Einfluss das Jahr 2000 auf die anderen Fachbereiche hätte. Wir hatten uns alle darauf vorbereitet und die entsprechenden Erklärungen unserer Fachabteilungen dabei. Mike sagte, er würde den Inhalt nicht verstehen, er werde lediglich die Erläuterungen seiner Kollegen dazu vorlesen. Er schloss seine Lektüre mit den Worten: »Wenn jemand eine Frage hierzu hat, so soll er sie bitte nicht stellen.«

Einer meiner Bekannten allerdings hatte das ganze Jahr-2000-Theater ziemlich verdrängt. Am 22. Dezember 1999 traf ich ihn zufällig auf der Straße. Er wünschte mir ein frohes Fest und einen guten Rutsch und erzählte mir bei dieser Gelegenheit, dass er gerade einen Flug nach Jamaika gebucht hatte, um dort mit seiner Frau die Feiertage zu verbringen. Ich zeigte mich erstaunt, dass er so kurzfristig noch einen Flug bekommen hatte.

»Ja, das war ich auch. Der Hinflug war problematisch, aber für den Rückflug am 1. Januar waren noch viele Plätze frei.« Es entstand eine kleine Pause. Ich sagte: »1. Januar, Rückflug aus Jamaika? Hast du denn keine Angst?« Er schaute mich überrascht an und sagte: »Wieso sollte ich Angst haben? Im Übrigen habe ich 50 Prozent Rabatt für diesen Tag bekommen.«

»Und wenn die Computer wegen der Umstellung auf das Jahr 2000 abstürzen? Vielleicht muss dein Flugzeug 100 Jahre lang Warteschleifen drehen, bevor der Flughafen die Landeerlaubnis erteilt.« Er wurde kreidebleich und sagte: »Verdammt. Jetzt verstehe ich, warum ich Rabatt bekommen habe. Kein Mensch will am 1.Januar fliegen.« Plötzlich hatte er es sehr eilig und meinte, er müsse sofort ins Reisebüro und umbuchen.

Es stellte sich heraus, dass für die Tage nach dem 1. Januar alles ausgebucht war. Er flog dann doch an Neujahr zurück, und natürlich ist sein Flugzeug nicht abgestürzt und es dreht auch nicht bis heute Warteschleifen.

17

Zu Hause funktioniert es doch auch

Manch einer muss erst mit dem Kopf gegen die Bäume rennen, ehe er merkt, dass er auf dem Holzweg ist.

(Wilhelm Busch)

Zu Hause funktioniert es doch auch

Warum keine Softwareentwicklung durch die Benutzer stattfinden sollte

Wenn Sie beim Lesen bis hierher durchgehalten und alles verstanden haben, dann wissen Sie bereits um die Komplexität eines IT-Biotops.

Als ob die Aufgaben nicht bereits komplex genug wären, wird die IT regelmäßig von Mitarbeitern aus den Geschäftsbereichen mit Anfragen konfrontiert, um auf privater Basis entwickelte oder im Internet gefundene Software zu installieren. Diese Problematik wird unter dem Begriff *End-User-Computing* (EUC) geführt.

Bevor ich auf die Probleme eingehen kann, die dadurch ausgelöst werden, möchte ich erläutern, warum eine solche Situation überhaupt entsteht.

Als Ende der 80er-Jahre die PCs für jeden erschwinglich wurden, herrschte in mancher IT-Abteilung der Glaube vor, dass diese Geräte mit der Zeit entweder die IT überflüssig machen oder zumindest stark entlasten würden. Es ist nicht dazu gekommen. Stattdessen hat die PC-Welt die Komplexität explodieren lassen. Durch die Beschäftigung mit PCs auf privater Basis gibt es in jedem Betrieb eine stattliche Zahl von Mitarbeitern mit einem gepflegten Halbwissen in Bezug auf IT-Themen, vor allem im rein technischen Bereich. Immer dann, wenn ein Thema in einer IT nicht von großer Wichtigkeit ist, passiert es, dass die Anwender mehr Kenntnisse als die Experten in einem bestimmten Teilbereich der IT haben.

Ein *PC-Freak* zu sein bedeutet aber noch lange nicht, ein Verständnis dafür zu haben, was es bedeutet, in einem Betrieb eine Software einzuführen.

Es ist heute sehr einfach, sich eine Programmiersprache (Java, Visual Basic, ...) oder ein Datenbanksystem (MS-Access) privat auf dem PC zu installieren und in der Freizeit Programme und Datenbanksysteme von einiger Komplexität zu entwickeln.

MS-Access ist ein durchaus leistungsstarkes Datenbankverwaltungssystem für den Heimgebrauch und kann auch im professionellen Umfeld bei kleineren Anforderungen gute Dienste leisten. Sobald aber große Datenmassen verwaltet werden müssen, greift man zu stärkeren Hilfsmitteln (übrigens auch vom gleichen Hersteller wie MS-Access lieferbar).

Ein interessantes aktuelles Phänomen ist das des *Comeback des EUC*, bedingt durch das Outsourcing. Immer dann, wenn wichtige Bereiche outgesourced werden, die heftigen Änderungsanforderungen unterliegen (wie zum Beispiel ein Kernbuchungssystem), passiert das Unvermeidliche: Der komplette Zyklus von Anfrage, Analyse, Verhandlung, Implementierung usw. mit dem Insourcer dauert einfach zu lange und ist zu teuer und wird daher sehr oft von vorn herein abgelehnt. Der Anwender steht weiterhin mit seinem Problem alleine da und behilft sich selber.

Aber auch wenn es sich nicht um einen outgesourceden Bereich handelt, antwortet die IT oft mit »es dauert ein Jahr« oder »es kostet eine Million« oder »dieses Problem hat zurzeit keine Priorität«; dann greifen die Mitarbeiter in den Fachbereichen gerne zur Selbsthilfe und schreiben eigene Programme in ihrer Freizeit. Und eines Morgens wedeln sie dann fröhlich mit einer CD und verlangen eine Installation im Netzwerk der Firma.

Der Dialog läuft dann etwa wie folgt ab:

»Könnt ihr mir bitte dieses Programm installieren?« Und weiter mit stolzem Ton: »Ich habe das selbst entwickelt. Bei mir zu Hause funktioniert es.«

In der Regel läuten dann bei jedem CIO und zuständigen Administrator alle Alarmglocken.

»Wir können keine ungeprüfte Fremdsoftware einfach so installieren.«

»Warum denn nicht?«

»Zuerst müssen wir prüfen, ob das unseren Standards entspricht.«

»Welchen Standards? Ich habe es ganz normal in Java entwickelt. Ihr setzt doch auch Java ein, oder?«

»So einfach ist das aber nicht. Wir müssen zuerst eine Verträglichkeitsanalyse durchführen. Aber gerade jetzt haben wir andere Prioritäten.«

Der Mitarbeiter zieht frustriert von dannen, schimpft über seine arrogante und unfähige IT (»Was stellen die sich so an, ein kleines Programm einzusetzen?«) und installiert es (sofern technisch möglich) an der IT vorbei heimlich auf seinem PC.

Die IT schüttelt den Kopf über die ewigen Hobbyprogrammierer, die glauben, dass professionelle Softwareentwicklung eine Freizeitbeschäftigung sei. Wenn dem so wäre, dann wäre das Thema des Outsourcing von Softwareentwicklung in Länder wie Indien sicher kein Thema.

Wenn ich mich mit Berufskollegen aus anderen Betrieben über dieses Thema unterhalte, bemerke ich eine gewisse Resignation. Sie kämpfen alle mit diesem Problem – ein Patentrezept hat, so weit ich das erkennen kann, noch niemand gefunden. Meistens wird es stillschweigend und mit Zähneknirschen hingenommen und es werden ein paar Basisregeln darüber definiert, was erlaubt ist und was nicht. Gelegentlich sieht man auch, dass Mitarbeiter in der IT eingestellt werden, um die Hobbyprogrammierer bei ihren Problemen zu begleiten. Eine weitere Möglichkeit besteht darin, die Endanwender zu verpflichten, alle in Eigenregie durchgeführten Entwicklungen der IT zu melden. Die Frage, ab wo eine Eigenentwicklung per Definition anfängt, muss natürlich gestellt werden. Ist ein Excel mit einer Makro bereits ein EUC? Generell glücklich wird ein CIO bei diesem Thema nie.

Prinzipiell hat der CIO Recht, wenn er EUC verbietet oder stark einschränkt. Allerdings wird bei diesem Thema sehr schlecht kommuniziert; die Gründe werden nicht erklärt und somit nicht verstanden. Jeder CIO darf das jetzt Folgende aus diesem Kapitel gerne als Grundlage für die Diskussionen mit seinen Anwendern benutzen.

Hier die Gründe, die gegen EUC sprechen:

Wartung der Entwicklung

Derjenige, der das Programm geschrieben hat, ist der Einzige, der es kennt und der auftretende Fehler beheben kann. Es darf ganz sicher davon ausgegangen werden, dass die Fehlerdichte bei dieser Art von Programmen noch höher ist als bei professioneller Softwareentwicklung. Die IT hat bei eingesetzter Software in der Regel gültige Wartungsverträge mit externen Firmen oder beschäftigt hierfür eigene Mitarbeiter. Bei EUC hat sie dies selbstredend nicht, und die Firma macht sich von einer Person abhängig. Wenn diese Person in Urlaub geht, krank ist oder kündigt, dann gibt es keine Wartung. Selbst wenn der Mitarbeiter im Fachbereich anwesend ist, so besteht seine Hauptaufgabe sicherlich nicht in der Fehlersuche in einem Programm. Es ist keineswegs sichergestellt, dass er die Zeit hat, sich um das Problem zu kümmern; vielleicht hat er gerade ein Kundengespräch. Und dann passiert, was immer passiert: Die Fachabteilung möchte, dass die IT das Programm pflegt. Die IT kann dies nicht leisten, weil sie: erstens die eingesetzte Programmiersprache vielleicht selbst gar nicht benutzt oder das entsprechende Tool (wie MS-Access) selbst nicht einsetzt und dadurch keine Experten zur Verfügung hat. Und weil sie zweitens das entwickelte Programm gar nicht kennt.

Analyse

Man kann in der Regel davon ausgehen, dass bei einer EUC-Entwicklung vorab keine Analyse in Bezug auf Funktionalität, Umfang und Aufwand durchgeführt wurde. Wieso auch? Der Programmierer ist ja auch der Benutzer und wieso sollte er etwas analysieren, das er im Kopf hat. Ein großer Fehler. Die Erfahrung zeigt, dass der Appetit beim Essen kommt und eine Softwareentwicklung eigentlich nie abgeschlossen ist. Mit Leichtigkeit handelt man sich eine Geschichte ein, die nie mehr aufhört.

Multi-User

Eine zu Hause entwickelte Software ist immer nur mit einem Anwender gleichzeitig getestet worden. Professionelle Software muss mehrere Anwender gleichzeitig verkraften können. Dies ist ein ganz anderes Paar Schuhe.

Zur Erklärung: Wenn der erste Anwender auf eine Information zugreift, um sie zu verändern, muss diese Information für einen zweiten Anwender gesperrt sein und das Programm muss warten, bis die Änderung abgeschlossen ist.

Ein Beispiel: Anwender John möchte eine Bestellung von 10 Autos für einen Kunden eingeben. Anwender Frank möchte eine zweite Bestellung von 20 Autos für den gleichen Kunden eingeben. Aktuell sind im System 100 Autobestellungen für diesen Kunden eingetragen. John liest die Information »Anzahl bestellter Autos: 100«. Frank liest die Information »Anzahl bestellter Autos: 100«. John rechnet 10 hinzu, macht 110 - und bestätigt seine Eingabe. Im System befinden sich jetzt 110 Bestellungen. Frank rechnet 20 hinzu, macht 120 daraus (er hatte 100 gelesen) und bestätigt seine Eingabe. Im System befinden sich jetzt 120 Bestellungen. Dies ist falsch, richtig wären 100+10+20=130. Der richtige Weg ist:

John liest die Information »Anzahl bestellter Autos: 100«. Frank versucht die Information »Anzahl bestellter Autos« zu lesen. Das System verweigert den Zugriff, da John bereits die gleiche Information gelesen und sie noch nicht freigegeben hat. John rechnet 10 hinzu, macht 110 - und bestätigt seine Eingabe. Im System befinden sich jetzt 110 Bestellungen. Die Information wird freigegeben und Frank liest die Information »Anzahl bestellter Autos: 110«. Frank rechnet 20 hinzu, das ergibt 130 - und bestätigt seine Eingabe. Im System befinden sich jetzt 130 Bestellungen. Korrekt! Dies weiß nur ein erfahrener Programmierer.

Commit

Man versteht unter »Commit«, dass ein Programm in der Lage sein muss, eine logisch zusammen gehörende Gruppe von Änderungen in einer Datenbank als Einheit durchzuführen. Beispiel: Das Programm erfasst ein Kundengeschäft. Bei diesem Vorgang wird der Lagerbestand geändert, der Kundensaldo nachgeführt und ein Eintrag in die Rechnungsdatei gestellt. Wenn das Programm abstürzt, nachdem es den Lagerbestand geändert, aber noch nicht die beiden anderen Änderungen durchgeführt hat, dann ist die Datenbank nicht mehr korrekt (sie ist »korrupt«). Bei einem Absturz des Programms ist der richtige Weg der, die Änderung des Lagerbestands rückgängig zu machen. Auch dies weiß nur ein erfahrener Programmierer.

Revisionssicherheit

Jede Änderung in einer Datenbank muss protokolliert werden (vorher/nachher), um später feststellen zu können, wer was wann und in welcher Form gemacht hat. Wann welche Programme von wem aufgerufen worden sind, muss ebenfalls protokolliert werden. In letzter Zeit gehen manche Revisionsforderungen sogar in die Richtung, dass auch jeder Lesezugriff protokolliert werden muss. Wenn Sie in einem Betrieb arbeiten, der unter das Sarbanes-Oxley-Gesetz fällt, ist es ein guter Rat, die Finger komplett von EUC zu lassen, da dieses Gesetz sehr strenge Vorgaben diesbezüglich hat. So dürfen beispielsweise keine Geschäftsentscheidungen auf Basis eines Excel-Dokumentes getroffen werden, wenn nicht sichergestellt ist, dass es nicht möglich ist, Informationen in dem Dokument ohne Nachvollziehbarkeit zu ändern. Im Allgemeinen gilt, dass Revisoren sich sehr gerne EUC-Entwicklungen anschauen, da es hier leicht ist, Verfehlungen zu finden. Sofern sie mitbekommen, dass solche Programme im Einsatz sind …

Zugangsrechte

Eine Software muss es ermöglichen, dass verschiedene Anwender (resp. Anwendergruppen) verschiedene Rollen haben (Eingabe, Autorisierung, Kontrolle, …). Je nach zu verwaltenden Daten sollte ein 4-Augen-Prinzip in der Erfassung eingeführt werden. Dies ist sehr schwierig zu programmieren. Keine Anwender, nur die Administratoren, dürfen alle Rechte haben.

Tests

Eigenentwicklungen wurden nur von dem getestet, der sie auch entwickelt hat. Wahrhaft keine gute Idee. Es ist wichtig, eine neutrale Sicht auf ein neues Programm zu bekommen. Wenn man sich lange mit etwas beschäftigt hat, dann wird man »blind« für Dinge, die anderen sofort ins Auge springen. Stärken und Schwächen werden von einem Dritten besser erkannt. Vielleicht wurden wichtige Elemente vergessen? Und die Frage, wie einfach die Benutzung des Programms für neue Anwender ist, kann nur von jemandem beantwortet werden, der es noch nicht genau kennt.

Lebenszyklus

Wie im Kapitel *Veränderung ist die einzige Konstante* beschrieben wurde, hat eine Software einen Lebenszyklus. Wer außerhalb der IT weiß denn schon, dass in MS-Access entwickelte Makros beim Upgrade auf das nächste Office gute Chancen haben, inkompatibel zu werden, das heißt nicht mehr funktionieren werden? Wenn die IT nichts von einer vom Anwender entwickelten Funktion weiß, dann wird sie dies beim Upgrade auch nicht berücksichtigen. Von einem Tag auf den anderen funktioniert das Programm nicht mehr und bei der betroffenen Abteilung kommt Panik auf.

Eine ähnliche Frage ist die, ob das eingesetzte Programm mit der nächsten Windows-Version laufen wird. Egal, ob die Frage mit »ja« (Testen!) oder mit »nein« (Neuschreiben!) beantwortet wird, es entsteht ein sich endlos wiederholender Aufwand.

Dokumentation

Die IT hat normalerweise Standards, wie sie die Programme in Bezug auf interne Abläufe und das Zusammenspiel mit anderen Komponenten dokumentiert. Dies ist außerhalb der IT kaum bis gar nicht bekannt. Beispielsweise muss die Abhängigkeit von anderen Komponenten beschrieben sein, ein Anwendungshandbuch sollte erstellt werden, die Veränderungshistorie muss gepflegt werden usw.

Versionsmanagement

Jede Software lebt und wird weiter entwickelt. Ist bekannt, dass alte Versionen zu Revisionszwecken archiviert werden müssen? Es könnte wichtig werden, eine alte Version zur Verfügung zu haben, um so leichter herauszufinden, wo der Fehler in der neuen Version liegt.

Umfeldrisiko und Kommunikation

Ein weiteres großes Risiko bei EUC besteht darin, das Umfeld (IT-Biotop), in dem sich das Programm bewegt, als gegeben und unabänderlich anzusehen. Es ist für die IT bereits ausreichend aufwendig, die unter ihrer Kontrolle befindlichen Komponenten in Bezug auf Abhängigkeit untereinander zu kontrollieren. Es muss berücksichtigt werden, mit welchen anderen Anwendungen (und sei es nur Excel) die EUC-Software kommuniziert. Ist sichergestellt, dass dies in allen Situationen funktioniert? Wenn nicht, welche Fehlerverwaltung gibt es im Programm? Es muss bekannt sein, woher die Daten kommen und wohin sie gehen. Es muss beobachtet werden, ob es dort Änderungen gibt, die das EUC-Programm beeinflussen.

Ein Mitarbeiter außerhalb der IT kann davon eigentlich nichts wissen. Wenn die IT in einem der unzähligen Komponenten eine Änderung durchführt und diese hat ein Zusammenspiel mit dem EUC-Programm, dann kracht es sofort.

Ein Beispiel gefällig? Ein System hat in der Datenbank ein Datenelement Gewinn/Verlust, dargestellt durch »0: Verlust« und »1: Gewinn«. Ein Anwender, der ein Programm schreibt, dabei diese Informationen berücksichtigt und Auswertungen daraus entwickelt, die den Gewinn und den Verlust ausrechnen sollen, wird sehr böse landen, wenn die IT die Definition dieses Datenelementes so umstellt, dass ein Wert »2: Noch nicht berechnet« möglich wird. Wenn er programmiert hat, dass alles, was größer als 0 ist, als Gewinn berechnet werden soll, dann werden, ohne dass sein Programm abstürzt oder eine Fehlermeldung bringt, völlig falsche Zahlen berechnet.

Help-Desk

Wie werden gemeldete Fehler verwaltet und wie werden sie priorisiert? Können die Benutzer des EUC-Programms korrekt bei Fragen unterstützt werden? Ist der Hobbyprogrammierer auch in diesem Thema fit? Sehr unwahrscheinlich.

Technische Finessen

Ist sich ein Excel-Makroprogrammierer bewusst, dass sein Programm zusammen mit dem Excel-Dokument abgespeichert wird? Wo ist das Problem, höre ich bereits? Nun, mit jedem *Sichern als...* in Excel entsteht eine Kopie dieses Makro-Programms. Wenn Sie das Programm später ändern, dann bleibt in den bereits gespeicherten Excel-Dokumenten die alte Version erhalten. Dies wird wohl kaum wünschenswert sein.

Die Trennung von Programmen und Daten muss gewährleistet sein, da Programme einen anderen Änderungsrhythmus haben als die Daten selbst. Gleiches gilt für MS-Access. Die Trennung zwischen Daten und Datenbankdesign ist für einen Nicht-Experten nur schwer zu realisieren. Es ist ja so einfach, schnell mal ein Feld hinzuzufügen. Das ist einfach zu riskant, da dies nach einer Fehlmanipulation nur sehr mühsam rückgängig gemacht werden kann.

Leistungsfähigkeit

Schafft das Programm die zu bewältigende Datenmenge? Ist dies überhaupt geprüft worden? Ein Beispiel: Ein Excel-Dokument wird mit allen Kundenpositionen geladen, und für jede Position wird bei einem Börsenkurslieferanten der aktuelle Preis abgefragt. Bei zehn Anfragen geht das ja noch. Bei hundert wird es eng, bei tausend ist es unmöglich. Bei Excel handelt es sich um eine Tabellenkalkulation. Das ist eine Struktur – Zeilen & Spalten – die einer professionellen (Fachbegriff: relationalen) Datenbank ähnelt und sich durch einige Funktionen auch so behandeln lässt. Sie verleitet unerfahrene Programmierer und Anwender dazu, das Programm mit einer Datenflut zu erschlagen. Dafür ist es nicht ausgerichtet. Es wäre so, als würde man Schwertransporte mit einem VW-Kastenwagen durchführen wollen. Die vielen eingebauten Funktionen dagegen, die eine Datenanalyse ermöglichen (etwas, was in diesem Umfang kaum eine Datenbank bieten kann), bleiben dagegen ungenutzt. Viele Betriebe kaufen ein teures Statistikprogramm und lassen unberücksichtigt, dass das, was damit erledigt werden kann, Excel schon allemal kann. Allerdings muss man bei Excel wieder höllisch aufpassen, wenn man sehr präzise Auswertungen fahren möchte: Für einfache betriebliche Auswertungen reicht es, bei wissenschaftlichen Forschungsarbeiten beispielsweise ist Excel jedoch zu ungenau. In den meisten Fällen reicht es, wenn ein erfahrener Programmierer über eine Datenbankabfrage (Query oder SQL) das zu bearbeitende Material für Excel zur Verfügung stellt. Dann kann dieses in der Tabelle ausgewertet werden. Ein Anwender wird aus Unkenntnis der Datenbankstruktur dazu schon nicht in der Lage sein. Allerdings, wenn die Firma den Sarbanes-Oxley-Regeln unterlegen ist, ist dieser Weg möglicherweise auch wieder versperrt.

Datensicherung

Wo sind die Daten (und Programme) gespeichert und wie sollen sie gesichert werden (backup)? Oft keine leicht zu beantwortende Frage. Wird etwas auf dem C: Laufwerk (lokale Festplatte) gespeichert? Wenn ja, so sind die Daten beim nächsten PC-Absturz oder bei der nächsten PC-Ausmusterung für immer verloren. Jeder Softwareentwickler muss sich Gedanken über ein Datensicherungskonzept machen.

Vertraulichkeit

Sind die verwalteten Daten vertraulich und zu welcher Klassifizierung (öffentlich, vertraulich, geheim) gehören sie? Muss die Datenbank vielleicht verschlüsselt werden? Ist sicher gestellt, dass keine unerlaubten Kopien der Daten angefertigt werden können? Die Daten in einem System, das die Gehälter der Mitarbeiter oder die Privatadressen von Prominenten verwaltet, darf nur von sehr selektiv ausgewählten Mitarbeitern eingesehen werden. Wie wir bereits wissen, können Administratoren alles. Demnach: Höchste Vorsicht, wenn es um sensible Daten geht. Darüber hinaus sollten die Datenschutzbestimmungen des Landes, in dem man arbeitet, bekannt sein und befolgt werden.

Funktionserweiterungen

Bei künftiger Funktionserweiterung des EUC-Programms muss ein Testsystem geschaffen werden, um sicherzustellen, dass die neue Version korrekt funktioniert. Weiß ein Hobbyprogrammierer, wie man das macht? Weiß er, wie die Datenbank von der alten auf die neue Version überspielt (migriert) wird? (Siehe dazu das Beispiel mit der Software zur Verwaltung des Weinkellers aus dem Kapitel *Nach ersten Schätzungen geht der Schaden in die Millionen.*) Kennt er die Risiken dabei? Das ist kaum wahrscheinlich.

Notfallplanung

Wie sieht es mit dieser Software bei Eintritt eines Notfalls aus? Wenn die Software auf dem PC an der IT vorbei installiert wurde, dann darf davon ausgegangen werden, dass das Programm bei einem Notbetrieb nicht mehr vorhanden sein wird, und dies wird einen erheblichen Einfluss auf die dann stattfindenden Abläufe haben. Der EUC-Entwickler ist mit einiger Wahrscheinlichkeit nicht im Krisenstab und kann nicht intervenieren.

Fazit: Überlassen Sie die Softwareentwicklung den Spezialisten. Ein Buchhalter ist kein Programmierer, genauso wenig, wie ein Programmierer ein Buchhalter ist. Die oben erwähnten Sachverhalte muss ein Benutzer nicht wissen; und darum sollte er die Finger von der Softwareentwicklung für den Betrieb lassen.

IT ist ein Dschungel, und es ist sinnlos, zusätzlich ein wildes Kräuterbeet neben dem Dschungel zu schaffen.

Benutzer werden mir jetzt vorhalten, dass dies schöne Ausführungen sind, sie aber mit ihrem Problem keinen Schritt weiter gekommen sind. Dazu mein Rat: Wenn Sie eine Lösung benötigen, reden Sie mit Ihrer IT und erklären Sie die Dringlichkeit. Bei wirklich risikolosen Programmen wird Ihre IT sicherlich bereit sein, eine EUC-Software zu akzeptieren. Wenn sie es nicht tut, dann glauben Sie ihr oder gehen Sie zum CEO und bitten um eine andere Priorisierung oder um zusätzliches Budget für eine Lösung mit einer professionellen Implementierung. Wenn Sie mit Ihrer IT über dieses Thema nicht reden können, dann hat die Firma ein ganz anderes Problem, das an höherer Stelle gelöst werden sollte.

Begehen Sie nicht den Fehler, die Meinung Ihrer IT zu ignorieren. Für eine kurzfristige Lösung bekommen Sie mittelfristig eine Menge Probleme.

Üblicherweise entsteht die beschriebene Problematik nur im Bereich Softwareentwicklung. Es gibt aber auch Fälle, bei denen der Dialog zwischen der IT und den Fachbereichen dermaßen schlecht ist, dass komplette und teure Softwarepakete direkt von den Fachbereichen gekauft werden. In diesem Fall sollte der CIO die Gretchenfrage stellen und schon mal die Stellenangebote studieren.

Besonders krass wird es, wenn die Fachbereiche eigene Vorstellungen über einzusetzende Hardware (PCs, Drucker, Modems, Server) haben und beginnen, diese selbst zu kaufen und sie auch selbst verwalten wollen. Wenn das passiert, dann muss die Geschäftsleitung eingreifen.

Wenn es aber Fälle gibt, bei denen die Geschäftsleitung von sich aus Hardware bestellt hat und die IT auffordert, diese umgehend zu installieren, dann ist bereits vorher etwas massiv schief gelaufen und der CIO hat ein wahres Problem.

Einen Kampf ähnlicher Art hatte ich vor vielen Jahren auszufechten. Auf unserer Betriebsweihnachtsfeier, es muss wohl 1992 oder 1993 gewesen sein, hatte ich ein

Mitglied des Vorstandes als Tischnachbarn. Wir kamen ins Gespräch und da wir gerade dabei waren, PCs in der Bank einzuführen, erzählte ich ihm von dieser für uns neuen Problematik und den damit verbundenen Schwierigkeiten. Er hörte interessiert zu und schlug mir dann die Lösung meines Problems vor: Wir sollten Atari-Computer kaufen, denn er hätte einen zu Hause und der funktioniere einwandfrei. Nichts gegen Atari, aber diese Geräte kamen aus der Ecke der Spielcomputer und waren für einen professionellen Betrieb nicht geeignet. Mehrere Male rief er mich in den nächsten Tagen an und versuchte mich zu überzeugen. Es hat einige Mühe gekostet, die Einführung von Spielcomputern in der Bank zu verhindern.

18

Nächstes Jahr wird es ruhiger

Wenn es im Jahr 1879 schon Computer gegeben hätte, würden diese vorausgesagt haben, dass man infolge der Zunahme von Pferdewagen im Jahre 1979 im Pferdemist ersticken würde.

(John C. Edwards)

Nächstes Jahr wird es ruhiger

Ein Blick in die Zukunft

Um die Weihnachtszeit herum unterhält man sich wie überall auf der Welt so auch in der IT gerne über das abgelaufene Jahr und versucht einen Blick in die Zukunft.

Jedes Jahr – und das seit mehr als zwanzig Jahren – behaupten IT-Mitarbeiter augenzwinkernd, dass es nächstes Jahr ruhiger werden wird. Dass ein Konsolidierungsjahr einmal ganz gut tun würde, und überhaupt, braucht man denn den ganzen Stress? Der Job ist aufregend und anstrengend, egal, in welcher Position man tätig ist, und jedes Jahr entsteht der legitime Wunsch, es das folgende Jahr etwas ruhiger angehen zu lassen.

Seit Jahrzehnten jedoch bleibt dies nur ein frommer Wunsch. Noch jedes Jahr, ohne Ausnahme, wurden die Herausforderungen größer, wuchsen die Aufgaben und die Komplexität, und es ist nicht zu erkennen, dass sich dies ändern wird. Es wird weiterhin alles komplizierter werden. IT-Mitarbeiter sind ein eigenes, spezielles Volk. Ich denke, würde es wirklich einmal ruhiger werden, sie verstünden die Welt nicht mehr.

Im Oktober 2005 konnte man eine Werbung der IBM lesen, in der es hieß: »Wie schaffen wir mehr Wert, ohne mehr Komplexität zu schaffen?« Diese Werbung könnte IBM auch problemlos weiterhin im Frühjahr 2008 platzieren, und erst kürzlich hieß es: »Solutions that work« und »Stress free IT«. Wenn wir das mal erreichen würden. Diese Ziele sind eine gute Zusammenfassung dessen, was wir gerne hätten, aber eine überzeugende Antwort auf die Frage, wie diese Ziele zu erreichen sind, steht nach wie vor aus.

Was kommt an neuen Herausforderungen auf uns zu? Ich weiß es nicht – keiner weiß es. Vor 25 Jahren benutzte noch niemand einen PC, vor 15 Jahren konnte sich noch niemand den Siegeszug des Internets oder des Handys vorstellen. Wie sollen wir uns jetzt vorstellen, was in zehn auch nur drei Jahren sein wird? Selbst Bill Gates lag 1995 mit seinem Buch *Der Weg nach vorn* im Wesentlichen daneben.

Mit ziemlicher Sicherheit kann man wohl sagen, dass es nie eine Realisierung des »Beam me up, Scotty« geben wird, denn Materie werden Computer wohl nie bewegen können. An Propheten fehlt es jedoch nie, nur handelt es sich entweder um Leute, die glauben hellseherische Fähigkeiten zu haben, oder es stehen handfeste kommerzielle Interessen hinter der jeweiligen Zukunftsvoraussage. Selbst eine Prognose über die nächsten 12 Monate bei einfachen Fragen ist unmöglich. Beim Thema *Spam* lag ich auch daneben und bei der Frage, ob die DVD von der Blue-Ray oder der HD-DVD abgelöst werden wird, war im Dezember 2007 noch eine Wette so gut wie die andere, um dann im Februar 2008 entschieden zu werden.

Ich werde mich keinesfalls an einer Kaffeesatzleserei beteiligen, wie sie zum Beispiel jeden Tag im Finanzbereich die selbsternannten Börsenexperten betreiben: Morgens wird mitgeteilt, ob die Kurse steigen oder fallen (»Wir haben einen starken Euro, das wird die Kurse drücken«), um am Abend zu erklären, warum es anders gekommen ist (»Der Anstieg des Konsumentenvertrauens der Bürger in den USA hat alle überrascht. Das ist gut für die Firmen«). Wäre jemand in der Lage, die Zukunft vorauszusehen, so hätte er es nicht mehr nötig zu arbeiten.

Auch in der IT gibt es Modetrends, und so ist alles, was mit dem Etikett »grün« versehen werden kann, gerade sehr populär. Dass Computer nicht »sauber«, sondern schädlich sind, ist eine Binsenwahrheit und ein Umdenken setzt gerade ein. Jedoch gewinnt man den Eindruck, dass eher die Marketingabteilungen neue Verkaufsargumente erschlossen haben, als dass sich die Dinge ausreichend schnell änderten. Das Thema »Green IT« ist zurzeit ein gutes Verkaufsargument und man hat manchmal den Eindruck, dass, genau wie in der Automobilindustrie, sich die Umwelt von selbst rettet, wenn man nur genügend »grüne« Computer kauft. Also kann die Computerindustrie doch von dieser Branche lernen ...

Ein paar Dinge sind jedoch ohne Gefahr zu prognostizieren:

- Die technischen Möglichkeiten werden weiterhin explodieren und neue Wünsche entstehen lassen, wodurch die Anzahl gleichzeitig zu betreuender Projekte ebenfalls weiter wachsen wird. Gleichzeitig verengen sich durch den Globalisierungsdruck in den Betrieben die Zeitrahmen, die für die Umsetzung der IT-Projekte zur Verfügung stehen.

- Der durch gesetzliche Auflagen ausgeübte Druck wird ebenfalls weiter wachsen und dadurch die benötigten Zeitrahmen für Projekte vergrößern. Dieser Konflikt zwischen »Beschleunigen« und »Bremsen« ist nicht gelöst und wird auch in naher Zukunft ungelöst bleiben.

- Die Datenfriedhöfe werden weiter anwachsen. Besonders durch die Pflicht der Nachvollziehbarkeit muss alles und jedes bis in alle Ewigkeit gespeichert werden und dadurch entstehen Datenmengen von gigantischen Ausmaßen.

- Outsourcing
Bei diesem stark kontrovers, manchmal gar emotional diskutierten Thema werden sich bessere Modelle und Entscheidungskriterien herausschälen als jene, die heute herangezogen werden.

Ich habe in diesem Buch versucht, die aktuelle Situation der Computerindustrie aus Sicht einer IT-Abteilung zu beschreiben. Die dringendsten Probleme und die wichtigsten aktuell diskutierten Themen sind bekannt und damit es besser wird, möchte ich ein paar Wünsche für die Zukunft äußern:

- Bessere Softwarequalität
Der Vergleich mit der Automobilindustrie ist hier mehrfach herangezogen worden und man findet ihn in vielen Büchern und Zeitschriftenartikel, die sich mit IT-Fragen beschäftigen. Es besteht ein starker allgemeiner Wunsch auf der Anwenderseite, sich in diese Richtung weiter zu entwickeln. Das Problem ist nur, dass wir davon extrem weit entfernt sind und die Industrie diesen Weg noch nicht einschlägt. Ich glaube, wir befinden uns in einem Stadium, in dem die Automobilindustrie vor hundert Jahren war. Software wird nach wie vor manuell erstellt, Computer sind dazu bis auf Weiteres nicht in der Lage. Wir sind voll in der Sturm-und-Drang-Phase, wenn nicht gar in einer frühkindlichen Phase und das Erwachsenwerden will sich noch nicht einstellen. Jedes Auto hat ein Lenkrad, das Gaspedal ist immer rechts und vieles mehr: Standards wohin man blickt. Bei den Computern ist nur sehr wenig standardisiert und wenn, dann ändern sich diese Standards permanent. Das Fundament (die Technik, die Methoden, die Geschäftspraxis usw.) ist einfach nicht stabil und daher ist es bis auf Weiteres unmöglich, Zuverlässigkeit zu erlangen. Solange alle paar Monate von allem und jedem eine neue Version installiert werden muss, wird das nichts. Die Einführung eines Qualitätslabels erscheint heute als ein noch gar zu utopischer Wunsch. Aber solange Softwareentwicklung Bastelarbeit bleibt, könnte die Einführung eines international anerkannten Qualitätslabels für Software der richtige Weg sein. Es würde jeder IT die Arbeit erleichtern und dem Privatbenutzer wertvolle Hinweise beim Softwarekauf geben. Ein derartiges Label sollte die Stabilität und die Einfachheit der Integration in fremde IT-Biotope begutachten; das In-den-Vordergrund-Stellen neuer Funktionalität sollte den Marketingabteilungen der Hersteller überlassen bleiben.

- Die Anbieter sollten ebenfalls Garantien für ihre Produkte übernehmen – wahrlich keine revolutionäre Forderung und dennoch heute eine absolut utopische.

- Mehr IT-Verständnis in der Öffentlichkeit und bei den Anwendern
  Dass eine IT-Abteilung sich in einem schwierigen, wenn nicht gar teilweise unkontrollierbaren Umfeld bewegt, sollte in das Bewusstsein aller Anwender dringen. Dies ist keine billige Rechtfertigung für allfällige Probleme, sondern eine Beschreibung der aktuellen Situation. Die Hauptaufgabe der IT-Experten kann man zusammenfassen, indem man sagt, dass sie Veränderung managen müssen. Und Veränderung bedeutet Instabilität. Herr Resch, CIO von Bayer, den ich in diesem Buch bereits zitiert habe, hat das noch etwas schärfer formuliert, indem er sagt, IT manage Abhängigkeit, Gemeint ist damit die Abhängigkeit von der Softwarebranche. Veränderung bringt Instabilität und das ist in allen Lebensbereichen so. Sagen wir den Anwendern, dass die Hälfte aller IT-Projekte weltweit scheitert, und erzählen wir ihnen über die Gründe, aber in einer Sprache, die nicht technisch oder hochtrabend daherkommt. Erzählen wir ihnen, dass die Einführung eines neuen Systems Kosten verursacht, die nicht am Anschaffungspreis gemessen werden dürfen, sondern je nach Fall mit zwei, fünf oder zehn multipliziert werden müssen. Erzählen wir, dass die Einführung einer Software heute (und auch in unabsehbarer Zukunft) nicht dem Kauf eines Autos entspricht, sondern eher dem Bau eines Hauses. Da wir, die IT-Manager dieser Welt, das Feld der Kommunikation nicht zufriedenstellend besetzen, finden sich in Managermagazinen in gehäufter Form Anzeigen von Beratungsfirmen aller Art, die mit allumfassenden globalen Konzepten versprechen, auf einen Schlag alle IT-Probleme (zu langsam, zu unflexibel, zu teuer, zu instabil, zu unsicher, …) zu lösen. Externe Firmen erscheinen glaubwürdiger als die eigenen Mitarbeiter, und diese Anzeigen finden ein überaus dankbares und aufnahmefähiges Publikum. Ich erlebe immer wieder, dass Berufskollegen entsetzt darüber sind, dass sie kein Gehör bei ihrem CEO finden, wenn sie argumentieren, dass diese allumfassenden Konzepte, die enorme Summen verschlingen, nicht funktionieren werden, da – dieses Buch versucht das ja zu vermitteln – IT viel komplexer ist, als es eine PowerPoint-Präsentation je darzustellen vermag. Eine Beratungsfirma würde all diese Dinge niemals erzählen. Wir wissen auch, dass Beratungsfirmen in erster Linie ihre eigenen Ziele verfolgen, nämlich möglichst viele sehr teure Beratungstage zu verkaufen. Ein CIO weiß, dass unser Bereich geistige Bergwerksarbeit bedeutet. Nur wir kommunizieren es nicht und wir sind nicht gut im Marketing in eigener Sache. Natürlich wünscht sich jeder Autor, dass sein Werk viel gelesen wird, aber in diesem Fall ist es auch ein Anliegen, etwas zu erreichen, nämlich ein Verständnis für die Realität. Die wichtigsten Kapitel dieses Buches sollten in der Tat Pflichtlektüre sein.

- Sicherheit
  Das leidige Phänomen, dass sich die Industrie so lange nicht für Sicherheitsfragen interessiert, bis es knallt, sollte endlich der Vergangenheit angehören. Um beim Auto zu bleiben: Kein Hersteller baut vernünftige Bremsen erst dann ein, nachdem es Unfälle gegeben hat. Dieses mangelnde Sicherheitsbewusstsein ist auch ein überaus nerviges Zeichen jugendlicher Unreife der Industrie.

- Betreuung der Anwender
  Die Computerindustrie muss ihre Anwender besser an die Hand nehmen. Eine reine Auflistung von technischen Komponenten, wie das heute bei einem PC der Fall ist, oder hunderte von nicht erklärten Funktionen in einer Software sind kein akzeptabler Zustand.

- Sprache
  Irgendwann werden wir auch erleben, dass die Computer die menschliche Sprache verstehen werden und mit uns reden können. Ich denke, es dauert nicht mehr sehr lange bis dahin. Das wäre dann das Ende des Sich-durch-die-Menüs-Hangelns und des Wo-war-doch-gleich-nochmal-diese-Funktion? Qualitativ hochwertige und automatische Textübersetzung wäre dann ebenfalls möglich. Beispiele wie diese, auf der Webseite eines bekannten Antivirenherstellers gefundene Übersetzung des englischen »We're sorry but we are unable to process your request at this time. A general application failure has been detected« mit »wir sind, die aber traurig sind, wir sind nicht imstande, Ihren Antrag diesmal zu verarbeiten. Ein allgemeiner Anwendung Ausfall ist ermittelt worden« gäbe es dann nicht mehr. Erste recht gute Lösungen kann man so langsam erkennen, aber damit es perfekt wird, braucht es hierfür …

- … schnellere Computer
  Natürlich werden Computer von Jahr zu Jahr schneller und das ist gut so. Für viele Aufgaben in großen Betrieben sind die Computer aber noch nicht schnell genug. Es wird viel in diesem Bereich geforscht und wir sind hier noch lange nicht am Ende der Skala. Bis allerdings ein Computer ausrechnen kann, ob es im Schach eine Gewinnstrategie gibt, werden noch sehr viele Jahre ins Land gehen.

Es bleibt auf jeden Fall spannend, und die Jobs in der IT werden so schnell nicht langweilig. Bei allen Problemen, die wir tagtäglich erleben, bleibt doch das permanente Staunen über das Neue und die andauernde Abwechslung über Jahre hinweg bestehen. Mit etwas Glück darf ich noch zehn bis fünfzehn Jahre in der IT-Welt verbringen und könnte noch miterleben, dass die in diesem Buch dokumentierten Vorwürfe an die Computerbranche obsolet werden. Ich bleibe Optimist.